河北省社会科学基金项目
河北省高等学校人文社会科学研究项目
廊坊师范学院2017年度出版基金资助

传播

主体间意义建构与共享

贾奎林　李新华　著

中国社会科学出版社

图书在版编目(CIP)数据

传播：主体间意义建构与共享/贾奎林，李新华著．—北京：中国社会科学出版社，2017.12
ISBN 978-7-5203-1850-1

Ⅰ.①传… Ⅱ.①贾…②李… Ⅲ.①传播学 Ⅳ.①G206

中国版本图书馆 CIP 数据核字（2018）第 000282 号

出 版 人	赵剑英
责任编辑	陈肖静
责任校对	石春梅
责任印制	戴 宽

出　　版	中国社会科学出版社
社　　址	北京鼓楼西大街甲 158 号
邮　　编	100720
网　　址	http://www.csspw.cn
发 行 部	010-84083685
门 市 部	010-84029450
经　　销	新华书店及其他书店
印　　刷	北京明恒达印务有限公司
装　　订	廊坊市广阳区广增装订厂
版　　次	2017 年 12 月第 1 版
印　　次	2017 年 12 月第 1 次印刷
开　　本	710×1000　1/16
印　　张	16.5
插　　页	2
字　　数	242 千字
定　　价	69.00 元

凡购买中国社会科学出版社图书，如有质量问题请与本社营销中心联系调换
电话：010-84083683
版权所有　侵权必究

目 录

前言 …………………………………………………………………（1）
第一章 西方传播理论批判 …………………………………………（1）
　第一节 西方传播学学科地位分析 ………………………………（2）
　　一 缺乏一个真正科学的核心概念 ……………………………（2）
　　二 价值诉求差异与理论体系建构的系统性缺失 ……………（6）
　　三 实践理性误读与研究范式差异 ……………………………（9）
　第二节 经验学派理论分析 ………………………………………（11）
　　一 科学主义方法论危机 ………………………………………（11）
　　二 非科学、非系统性碎片化理论体系建构 …………………（15）
　　三 操控研究主体价值迷思 ……………………………………（18）
　第三节 批判学派理论分析 ………………………………………（21）
　　一 解构资本主义传媒价值的"天才"批判者 ………………（21）
　　二 主体价值"空无" …………………………………………（24）
　　三 理论建构的"乌托邦"色彩 ………………………………（27）
　第四节 技术控制学派理论分析 …………………………………（31）
　　一 本末倒置的"媒介决定论" ………………………………（31）
　　二 难于证实的"谶言"式表达 ………………………………（33）
　　三 微观表述的局限性特征 ……………………………………（36）
　第五节 找寻传播学重构的逻辑起点 ……………………………（39）
　　一 威尔伯·施拉姆"百学之学"构想的艰难实践 …………（39）
　　二 于"继承"与"创新"间徘徊的中国"传学"研究 ……（42）
　　三 东西方学术思维差异及意义分析 …………………………（46）

1

四　传播——主体、主体间意义的建构与共享 …………………… (49)
　　五　"意义传播"研究的内容体系 ………………………………… (53)

第二章　微观意义建构分析 ……………………………………………… (57)
第一节　找寻意义 ……………………………………………………… (57)
　　一　意义的定义 …………………………………………………… (57)
　　二　意义的本体与来源——客观与主观的辩证 ………………… (59)
　　三　意义的存在形态：从静态到动态的嬗变 …………………… (64)
　　四　意义的本质与内容 …………………………………………… (68)
　　五　意义的意义 …………………………………………………… (71)

第二节　意义结构要素分析 …………………………………………… (73)
　　一　意识、前意识、潜意识 ……………………………………… (73)
　　二　心象、意象和想象 …………………………………………… (77)
　　三　隐喻、象征与思维 …………………………………………… (81)
　　四　主体、意向与语境 …………………………………………… (85)
　　五　意义、动机和行为 …………………………………………… (88)

第三节　意义建构图式 ………………………………………………… (91)
　　一　概念和内涵 …………………………………………………… (91)
　　二　格式塔认知模式 ……………………………………………… (95)
　　三　心理空间与意义建构 ………………………………………… (99)
　　四　其他意义建构理论 …………………………………………… (103)

第四节　意义的表述与解读 …………………………………………… (112)
　　一　主体·语言·意义 …………………………………………… (112)
　　二　语言建构 ……………………………………………………… (116)
　　三　表述与解读 …………………………………………………… (121)

第三章　宏观意义系统分析 ……………………………………………… (133)
第一节　野蛮与文明 …………………………………………………… (133)
　　一　作为主体行为特质与方式的"野蛮"与"文明" …………… (133)

二　文明的进步与衰落 …………………………………（139）
　　三　野蛮的生机与劫数 …………………………………（145）
第二节　宗教与政治 …………………………………………（152）
　　一　宗教的社会形塑意义 ………………………………（152）
　　二　儒教与君主专制 ……………………………………（158）
　　三　基督教与民主政治 …………………………………（164）
第三节　"格栅"与"群体" …………………………………（170）
　　一　作为结构社会形态维度的"格栅"与"群体" ……（170）
　　二　文明兴衰与"格栅/群体"互动 ……………………（179）
第四节　文化与行为 …………………………………………（189）
　　一　文明进化与行为意义 ………………………………（189）
　　二　专制文化的苦难逻辑与民主困境 …………………（198）

第四章　意义的传播与嬗变 ………………………………（212）
第一节　传媒科技阴影下的民意表达 ………………………（212）
　　一　美国选战背后的"传媒魅影" ……………………（212）
　　二　特朗普入主白宫的意义系统 ………………………（214）
　　三　传媒科技与意义建构 ………………………………（219）
第二节　作为枷锁,或者保障的信息传播法 ………………（224）
　　一　基于利益分割的意义调控 …………………………（224）
　　二　意在操控的保护 ……………………………………（227）
　　三　重在保护的限制 ……………………………………（232）
第三节　意义传播的风俗场域 ………………………………（236）
　　一　意义传播嬗变的民风、民俗制约 …………………（236）
　　二　汉民风俗的双重极端特征与结构支撑 ……………（239）
　　三　欧美风俗的宗教情结与技术理性特征 ……………（243）

主要参考文献 ………………………………………………（247）
后记 …………………………………………………………（255）

前　言

　　书稿写作缘起"西方传播学本土化"话题，目的在于在某种程度上实现传播学集大成者——威尔伯·施拉姆所谓"在未来一百年取代所有人文社会学科"的宏愿。传播学在西方世界因战争宣传而成为显学，但就现实研究取得的成果而言，仍然难成一家之言。施拉姆宣称传播学可以取代所有人文学科，我们假定施氏所称是科学的、正确的。要取代所有人文学科，就会出现一个前提。那就是我们必须知道：人文社会科学研究的本质所在。毋庸置疑，人文社会科学均以人类行为，以及人和人类社会作为研究对象，目的在于揭示人类社会交往行为的本体意义。

　　意义学说，涉及广泛，几乎无所不包。从意义建构之初的哲学、心理学，到意义形构与传播的社会学、政治学、语言学等学科。贯穿研究，笔者颇有迷失之感。曾经无数"山重水复疑无路"，遥遥不可及于"柳暗花明又一村"。但纵观研究整体，也并非一无是处。研究初步建构了"主体、主体间意义建构与传播"的理论框架，提供了一个诠释人类主体行为意义的坐标体系。哲学上认为，人类行为意义在于"成人"与"成己"，二者互为条件。"成己"是"成人"的前提和条件，"成人"是"成己"在更高社会层次的升华。意义，作为人类社会交往行为的动机与本质，形构着人类社会的本体理性，并物化为人们生存与生活的客观世界。

　　意义，意味着人对自身及所处环境的理性认知。人的主体认知，既是人类走向现代文明的标志，也意味着主体间纷争的根源。上帝将偷吃

"禁果"（"知是非果"）的亚当和夏娃逐出伊甸园，因为从那时起人开始有了独立于上帝的"是非"观念，即自身的主体意识。为了惩罚人类，上帝让脱离蒙昧的人们历尽苦难，并且摧毁了人类谋求共同体幸福的"通天塔"。从此，人们因具备主体意义而涅槃重生，却也因拥有主体理性而历尽劫难。书稿撰写，意在探究主体意义建构的方法、过程，以及主体间意义共享的结构和过程性要素。哪怕只是不经意间撩开了皇帝新装的一角，想来也颇有"细思极恐"之感。如是而已。

2017年10月　于廊坊

第一章 西方传播理论批判

当我在写这几行字的时候，把视线从纸上移开，抬头就可以看见夏威夷那犬牙交错郁郁葱葱的群山。如果向水天相接的海岸线望去，可以看到可能是第一批岛民登陆的地方。他们从石器时代走出来，在一千二百年前乘着用最简陋的工具制作的独木舟到达这里。他们从东南亚出发，带着信奉的神、孩子和食物，在浩瀚的大洋上，从一个岛屿漂泊到另一个岛屿，以我们今天无法想象的生存能力与自然环境相适应，似乎经历了令人难以置信的五千年漫长岁月的旅程于一千二百年前来到夏威夷。他们在这个熔岩的岛上登陆，撒下他们的种子，播下他们的文化，把这块土地归为己有。

那些最初的夏威夷人已经是灵巧的传播者。他们能够看懂天空中和海浪中的信息，利用这种信息来航海。他们已有发展得很好的语言，虽然能在图画和雕刻中记录下某些信息，但实际上还不能把语言写下来。不过，他们利用口语作为有力的工具，用口说的语言建立了一个有效的政府和美满的家庭生活。……①

之所以在本章的起始引述本段文字，是因为作为传播学集大成者，亦是传播学的创始人威尔伯·施拉姆（Wilber Schramm，1907—1987）在他创立传播学之初就没有准确界定，或者说混淆了传播学的研究对

---

① ［美］威尔伯·施拉姆：《传播学概论》（新华社内部资料），根据美国纽约哈珀和罗出版社1982年版译，第1页。

象，如此也就给后来者留下无穷遗患。在这段文字中出现了后来传播学原理的两个核心概念"传播"和"信息"，由上文可以看出施氏所谓"传播"研究对象应该为"传播者，或者人类的信息接受与传播行为"，这也算是确定了传播行为中"人"的主体性地位；但对于人类传播行为的客体"信息"，施拉姆却没有严格界定，这也许是导致后世理论研究体系驳杂，无法就某一特定理论维度整合相关研究成果的主要原因。存在于客观世界的任何事物都同时具备"物质、能量、信息"三重属性。作为物体三大属性之一，信息具备多种存在状态。以依附物体属性的不同可以分为标志世界物质属性的自然信息和表述人类社会运行的人为信息；依据信息与人类认知实践关系可以分为未被人类认知的，以"自在"状态存在的未知信息和已为人类社会实践认知的"已知"信息，以及用于传达人类主体意愿的人造符号信息。

在人类"已知"信息范畴内又可分为表述物质世界运动变化的自然科学信息和形容人类社会交往行为和精神世界变革的社会人文信息。人类科学研究的任务更在于以人类已知的相关信息内容为基础探索自然界和社会的未知信息和规律。自然科学分门别类，物理、化学、数学，不一而足，人文社会科学门类齐全，语言、艺术、历史，异彩纷呈。施拉姆没有告诉我们：传播学所要研究的是整个世界的信息流动，还是人类已知的信息内容？在人类已知的信息范畴内，是研究外在于人的信息内容，还是信息运转规律？如果是具体内容，则传播学研究内容会和具体学科内容重合，没有现实意义；如果研究人类已知信息的传播规律，还需回答：是研究已知信息本体传播的规律，还是人的信息传播行为特征？威尔伯也仍然没有给出严谨的答案。

第一节 西方传播学学科地位分析

一 缺乏一个真正科学的核心概念

施拉姆在《传播学概论》中写道："说传播学是从原始单细胞生物开始的，也许太夸张了，但是这些生物也能处理某种信息，这就是传播学的实质。"① 由此看来，施拉姆所谓的传播似乎就是生命体的信息处理过程。但是，无论是他所尊崇的赖以成就传播学理论的前传播学理论先驱们，或者还是在他之后发展传播理论的各派传播学专家学者，甚至于他本人《传播学概论》所集纳的各种学说理论并不都是严格，也无法以"生命个体的信息处理行为"为其科学研究的逻辑起点的。因为生命个体的信息处理行为至少包含生理行为和心理行为，其中的生理行为应所当然地应该归属于生命医学研究范畴，而心理行为，虽则可以作为个体传播行为研究的基础，却无法涵盖人类传播行为的主体间过程，以及隐含于主体间传播背后的宏观社会文化背景。

中国人民大学陈力丹教授撰文提出当代传播学研究的三大流派：②"经验—功能""技术控制论"和"结构主义符号—权力"学派。在融合陈卫星、胡翼青相关研究成果的基础上回顾了传播研究的历史，分析了当代传播流派的理论特征和发展前景，最终却得出了相当悲观失望的结论。就传播学的理论起源而言，各位理论大师都有各自相对独立的研究领域，有着各自的研究对象、理论体系和实践价值。他们的研究对象都是相对成熟的社会实践活动，既与施拉姆所说的"单细胞动物的信息处理行为"相去万里，更与施氏所谓"传学"相差甚远。本质而言，杜威（John Dewey，1859—1952）是位社会学家，他从社会信息系统运行效率角度谈论大众传播媒介的社会建构意义。这就意味着大众媒介产生之前，或者在大众传播媒介技术被超越的"后大众传媒时代"，社会信息系统运转不会因为大众传媒科技缺失而停滞，仅仅是在大众传媒时代社会信息系统的运转烙有特定的大众传媒科技技术特征罢了。也可以表述为杜威先生的社会有机系统学说因为大众传媒时代内容可能会表现出部分的传媒技术特征，而传媒科技却无法从根上影响杜威社会科学理论体系的完整性和科学性。库利（Charles Cooley，1864—1929）的"镜中我"理论，以及他和另一位著名的人类学家米德（Mead，George

---

① ［美］威尔伯·施拉姆：《传播学概论》（新华社内部资料），根据美国纽约哈珀和罗出版社1982年版译，第6页。
② 陈力丹：《试论传播学方法论的三个学派》，《新闻与传播研究》2005年第2期。

Herbert，1863—1931）共同创立的"象征互动论"，就本质而言属于社会心理学研究成果，美国专栏作家李普曼（Walter Lippmann，1889—1974）在此基础上创立"拟态环境"理论。帕克（Robert Park，1864—1944）是最早研究报纸的理论家，但他在通过报纸考察不同种族背景的社会群体在美国社会的同化、移民整合问题，就其研究本质而言也属于社会人类学范畴。

施拉姆，在创制其传播理论过程中，抓住杜威社会学相关维持社会运转的信息传播特征作为人类社会运动的物质外壳，在库利和米德那里整合了人类机体内向传播机制，同时从帕克和李普曼的新闻研究中发现了大众传媒时代社会心理理论的媒介运作方式。在此基础上，施拉姆组合了人类机体、人类社会运动的社会心理机制，以及大众传媒科技对社会心理运动的强化和放大作用，进而提出相应的传播学理论体系。但"传播"仅是社会运动的外在表征，而所谓"信息"也仅仅是社会运动的外在现象性描述。从某种意义上说，传播理论的所谓"术语"仅仅是为已有成熟的科学理论穿上一件传播学的华丽"外衣"，却无法赋予其新学科的特有内涵。诺依曼（Noelle-Neumann，1916—2010）的"沉默螺旋"无非就是"从众心理"的别名而已。作为传播理论的集大成者并没有在理论先驱那里"发展出"有别于母体学科理论体系，具备独特学科价值内涵的"核心概念"。这也就使得其后的各派理论在具体学科内涵缺失的"信息传播"概念统领下，"兼容并包"，各自独立，甚或是互相矛盾，互相攻击。

美国的拉斯韦尔（Harold Lasswell，1902—1978）在 1948 年的论文《传播在社会中的结构与功能》中提出相对完备的传播"五 W 模式"。即：Who（谁）、Says What（说了什么）、In Which Channel（通过什么渠道）、To Whom（向谁说）、With What Effect（有什么效果）。将信息传播研究的对象具体为"传者、受众、传播内容、媒介和传播效果"五部分。但就该学派四大先驱拉扎斯菲尔德（Paul Lazarsfeld，1900—1976）、霍夫兰（Carl Hovland，1912—1961）、拉斯韦尔（Harold Lasswell，1902—1978）、莱文（Kurt Lewin，1890—1947）及其后来者的研究成果而言，该学派的研究重心凸显在"效果研究"，以及源于效果研究目的的相关对象研究。在"经验—功能"学派为实现媒介传播效果而致力于操控技术研发的时候，欧洲的"结构主义符号—权力"学派却对传媒操控负面社会影响发起了猛烈的攻击。霍克海默（Max Horkheimer，1895—1973）和阿多诺（Theodor Adorno，1903—1969）在资本主义文化歌舞升平背后发现了"文化工业"和"大众文化"理论，认为艺术已经被整合进权力系统。大众文化是技术理性的产物，经过有组织的策划和管理生产出来。马尔库塞（Herbert Marcuse，1898—1979）进一步指出大众传媒消灭了思想的丰富性和人的多样性，同质性的大众文化制造了单向度的人，进而形构了资本主义社会的整体单向维度特征。

被划归技术控制论学派的申农（Claude Shannon，1916—2001）1949年从通信的角度定义了"信息"的概念：信息就是能够用来消除或减少不确定性的东西。这个学派曾一度被归于"经验—功能"，因为该学派的主要研究成果是为媒介的社会操控和重塑社会功能提供宏观的理论背景。其中，加拿大学者英尼斯（Harold Innis，1894—1952）和他的学生同事麦克卢汉（Marshall McLuhan，1911—1980）尤其著名。英尼斯的著作《帝国与传播》（1950）、《传播的偏向》（1951）采用经济史和文明史的角度，从纵向的历史谈到横向的现实，反复论证了一个基本观点：新媒介将导致新文明的产生，视觉传播技术为政治和经济进步的基础。麦克卢汉提出"媒介是人的延伸""媒介即讯息""地球村"等著名论断。同时，麦克卢汉也对媒介技术强大的社会影响力深表忧虑，要把人们"从对媒介影响的麻木状态中唤醒"。[1] "新的媒介技术重构了社会生活，以致我们生活栖息在一个相互交叠的社会，没有文化等级也没有领域分工。地球在水平地、垂直地、瞬间地'内爆'，这个'内爆'通过模糊公共和私人领域的界限终结了公共领域。"[2]

---

[1] ［美］保罗·莱文森：《数字麦克卢汉》，何道宽译，社会科学文献出版社2001年版，第287页。

[2] 石义彬：《批判视野下的西方传播思想》，商务印书馆2014年版，第192页。

统观传播学研究三大流派研究重心,"经验—功能"学派致力于媒介技术社会操控功能,为实现资本主义社会的政治经济利益服务。"结构主义符号—权力"学派站在欧洲贵族主义立场批判作为传媒科技文化工业产品的大众文化的同质化、庸俗化、碎片化特征,同时对其作用于普通民众精神心智的"去精英化",意识形态的"去革命化",以及对资产阶级统治权力"固化"效果深表忧虑。技术控制论学派对于传媒科技的社会塑造作用深信不疑,同时忧虑技术相对于人类实践价值的"异化"。三者研究的对象好像并不是"信息与传播",其共同的侧重点在于"传媒科技"的实施效果及其评价。传媒科技仅仅作为信息传播的阶段性技术特征存在,可能具备实践意义,相对于与人类主体行为相始终的信息传播行为则未免显得过于的狭隘和片面。

二 价值诉求差异与理论体系建构的系统性缺失

构成西方大众传播理论主要学派的主体价值诉求差异是经验学派和批判学派分野的逻辑起点。经验功能学派服务于特定社会中的"权力",价值诉诸点在于为统治阶级提供通过传媒实施社会操控的行政理论与实用技术。这种权力服务诉求使得经验学派研究的开展以现存社会制度的合理性为前提,"经验学派确信整个世界是有序的;存在个人规律和社会规律;行为规律可以观察和测量;任何行为都有可以理解的原因;行为可以汇总统计;经过科学论证的抽样样本可以推断总体和依此预测未来"。[1] 传播学批判学派则从"为权力服务"的反面立论,"强调技术与权力的联盟通过媒体的强效力及各种可耻的宣传伎俩,使受众不可避免地成了被愚弄的对象,因而是对当代资本主义社会权力运作的一种抗议和揭露"。[2]

系统论创始人贝塔朗菲(Ludwig Von, Bertalanffy, 1901—1972)认

---

[1] 陈力丹:《试论传播学方法论的三个学派》,《新闻与传播研究》2005 年第 2 期。
[2] 胡翼青:《论传播研究范式的表层结构与深层解构——兼论中国传播学 30 年来的得失》,《新闻与传播研究》2007 年第 4 期。

为系统是"处在相互联系中与环境发生关系的各组成部分的整体"。[①] 同时强调构成系统整体的各组成部分之间普遍有机地联结在一起相互作用实现系统的整体目的。一个成熟的学科门类，学科理论体系内的各部分内容应该能够相互印证，互为支撑，从学科理论架构的整体系统维度给予相关研究对象以相对科学、严谨的阐释和解读。但传播学不同学派理论对同一研究对象的解读结论却呈现互相矛盾、互相否定，乃至碎片化的现实。总体而言，西方大众传播学理论体系大体呈现一种传播学学说史的架构，各个学说之间缺乏必然的、内在的理论关联，无法形成相对统一的理论体系。陈力丹教授指出西方传播理论形成脉络大致呈现美国起源，美国、欧洲两地发展，经验学派、批判学派、技术控制学派三大学派各自独立的格局。西方传播理论研究从原来的两极分野到三大学派并立，其中经验学派与批判学派从研究方法到终极价值追求都背道而驰，无法兼容于现实传播实践研究，技术控制学派理论幽深玄远，既可作为经验学派的宏远愿景，也可被批判学派用来指责批判经验学派研究的罪恶。三个学派各自独立，且各个学派自身均不足以构成一个相对完整的理论体系，以实现完整阐释现实传播运行规律的价值诉求。甚至于各个学派理论内容自身也会出现无法自圆其说，乃至于学派理论内部各阶段、分枝理论自相矛盾的现象。

经验学派研究主要围绕着传媒传播效果展开。随着时间的推移，研究的深入，其研究成果呈现对传播现象认知的"否定之否定"的螺旋式上升趋势。先是1938年的"火星人入侵地球"研究极大地印证了"魔弹理论"的真理性，提出关于大众传播效果的一般理论。其后，拉扎斯菲尔德的"伊里调查"形成"有限效果论"，对魔弹理论形成否定，70年代以降的"宏观效果论"又对有限效果提出质疑。如此，经验学派理论发展就呈现认知逐渐深化，但缺乏真理性结论的状况。同时，新的研究成果却并不能完全否定过去的研究理论，甚至表现出与过去研究结果相类似，甚至于更大的局限性。各个时期相互否定的研究成

[①] 杨春时等：《系统论　信息论　控制论浅说》，中国广播电视出版社1987年版，第20页。

果甚至出现"共时性"的真理性再现。如作为经验学派研究成果存在的"自由主义理论""专业主义理论"和"社会责任理论",在当代西方新闻传播实践中似乎各有所持,争竞并存。同时,经验学派理论研究成果还呈现出支离破碎、碎片化的特点。比如同属于经验学派宏观社会效果论的"议程设置""沉默螺旋""培养"和"知沟"理论,四者之间各自独立,互不勾连,无法建构其相对严密,具有一定整体性,可以相对完整地解释传播现象的理论体系。甚至,这些被认为同时具备"真理性"的各个不同理论也可以在某些共同问题上自说自话,或者互相矛盾。

与经验学派一脉相承的技术控制学派"三论"本身基本属于自然科学研究范畴,其研究成果可以说开拓了一个重要的传播学视角,但同样也有导致"电子乌托邦"幻想的嫌疑。因为这些观点忽略了传播科技以外非技术因素对社会传播效果形成的影响。同时,其高深玄远和哲理化的特点,使得技术控制学派研究必须与经验学派具体研究成果相结合才可能实现其传媒实践意义。否则,该学派理论对现实传播实践的指导意义是极其有限的,甚至于仅仅作为"理想"符号存在,其社会实践价值也会大打折扣。再有,其对工具理性的过于依赖,对作为价值主体"人"的主体实践地位的忽视,使得其研究成果可以为任何学派拿来作为强调自身理论真理性的依据,从而使得技术控制学派丧失自身的主体价值,无法实现本学派研究的价值诉求。批判学派表现出强烈的无产阶级价值主体性特征,反对将自然科学的研究方法直接搬用到对人的传播现象研究。该学派认为传播学研究的主体是具备思想、情感和主观能动性的人,把传播和传媒置于历史、社会、文化的背景下研究,把传媒视为具有一定价值倾向的中介手段。其理论深刻犀利,给人多方面启发。"但物极必反,该学派批判的目的不是为了消除某种弊病,也不是为了纠正传播结构,而是进而怀疑现存秩序下人们所理解的所有有价值的东西,全然不相信社会由以建立起来并提供给每个社会成员的行为准则。"[①] 从

---

① 陈力丹:《试论传播学方法论的三个学派》,《新闻与传播研究》2005年第2期。

某种意义而言，也就丧失了其作为指导人类主体实践的价值意义。

三 实践理性误读与研究范式差异

国内学者认为西方传播学理论不同学派之间的分歧源于其不同的"研究范式"，即认为适用理论框架和研究方法的差异是导致其结论迥异的根本原因。范式的概念和理论是由美国著名科学哲学家托马斯·库恩（Thomas S. Kuhn, 1922—1996）提出，并在《科学革命的结构》（1962）中系统阐述的，指常规科学所赖以运作的理论基础和实践规范，是从事某一科学的研究者群体所共同遵从的世界观和行为方式。传播学研究范式常常体现为某种范式的代表性理论和方法。比如说，"拉扎斯菲尔德式的社会调查方法与数据分析方式以及最后的文本，很容易被判断为结构功能主义的实证研究范式；而霍克海默或马尔库塞的理论建构及分析方法则很容易被判断为法兰克福学派式的批判研究范式"。[①] 近年来，传播学研究不同范式之间的具体理论形态与研究方法差别呈现缩小趋势，问题在于日渐趋同的研究方式方法，却并不能让不同学派在研究结论，或者终极价值诉求方面取得共识。事实是尽管研究者们使用着日益趋同的研究武器，研究结论却较以往更加针锋相对。在价值追求上，也更加背道而驰，渐行渐远。南京大学学者胡翼青认为实证主义传播研究范式强调空间维度和工具理性，关注发生在眼下的经验事实，是一种天生能够与权力合谋的研究范式，因此它必然成为权力的工具。批判主义传播研究范式"反对解决问题的研究导向——更不要说是为权力服务的行政研究，而只是强调知性层面的批判精神。因此，批判主义范式在知识上的贡献几乎完全都是价值理性的"。[②]

基于此，国内学者又似乎认为对于"工具理性"和"价值理性"的不同皈依是造成经验学派与批判学派背道而驰的主要原因。殊不知，在马克斯·韦伯（Max Weber, 1864—1920）定义的人类主体实践中，

---

① 胡翼青：《论传播研究范式的表层结构与深层解构——兼论中国传播学30年来的得失》，《新闻与传播研究》2007年第4期。

② 同上。

"价值理性"和"工具理性"并不矛盾，而是相辅相成的。价值理性的实现，必须以工具理性为前提，工具理性又是为价值理性服务的。一个人合乎目的和规律的社会实践活动的成功实施，取决于价值理性与工具理性的统一。工具理性是主体在实践中作用于客体，以达到某种实践目的所运用的具有工具效应的中介手段。工具是主体的附属物，只有服务于主体才能体现其价值。否则，也就成了马克思哲学的"异化"物。同时，马克思主义哲学认为主体不是一个实体范畴，而是一个价值范畴，体现的是一种能动的价值关系。基于此，我们可以说西方传播理论学派的观点分歧可能源于其所依托的价值主体特征及其需求。经验功能学派服务于特定社会中的"权力"，价值诉诸点在于为统治阶级提供通过传媒实施社会操控的行政理论与实用技术。这种权力服务诉求使得经验学派研究的开展以现存社会制度合理性为前提，如麦奎尔认为传播学实证主义范式"假定了一种良好社会的正常运作，它是民主的、自由的、多元的以及有秩序的"。[1] 而作为无产阶级代言人的批判学派追求的终极价值目标在于如何通过传媒批判实现解放全人类的宏伟目标。批判学派"质疑和揭露现实的不合理性，强调现行权力对于人的异化"。[2]

实证主义传播研究范式强调空间维度和工具理性，正如英国学者德兰逊所说，这种范式的出现是当代民族国家社会管理工程的需要。现代国家要求系统化、有条理的知识，这是实证性科学存在的先决条件。于是实证主义必然"成了对国家统治者所提出的社会工程有用的、可资利用的知识，成了一种工具性知识"。[3] 批判主义传播研究范式重视研究的历史维度，总是通过知性的力量来批判经验学派学术思想的工具性，强调学术相对于政治的价值中立。批判主义范式在知识上的贡献几乎完全是价值理性的。正是这种以纯粹理性诉求为出发点的理性研究使

---

[1] [英]丹尼斯·麦奎尔：《麦奎尔大众传播理论》第四版，崔保国、李琨译，清华大学出版社2006年版，第39页。

[2] 胡翼青：《论传播研究范式的表层结构与深层解构——兼论中国传播学30年来的得失》，《新闻与传播研究》2007年第4期。

[3] [英]吉尔德·德兰逊：《社会科学——超越建构论与实在论》，张茂元译，吉林人民出版社2005年版，第16页。

得批判学派的研究走向了理性的反面。正如韦伯所说："从目的理性的立场出发，价值理性总是非理性的，而且，价值理性越是把当作行为指南的价值提升到绝对的高度，它就越是非理性的，因为价值理性越是无条件地考虑行为的固有价值，它就越不顾及行为的后果。"① 韦伯关注的"合理性"认为完整的实践理性应该是工具理性和价值理性的有机结合。不同的研究方法可以在为实现主体价值诉求的前提下互相融合，共同服务于科学研究实践。这也是传播学理论两大学派实现方法论互补，实现其方法论普适性的前提。大众传播理论不同学派方法论的互通应该大于其在主体价值诉求方面的妥协与接近，表现出更大的普适性特征。随着传播理论研究不断深入，不同范式之间具体理论形态与研究方法间的差别正在缩小。欧洲批判主义范式的话语方式已经广泛地被美国的传播学所接纳，同样定量研究方法也已被欧洲批判主义范式广泛运用。

20世纪80年代，传播学集大成者威尔伯·施拉姆认为"传学仍旧没有发展出一个系统的中心理论，让传播研究者可以围绕这个中心来思考，来组织，来建立一门成熟完备的学问"。② 时至今日，传播学既难称其为真正的科学，也无法称为一门独立的学科。因为独立学科的建构，首先需要有独特的、不可替代的研究对象，还要有特定的概念、原理、命题、规律等所构成的严密的、逻辑化的知识系统，以及本学科独有的研究方法，即学科知识的生产方式。而在所有这些方面，现有西方传播理论内容距离构建独立科学的传播学学科都似乎相差甚远。

第二节　经验学派理论分析

一　科学主义方法论危机

功能经验学派在研究方法上秉承科学主义原则，注重实证研究在人

---

① [德]马克斯·韦伯：《社会学的基本概念》，胡景北译，上海人民出版社2000年版，第32、33页。
② 宣伟伯、余也鲁：《传媒·教育·现代化——教育传播的理论与实践》，高等教育出版社1998年版，第15页。

类信息传播行为分析中的重大作用。科学主义方法论在人文科学研究中的直接表现就是要求像自然科学一样通过准确的观察、测量和数理统计方法，描述阐释对象行为特征，即人文社会科学研究的实证研究。这种将自然科学研究方法直接嫁接到以"人，及人类社会行为"为研究、描述对象的人文社会科学实证研究方法在其"适用"过程中，既表现出先天的缺陷，也表现出后天的不足，甚或与人类社会发展的终极价值诉求相悖谬。经验—功能学派的科学主义实证研究方法"确信整个世界是有序的；存在个人规律和社会规律；行为规律可以观察和测量；任何行为都有可以理解的原因；行为可以汇总统计；经过科学论证的抽样样本可以推断总体和依此预测未来"。[①] 这种方法论把近代自然科学特别是物理学看作知识、真理的唯一合理形式，全面接受近代自然科学的世界观、科学观与方法论。试图以自然科学的研究方法研究人类的信息传播行为，以及与之相伴的文化心理行为。在实证主义看来，社会现象和自然现象一样存在可以反复验证的规律性特征。因此，也就可以通过实验、调查、统计等量化的方法发现社会变量间的因果逻辑关系，也就可以发现人类信息传播行为的相关规律性特征，通过反复研究后将之发展成为科学的理性认知。

首先，经验学派实证研究将"人，以及人类的信息传播行为"等同于自然界的无生命物质运动，忽视了人的主体性。作为社会行为主体，人是具备主体需求、情感、立场、价值观念的高级社会动物，作为其社会活动方式的信息传播行为极为复杂。甚至有些潜意识行为极难于为他人，甚或是自己完全感知，更不要说完备观察记录。《大众传播理论——基础、延展与未来》[②] 概括了实证研究适用于社会科学研究的四大局限。首先，绝大部分的人类价值意义行为是无法精确测量的。人们可以准确掌控实验室（水）沸腾实验的精确条件，却无法精确界定公民的责任义务行为。比如说总统大选中，公民选择投票或者放弃都是其

[①] 陈力丹：《试论传播学方法论的三个学派》，《新闻与传播研究》2005年第2期。
[②] Stanley J. Baran, Dennis K Davis, *Mass communication theory: Foundation, Ferment and Future*，清华大学出版社2003年版，第27—30页。

意志表达的方式。至于源于电视暴力诱发的攻击意识的强弱也不可能通过孩子拳击橡皮人的次数多少来计算测量。其次，人类行为逻辑极为复杂，很难找寻像"加热导致水沸腾"那样直接单一的因果逻辑关系；往往一因多果，多因一果，甚或是复合因果。比如在大选宣传研究中，研究者们很难控制选民的媒介接触行为，因为其中存在广泛的随机、随意性。更为困难的是研究者无法影响，更不可能控制选民们在长久的社会生活中形成的价值观念体系，而这些不可控性因素对于选民的投票的影响力却是至关重要，不可忽视的。再次，人类行为具有目的性和自我反思性。人类属于自主意志行为群体动物，各自有着独立自主的价值观和主体需求。面对实证研究的刻板调查内容，人们会根据自己的主观需求做出选择，这样就会使调查所得数据缺乏客观性，从而影响到研究成果的科学性与真理性。有时，被调查者甚至还会刻意隐瞒自身的真实想法，做出"随意的，甚至是故意失真的"选择。如此，也就失去了科学研究的必要和意义。最后，简单的因果关系理论无法解释人类行为的复杂性。给水加热可以导致水的沸腾，但人们却很难按照如此简单的因果逻辑去行动。很多的人类行为是不需要原因的，甚或行为本身就是下意识，或者是无意识的。很多时候我们随意安排自己的行为，并不需要专家学者的耳提面命。我们可以读报，拒绝投票，去挑选一条名牌裤子，甚至去拜访一位久违的朋友。

经验功能学派的研究主要围绕着传媒传播效果展开，研究方法以实证为主，逐渐形成控制心理实验、抽样调查、文献分析、实地了解四大研究方法。实证研究对于分析具体的传播现象很是有效，能够得出较为明确的结论，也有助于处理现实的问题。首先，实证研究方法客观、中立，但被调查对象却不会是客观的，被调查的人非但会有自己的观点和情感，甚至有时也会囿于被调查者的学识认知差异，或者对调查者心存忌惮而使得问卷调查的结果似是而非，丧失其作为科学研究依据的素质。以问卷调查为例，被调查者必须能够准确理解提问题的字面意义，以及问题内容所承载的社会意义。这要求被调查者必须具备相当的文化学识，以及对自身所处社会环境的整体认知水准，否则其回答内容将失去进一步分析的价值。其次,问卷调查需要民主自由的社会环境,被调查者具备一定的社会公德意识,配合调查问卷内容,进行客观公正的回答,但这并不是所有的调查对象都具备的。社会专制色彩浓厚的发展中国家,人们在某种程度上还是不敢公开表达自己的主观态度的,刻意的回避,甚或是有意的隐瞒、敌视和粉饰都会影响调查材料分析结果的有效性和科学性。正如曹云金相声,当记者问街头大妈如何看待节假日机关单位公款放烟火的事。大妈说"趴在窗户上'看'呗!"更有甚者,央视记者在街头询问捡拾垃圾的老太太的幸福感时,老人说"我姓曾"。有的老人故作聋哑,给予回避,试想耄耋老人流落街头,有何幸福可言?如此的调查,与其说是多余,不如说是愚蠢,抑或说是"别有用心"。

传播学经验功能学派的实证研究是近现代以来科学主义研究方法在人文社会科学研究领域适用的体现,彰显着明显的工具理性色彩。而"西方国家实现现代化的过程,正是工具理性展现和张扬的过程。它使生产力、科学技术、财富和人的智能等等都得到高速发展,社会结构也发生巨大变化,使资本主义成了人类历史发展中最辉煌的时代,也使西方成为近现代世界的发展中心"。[①] 正是以工具理性为核心的西方现代理性激发的剧烈社会变革终结了欧洲中世纪以来的蒙昧主义统治,从而为生产力的发展,以及全新文明、民主社会制度的建立奠定物质基础。同时,工具理性和个体主体,以及人类主体性的价值理性精神的结合引发了人类主体活动与自然环境的强烈冲突,乃至于成为人类社会内部冲突的灾难性根源。人类主体能动作用于自然获取自身生存、发展所需,科学技术成为人类改造自然、获取自然资源的有力工具。但过度的索取突破了自然界的自我协调极限,引发了众多的环境灾害。现代技术的运用,在促进社会经济快速发展的同时,也刺激了人们的无限贪欲。人们专注于追求最大物化效益、最多物质占有和物欲享受;人与人之间的关系由属人关系[②]异化为物/物的关系,由和谐关系异化为冷漠甚至对立

[①] 维基百科:工具理性,http://wiki.mbalib.com/wiki/,2015年10月9日。
[②] 由"属人法"相关内容导出。属人关系指人的身份、能力(权利能力、行为能力)、婚姻、亲属和继承权等社会关系内容。

的关系。正如批判学派所言传媒科技发展强化了资本阶级垄断集团权力"固化",整体社会文化的单向度特征更使得社会压迫和剥削趋向于合理化和合法化;专制国家的既得利益集团也可以通过对高新科技成果的操控达到巩固统治,奴役民众,愚弄民众的统治目的。如此,以凸显科技文明为主要特征的现代理性所推崇的工具理性并没有在实现现代理性主体价值诉求的"全人类的个性自由与解放"方面发挥决定性作用,有时候甚至完全是背道而驰。

二　非科学、非系统性碎片化理论体系建构

葛兰西（Gramsci-Antonio，1891—1937）曾经指出,经验主义仅仅满足于现象描述,对支离破碎的孤立事实进行归纳,所以只见树木,不见森林,只能看到眼前各种事实的积累而不可能真正从总体上把握现实。[1] 这种以归纳推理为依据的从微观推知宏观的研究方法如果缺失科学分析,其研究结果从根本上说,就是非科学的。经验功能学派善于就传媒科技的某种阶段性特征,或者某一非普遍性传播效果进行功能结构主义的理论阐释,并在此基础上提出一种"传播学理论"。这种理论创建模式认为"社会系统乃至整个行动系统都面临着一些大致相同的基本功能,满足这些要求是系统生存的条件,而这些要求是通过系统内部的结构得到满足的"。[2] 批评者认为不能以是否满足某种功能定义理论结构,一种功能可以由一种或者其他多种替代结构实现。同样,某种结构也不必然排他性地对应某一种特定的社会功能。功能学派往往就传媒特定阶段性技术特征为依据创建传播模式理论,这就使得其所创建的理论模式随着传媒科技发展,或者社会环境的变迁显示出某种局限性,或者境遇性特征,从而削弱其理论成果的科学效能和阐释能力。

拉斯韦尔在其1948年论文《传播在社会中的结构与功能》提出传播的"五W模式",对于经验功能学派的理论建构具有"奠基"意义。它的意义,如英国学者博伊德·巴雷特所说:"长久以来,这一公式帮

---

[1] 胡翼青:《传播学:学科危机与范式革命》,首都师范大学出版社2004年版,第40页。
[2] 贾春增:《外国社会学史》（修订本）,中国人民大学出版社2000年版,第229页。

助我们限定了传播研究的基本问题。它的价值在于,它包含了对生产、内容、传递和受众的有力强调。"① 尽管该模式在后来的研究中不断被完善加强,增加了"反馈""噪声"和"冗余"等因素;但所有这些都是源于传媒科技特征的技术性元素,从根本上忽视了"作为人的信息传播行为"中人的主体性存在。人的价值取向、内在需求、情感情绪对于传播行为、传播内容,以及预期传播效果评估影响都被忽略掉了。"五 W 模式"在一个线性模式中,每一组成部分都各自独立,自成一体,这就使得研究者很难就某一核心问题进行全面、系统的整体性研究。如此其研究结果就不可避免地存在局域性、片面性特征,也许这也就是碎片化、非科学性的根源所在。拉斯维尔模式建立在近现代电子通讯基础上,理论内容凸显现代物理学的机械、孤立、静止、片面等形而上学特征,对社会现实的阐释缺乏全面性、辩证性、系统性,其科学性也就大打折扣。经验功能学派将本来源于电子通信的信息传播过程分为操控研究、受众研究、内容研究、媒介研究和效果研究五部分。如此,便割裂了作为信息传播过程各部分之间的有机联系,使得各部分之间理论成果无法相互勾连,甚至于各部分理论成果的内部也相互孤立,无法相对科学、完整地解读、阐释信息内容,以及相关传播规律与环境实际。

一般认为,经验主义范式受众研究理论大致可以分为:受众被动论、受众差异论和受众主动论三个阶段。研究者一般认为三大理论呈阶梯式发展,以此形成传播规律认知的"否定之否定"。事实上,基于具体的生存环境、社会阶层、个体智识水准,受众面对不同的传播内容,他们的表现是可以是多样化存在的。1938 年 CBS 的"火星人进攻地球"广播成就了"魔弹论"。事后据普林斯顿大学调查,整个国家约有 170 万人相信这个节目是新闻广播,约有 120 万人产生了严重恐慌,要马上逃难。② 此事件在证实"魔弹论"真理性的同时,也证明了"受众差异

---

① 陈卫星:《传播的观念》,人民出版社 2004 年版,第 64 页。
② 经纬:《外星人成为流行文化 走进文学走近你》,http://net.chinabyte.com/chkxts/17/2029017.shtml,2005 年 7 月 5 日/10 月 12 日。

论"的真理性。将广播剧当作"真实事实"的有 170 万人,而当时收听该广播剧的听众达到 600 多万人,而真正采取逃避行动的人为 120 万人,约为收听总人数的 1/5。而导致逃亡行动的原因也很复杂,排除广播媒介的巨大威力外,逃亡者的生活状况均不够理想。他们大多学历低,收入低,生活困苦,同时他们中的大多数人都有宗教心结,相信"世界末日"说法。与其说是广播的"魔力"驱使他们逃亡,毋宁说是他们的内心在收听广播之初,早就有消极避世,回归"虚无"的想往。相对而言,绝大多数有着正常社会生活环境,心智较为健全的人群对媒介传播"魔力"则有较大的抵抗力。1938 年世界大战的阴影也许是事件爆发的宏观诱因。人们在危急时刻,或者在危亡环境中更容易产生恐惧、毁灭感。此时,也更容易相信超自然的宗教力量,或者是人世间或真或假的权威。这也就不难解释二战时希特勒和斯大林的所谓成功了。

20 世纪五六十年代,因拉扎斯菲尔德(Paul F. Lazarsfeld, 1901—1976)"伊利先调查"发现而成就的"有限效果论",与其说是对"魔弹论"的证伪,毋宁说是基于考察对象更加全面,研究者思考问题的角度更加全面的魔弹论完善而已。"有限效果论"相对于"魔弹论"而言考察到不同社会特征的受众的信息接收方式差异,从接受者角度分析宣传传播效果的形成。相对而言,"魔弹论"的研究者只注意到受传媒影响显著部分受众的被动特征,而忽视了没有受到影响的其他民众的主动情况。这样说来,"有限效果论"应该被看作"魔弹论"的有机发展,而不是相互否定;相对于不同境况中的受众,二者各有其独特解读功效。在社会情绪平和,生活条件优越,具备相当知识水平的受众中间,面对媒介宣传内容,受众反应趋于理性。反之,随着社会动荡加剧,公共情绪趋于紧张,生活优越性的丧失,个人智识由于恐慌而降低,受众受到媒介宣传的被动操纵性将进一步加强。从某种意义上说,媒介传播效果的形成,从来就不是媒介传播自身运作的事,而是各种社会环境要素共同作用于受众的结果。

20 世纪 60 年代以降,实证学派效果研究研究视角进一步扩展,视角繁杂,成果丰硕。"议程设置""沉默螺旋""知沟""涵养教化"和

"使用—满足"理论接踵而来。值得注意的是这些理论更为注重媒介传播的长期效应,而非短期效果;对于效果实现工具也不再执着于具体的媒介刺激,转而更加注重媒介环境的整体建构。同时,新的宏观效果论在承认传播在改变具体受众态度作用的同时,更强调其长期的,在改变受众认知、情感方面的巨大作用。如果说"有限效果论"是对"魔弹论"的辩证发展的话,是因为二者都遵从了实证研究的基本原则,其研究结果都是基于"刺激—反应"模式的实验操控研究。而其后的众多"强大效果"论,在坚守实证研究量化方法的同时,也大量采纳了质化研究的相关研究方法,打通了微观量化研究通往宏观质化研究的通途。问题在于,侧重实证研究方法科学性的经验学派如何把握质化研究的宏观对象?数据分析的结论又如何融入富于思辨的质化研究体系?二者不同研究对象间的内在联系如何建构?"强大效果论"的宏观研究实现了对"魔弹论"和"有限效果论"的研究方法和研究内容的超越,同时也在某种程度上,脱离了效果研究的微观视野,不再具备微观研究所具备的"可证伪性",或者是所谓"科学性"。宏观研究超越了狭隘的"刺激—反应"模式,但同时也与其他宏观研究的理论框架相重合,失去了实证研究的独特性。"强大效果"研究以宏观的社会媒介环境为研究对象,从某种意义上说万物皆为媒介,如此其传媒研究将不可避免地泛化,失去自己的独特研究对象,从而丧失本学科的严谨,乃至科学性。"议程设置"可以看作社会权力运作的媒介化运作,"沉默螺旋"无非是"从众心理"的传媒研究移植,"知沟"是科技现代化过程中社会阶层分化的媒介化表现。如此看来,经验学派的实证研究非但狭隘,其后期引入质化研究的改变非但没有带来本学科科学研究水平的升华,反而是泛化和去意义化。其结果也只能使得研究成果呈现碎片化、非科学化。

三 操控研究主体价值迷思

传统意义上的控制研究,一般指国家机关或者社会组织对传媒活动和传媒内容的调控,目的在于通过控制媒介运作为国家主导利益集团服务。微观层面表现为勒温（Kurt Lewin, 1890—1947）的基于传播内容调控技术的"把关人"理论；宏观指国家层面对传媒机构和媒介运作的调控，威尔伯·施拉姆（Wilber Schramm, 1907—1987）在《报刊的四种理论》中表述为集权主义理论、自由主义理论、苏联共产主义理论和社会责任理论。共产主义理论延续集权主义理论主旨，强化了国家政权对传媒运作的绝对控制。苏联共产主义新闻体制下的"新闻媒介，同其他所有的公共事业一样，其存在仅仅是为了完成党和国家领导人所指派的任务"。[①] 相对而言，自由主义理论和社会责任感理论则更多地体现为媒介运作者和社会公众对于传媒运作的社会公共定位和社会公众价值诉求。自由主义理论以弥尔顿（John Milton, 1608—1674）《论出版自由》所持观点为理论基础，认为人的理性能够分辨真理、谬误。应当允许不同的观点和思想自由传播，真理在"观点的自由市场"中与谬误交锋，以"人民的自我修正"的方式取得最终胜利。自由主义思想是近代人类理性从神性桎梏解脱的产物，在其创立之初，极大地促进了近现代新闻事业的发展，但对媒介的自由放任也引发了诸多的社会问题。"正如自由主义论者所主张的那样，权力是真理和自由的敌人，当媒体自身成为一种权力时，新闻自由就变得很有局限。"[②] 当新闻媒介以"第四权力"自诩之时，也就意味着新闻传媒已经远离公众利益，有可能异化为通过伤害公众利益实现自身利益的价值主体。

经验功能学派的操控研究继承社会国家、利益主体操控媒介运作的意旨，侧重于在媒介运作技术环节为媒介操控者和媒介运作者提供通过媒介运作操控社会公众的理论方法和技术手段。新的传媒科技成为实施阶级压迫，强化意识形态统治的帮凶。李普曼（Walter Lippmann, 1889—1974）的"拟态环境"，诺尔曼（Elisabeth Noelle-Neumann, 1916—2010）的"沉默螺旋"，麦肯姆斯（Maxwell McCombs）的"议程设置"理论无不是为垄断资产阶级实施对社会公众的信息控制服务的。这些理论既可以为资本主义垄断资本服务，更可能为集权主

[①] 徐耀魁：《西方新闻理论评析》，新华出版社1998年版，第193页。
[②] 胡翼青：《传播学：学科危机与范式革命》，首都师范大学出版社2004年版，第132页。

义和共产主义新闻工具论所吸纳，成为愚弄民众的工具。甚至于在以苏联共产主义新闻工具论为指导的媒介运作中获得更"佳"的实施效果，因为二者具备天然的适应性，运作用起来也就更加的"形神兼备"，效果更加明显。但是，经验学派媒介操控研究的所有努力都与新闻传媒运作的初衷——尊崇人类理性，实现"人的全面发展"的精神主旨背道而驰。

技术理性坚信"理性的典范就是数学和演绎逻辑"及"大自然的结构可以被人认识，可以用数学公式来揭示";[①] 注重功能和操作，关心其实用目的；把事实和价值、伦理、道德严格区分开来。从其形成社会实践中工具理性特征，"成为控制人、社会、自然的主要手段，社会文明愈是发展，科学技术愈是进步，就愈扩大对人性的奴役和摧残"，[②]"异化"为人类主体价值行为的对立面。经验学派传媒科技控制技术的研究成果，无疑也是技术理性在传媒业依托现代传媒技术高速发展的工具理性产物，遵奉实现传媒对社会公众的完全操控为圭臬。从而从根本上改变了传媒崇尚理性，实现人类主体价值的初衷。现代哲学认为，人的主体性既包含人类整体相对于自然界的认知与实践主体性，同时也表现为源于人类社会内部利益立场差异的价值主体。不同立场的价值主体无不从族群立场出发，在实用主义理念主导下，将科学技术的工具性质发挥到极致，以实现本集团对社会其他利益集团的操控和利益攫取。工具理性在近现代的流行，刺激了德、日法西斯集团基于高科技操控条件下贪欲的泛滥，一定意义上成为两次世界大战爆发的诱因。当代世界自由民主国家在利益群体制衡的政治制度框架内仍无法控制囿于高科技发展引发的社会两极分化趋势。第二次世界后新独立的、具有明显专制特征的民族国家，虽则有着现代科技的支撑，但并没有造福民众，高科技成为统治集团垄断社会资源、巩固统治、维护既得利益的工具。经验学派的媒介操控技术研究成果，也无疑会成为统治集团操控社会，愚弄民众，重建蒙昧，使普通民众物质生活贫瘠，精神生活空虚，再坠炼狱的帮凶。

---

① 维基百科：技术理性，http://wiki.mbalib.com，2015年11月2日。
② 同上。

第三节　批判学派理论分析

一　解构资本主义传媒价值的"天才"批判者

批判学派对资本主义传媒的批判彻底得有些偏执，无视科学研究的"价值中立"原则，颇有些无产阶革命者政治批判的倾向。法兰克福学派在传媒批判中引入马克思哲学的"异化"，乃至卢卡奇的"物化"概念，在抨击资本主义传媒经济罪恶的同时，甚至也否定了作为现代社会精神支撑的现代理性观念。霍克海默和阿多诺认为人类推崇理性的做法很可能最终将理性推上神坛，让理性本身成为神话，进而扼杀理性。① 秉承批判与解构的宗旨，批判学派的各路学者们从各自的进路对资本主义传媒，社会文化，乃至于人类语言文字进行了"负责任，有担当"的深入剖析。

法兰克福学派的本雅明（Walter Benjamin，1892—1940）1926年在论文《机械复制时代的艺术作品》中提出"文化工业"概念。认为复制技术使艺术作品发生质的变化，可批量生产的文化工业使得艺术品从少数人的把玩中解脱出来，为多数人共享。本雅明认为这是文化的解放，给无产阶级文化带来了广阔的发展天地。霍克海默（Max Horkhaimer，1893—1973）和阿多诺（Theodor Wiesengrund Adorno，1903—1969）在《启蒙的辩证法》中系统地分析了"文化工业"概念，认为这种文化的创造目的和手段与工业生产一样，是一种标准化、复制性、大批量的生产，目的是创造消费使用价值。"文化工业带来的乐趣促使人听人摆布，与世无争"，② 欺骗群众的启蒙精神，导致资本主义意识形态的一致性。霍克海默在《现代艺术和大众文化》集中论述自己的"大众文化"主张，他认为大众文化主旨与大众无关，而是由社会主导阶层的价值观决定的。大众是一种下层族类身份，处于社会权力关系的弱势

---

① 石义彬：《批判视野下的西方传播思想》，商务印书馆2014年版，第5页。
② Adorno and Horkhaimer, *Dialectic of Enlightenment*, p. 142. 转引自许正林《欧洲传播思想史》，生活·读书·新知三联书店2004年版，第253页。

端，是可以被贬义形容的"乌合之众"。大众性不再与艺术和真理发生具体的联系，其内容决定于娱乐工业负责人。进而丧失了社会文化的批判作用，制造的是满足、宿命、顺从和麻木。马尔库塞（Herbert Marcuse，1898—1979）1964年在伦敦和波士顿两地出版《单向度的人》对大众传媒制造的"现存制度同化"提出批判。认为"先进工业社会的技术，已经促成现代资本主义形成霸权，这种霸权更确切地说是一种控制权力，这种控制权力已经渗透于生产、分配消费的不同领域，通过使先前社会制度中观点相异，利益冲突的所有人的同一化，能够得以消除冲突"。[1] 法兰克福学派认为资本主义文化工业制造社会意识的统一，进而形成了资本主义霸权统治。

结构主义在社会历史的更深层次，揭示这种源自文化符号操控的霸权建构先于资本主义文化霸权，早就存在于人类历史文化意义系统。结构主义认为在结构系统中，"关系"决定各成分的性质和作用。"个人只是结构的附属品，人并不是一个独立的主体"。[2] 颠覆了西方近现代以来长期信奉的"主体哲学"，使得西方文化研究从传统的"人本主体中心"转向思想文化创造的客观运作模式，个体人只能通过其与特定的文化系统的意义关系才能确定自身的意义价值。索绪尔（Ferdinand de Saussure，1857—1913）认为语言是一个承载了主体心理、社会和生理内容的意义系统，具备抽象、稳定和社会性特征，体现着制度化、系统化、文化分享的共同基础，使不同个体间的言语意义得以理解和沟通。符号学家罗兰·巴特（Roland Barthes，1915—1980）认为索绪尔的"能指"和"所指"属于语言意义的第一个层次——直接意指。除此之外，语言符号还有"内涵意义"，涉及文化层次，透过符号与使用者的情感、感觉和其他文化价值观彼此互动形成额外意义，是语义的转变、偏离和扭曲，属于"含蓄意指"。福柯（Michel Foucault，1926—1984）认为由语言文字符号承载的文化知识本身既是意义系统，同时也体现为人类社会生活的权力结构。个体通过学习文化知识获取意义，实

---

[1] 许正林：《欧洲传播思想史》，生活·读书·新知三联书店2004年版，第291页。
[2] 石义彬：《批判视野下的西方传播思想》，商务印书馆2014年版，第402页。

现自身的主体价值意义。殊不知，这种"主体化"过程本身就是通过将自身作为知识意义体系的客体来实现的，并最终使自己沦为统治者驯服的"顺民"。"不存在什么真实事物，存在的只是语言，我们所谈话的是语言，我们是在语言中谈论。"①

英国文化研究融合了文化主义及结构主义阐释方法，认为应该将文化置于其所产生的社会关系与体制中研究，强调社会形成的结构因果规律。葛兰西（Gramsci-Antonio，1891—1937）认为"一个社会集团的霸权地位表现在以下两个方面，即'统治'和'知识与道德的领导权'"，②霸权统治以实力直接强制控制，领导权则通过社会团体的积极同意取得。知识分子，作为统治阶级的管家，通过组织社会精神生活和道德的改革起到阶级组织者的作用。知识阶层为统治者提供知识意识形态，并将之改造为一个社会的世界观在社会中传播。知识分子通过操控大众传媒确保民众自愿认同统治集团提供的社会生活准则，并在此过程中将市民社会需求和国家意识形态结合起来，化解矛盾，维系社会共同体的和谐稳定。斯图亚特·霍尔（Stuart Hall，1931—2014）运用符号学、结构主义和葛兰西霸权理论研究意义的生产和传播。霍尔认为任何种类的传播都不是自然生成的，人们在信息发出之前必须对之进行重新建构。信息的建构是灵活的、诠释的、社会性的。③媒介编码过程受一系列意义要素影响，如媒介业者的技术水平、职业观念、制度知识、知识结构等。同样，作为传媒受众解码行为也会受源自自身、社会，或者文化的多重影响形成诸如主导霸权、偏好和协商等多种符码解读方式。

政治经济学派的研究重点在于传媒所有权结构和传媒控制经验分析，将传媒机构看作与政治紧密相关的经济系统的有机组成部分。文化的生产与流通由传播媒介与国家、经济、社会机制的相互作用建构而成。从宏观角度研究传播活动，关注现实的社会政治经济背景对传播活

---

① 石义彬：《批判视野下的西方传播思想》，商务印书馆2014年版，第276页。
② ［意］安东尼奥·葛兰西：《狱中札记》，堡中译，人民出版社1983年版，第193页。
③ 石义彬：《批判视野下的西方传播思想》，商务印书馆2014年版，第135页。

动的制约,以及人们在物质地位上的不平等的决定性影响。将传播看作人类的一种社会实践活动,传播的意义在于"它规定着社会现实,并因此影响劳动的组织,技术的特征以及'闲暇'时间的使用,实际上规定者社会生活的基本安排"。[1] 汤林森的文化帝国主义认为西方大国通过大众传媒传播西方文化,进行思想和意识形态领域的控制,向他国输出西方价值观和生活方式。该理论可以分为媒介帝国主义、民族国家话语、批判资本主义话语和批判现代性四个层次。女性主义认为现代社会媒介结构的本质是"父权制",媒介根据父权社会的利益运作,导致媒体女性报道"女性意识"缺失或被误读。女性机体无意识地表现为用自己的肉体迎合观看者的目光,自觉地把自己置于被保护的地位。

二 主体价值"空无"

与近现代自然科学所表现出的"孤立、静止、机械"等物理学特征不同,人文社会科学缘于研究对象"人,以及人的意识社会运动"差异而表现出"有机、整体、辩证、系统特征。尽管社会科学也追寻"价值中立"学术准则,但由于研究者本人,抑或是研究者所代表的社会利益集团的价值差异,社会科学结论很难做到研究结论的"客观、公正"。社会科学研究往往表现出强烈的社会价值立场,带有强烈的主体价值色彩。其间既有社会阶层意识形态的作用,同时也体现为社会实践主体差异,及其行为的差异性特征。传播学批判学派,以世界无产阶级利益代表者相标榜;但在无产阶级价值利益建构方面毫无建树,体现出明显的主体价值"空无"特征。该学派认为传播学研究的主体是具备思想和主观能动性的人,把传播和传媒置于历史、社会、文化的背景下研究,把传媒视为有一定价值倾向的中介。其理论深刻犀利,给人多方面启发。"但物极必反,该学派批判的目的不是为了消除某种弊病,也不是为了纠正传播结构,而是进而怀疑现存秩序下人们所理解的所有

---

[1] Herdert I. Chiller, *Communication and Culture Domination*, N.Y.: international Arts and Science Press Inc., 1976, p.3.

有价值的东西，全然不相信社会由以建立起来并提供给每个社会成员的行为准则。"①

马尔库塞承认社会批判理论并不拥有能够在现在与未来之间架桥沟通的能力；不抱任何希望，也不显示任何成功，它只是否定。批判学派承继无产阶级革命理论，使用"异化""物化"观念全面揭露、批判现代资本主义的政治、经济文化，直至否定作为现代性承载的现代西方资本主义的一切积极性成果。就历史角度而言，现代性的扩张就是西方价值观念的扩张。承载西方价值观念进行全球扩张的也是西方资本主义，现代性与资本主义互为表里。现代性不仅可以在资本主义社会制度形式中得到表征，同时也可以通过社会主义或者其他社会制度形式得到表征。某种意义而言，批判学派对现代性的否定也就是否定现、当代人类社会的所有进步。批判学派以世界无产阶级代言人相标榜，以唤醒和捍卫无产阶级的革命意识为己任。但他们的理论结论明显高于民众，与实践存在距离，体现了该派学者高贵的欧洲哲学血统。与其说是为生存于资本主义社会的芸芸众生呐喊，毋宁说是为随风飘逝的贵族文化传统招魂。他们保守着欧洲人文主义传统，建立理论体系时以"人"为核心，强调"人"和"人性"，但又对大众没有信任感，从俯视众生的视角探索解救众生的方法，他们的理论无法得到最广泛受众的支持。② 德国人柯尔施（Korsch Karl，1886—1961）在其著作《马克思主义和哲学》中正式提出"西方马克思主义"，主张马克思主义多元化。他们认为资本主义专政是"总体专政"，具备意识形态和文化上的领导权；仅用经济革命或者政治革命是无法推翻的。主张发动"总体革命"，在社会体系上把资本主义的日常生活作为批判对象。变革家庭、婚姻制度、文化主导权，以及性革命等，引导每个人都进行本能结构的"自我改造"。然而，这个相关从总体上推翻资本主义统治革命的发起者、领导者、组织者，或者是引导者又该由谁来承担呢？批判学派学者们，站在欧洲贵族立场上，怀疑人民群众具备发动革命并取得胜利的能力，在批判学派学

---

① 陈力丹：《试论传播学方法论的三个学派》，《新闻与传播研究》2005年第2期。
② 石义彬：《批判视野下的西方传播思想》，商务印书馆2014年版，第45页。

者眼里，群众抑或是"铤而走险的狂徒"，抑或是"逆来顺受的奴隶"，是一批"乌合之众"，抑或是"一盘散沙"。马尔库塞对媒体使大众变得麻木不仁的社会深感悲哀，他认为变革社会的希望来自"被驱逐的局外人，被剥削虐待的其他人种，及待业失业者"。[①] 马尔库塞列举的所谓可能承担变革资本主义社会的"领导者们"，就现实社会意义而言，应该属于社会的"弱势群体"，或者是"边缘化群体"。那这些"领导者"领导发起革命的能力和实力又从何而来呢？

　　法兰克福学派强调知识分子的人格独立，资本主义社会知识分子应该挑战社会制度的羁绊，保持批判意识，为无产阶级革命提供理论性攻击力量，用文化方法解决社会问题。文化帝国主义论者葛兰西认为各国无产阶级的任务就是产生自己的有机知识分子，夺取资产阶级的文化霸权，"一个阶级能够，也必须在赢得政权之前开始行使'霸权'；当它执掌政权的时候就最终成了统治者，但它即使是牢牢地掌握住了政权，也必须继续行使以往的领导权"。法兰克福学派所谓"挑战现存制度"的知识分子并非完全没有存在的可能，然而但凡敢于和勇于挑战所处社会政治经济关系并取得成功的知识分子本身，首先必须拥有维持自身生存和"革命"的物质资源。社会生存和社会活动成本的取得，要么革命者本身就是现存社会经济结构的既得利益者，要么是得到既得利益者的认可和大力支持。否则，即使不是空中楼阁，也是无法持久的，更不要说所谓的"胜利"。"革命"的知识分子，或者是背叛了自己出身的社会阶级，革了自己的命；或者是受利益集团资助，成为资助者利益的代言人；文化帝国主义论所谓纯粹的"无产阶级知识分子"是个值得商榷的说法。《摩登时代》里拿着大扳子游荡街市的"查理"，其重复性流水线工作给予他的只可能是麻木不仁，最多是熟练的技艺，而绝不可能是作为人类进步标志的"文化知识"。毛泽东先生在《中国社会各阶级的分析》提到的所谓"流氓无产阶级"倒是很像鲁迅笔下的"阿Q"，他到死都没有把自己的"O"画圆。社会经济意义上的无产阶级

---

① 许正林：《欧洲传播思想史》，上海三联书店 2004 年版，第 248 页。

很难成就本阶级的知识分子，因为任何社会历史时期，无产阶级价值观念从未成为社会主流价值观念，难于形成独立的文化体系，而所谓独立无产阶级知识分子也就极难诞生。莱恩和特纳指出，工人阶级背景出身的霍加特，因为工作经历原因保持着对工人阶级状况与文化的研究兴趣。但是在霍加特的著作中，也存在某种矛盾的心情——对工人阶级文化的价值观怀有不确定感和潜意识的怀疑。[①] 羡慕和想往"取秦皇而代之"的刘邦和项羽，一个是源于没落贵族的"无产阶级流氓"，一个是流落街头、游走市井的本色"流氓无产者"，虽则不是严格意义上与资本主义社会资产阶级相对立而存在的"无产阶级"，但作为阶级压迫社会的底层叛逆者，无疑具备极为相似的人格特征。他们有可能通过权谋、暴力夺取政权，却没能力建构全新维持社会生活正常运转的科学秩序。巩固政权和长治久安的实现，依然需要依赖传统社会既有的，从属统治阶级的，道德观念体系和法统制度。

被称为"欧洲最后的天才"的本雅明，面对法西斯的堕落艺术，提出极端的政治对策——"艺术的革命政治化"。在现代社会里，如果艺术能够不再与政治分离，那么他就必须与一种旨在从根本上改善人的状况的整治方案，即共产主义结成同盟。文化艺术的革命化，或者政治化，在第二次世界大战和其后独立的民族国家确曾变为现实，但实施的效果却并不十分令人满意。原本对社会人进行心灵塑造和非强制性行为规范的文学艺术，一旦与现实政治相交织就会无节制地侵犯社会人的私密空间。造成较之资本主义社会更为强烈和极端的社会操控，形成专制统治对全社会的再"蒙昧化"和"单向度社会"的形成。而第二次世界大战后独立民族国家长期社会动荡，政治专制暴戾，也不可避免地伴有无产阶级专政统治的幼稚和偏执的动因。

三 理论建构的"乌托邦"色彩

批判学派的主旨是对现代资本主义的批判、解构和否定，"整个法

---

① [澳]杰夫·刘易斯：《文化研究基础》，郭镇之等译，清华大学出版社2013年版，第78页。

兰克福学派的批判理论给人一种晚霞灿烂般的悲壮"。① 20世纪60年代，哈贝马斯把法兰克福学派的辩证法和实证主义同哲学释义学结合起来，放弃法兰克福学派原有的激进立场，将批判理论引向改良，实现了以交往理性为核心的"语言学转向"。哈贝马斯的理性交往行为理论可以分为交往理性论、公共领域论和语用学三部分。

交往理性遵循从过程到内容、形式和功效的相对的、动态的合理性。唯有如此，人类行为才能对抗工具理性侵蚀，在平等交往基础上达成一致，缔造自由和谐的社会生活。哈贝马斯交往理性论实现了"从个体主义的概念化理论和对世界中客体的操纵理论转向了一种主体间的理解和交往理性的理论"② 的转折。人类理性交往的"主体间性"涉及自我与他人、个体与社会的关系。胡塞尔（E. Edmund Husserl, 1859—1938）认为主体性是指个体性，主体间性是指群体性，主体间性应当取代主体性，③ 主体间性反映了主体与主体间的共在。在伽达默尔（Hans-Georg Gadamer, 1900—2002）看来，世界是我们通过语言和交流的合作而生存于其中的构架，实践是一种"参与和分享"。一种与他人有关，并依据活动决定共同利益的过程。以"对话""原初性理解""谈话集体中沟通彼此的主体间性"方式支持着我们的生存，支撑和构造着人类行为的实践理性。但是这种指称人类理性实践的交往理性，在现实交往中，往往受到物质利益纠纷侵扰而难以实现。因为主体间基于语言交流的意义共享必须以物质利益的主体间共享为前提。任何时代的社会理论设计，都会不同程度地观照到不同利益群体的利益平衡，设置限制社会主流集团利益的中间地带，协调社会矛盾，主持社会公平、正义，但在实践中却难以完全实现。尤其是在利益对立的社会集团之间，作为主体间性存在的理性设计多被强势利益集团吞噬。先秦时期，儒家主张"尊王、重民"，二者互为表里。秦汉之后，这种相互依存关系则被后世统治者忽视，历代统治者片面强调民对国的忠义却忽视了国对民

---

① 石义彬：《批判视野下的西方传播思想》，商务印书馆2014年版，第54页。
② [英] 奥斯维特：《哈贝马斯》，沈亚生译，黑龙江人民出版社1999年版，第89页。
③ 交往理性：百度百科，http://baike.baidu.com, 2015年12月8日。

的责任。语言交往，首先是作为主体的人的现实利益博弈的反映。只有建立在价值诉求兼容，主体间利益共存基础上的交往理性才具有沟通意义，建构和谐的可能。哈贝马斯未能解决作为语言交往的主体间——人的现实利益和价值诉求的冲突与矛盾，这就使得其所创建的交往理论未免带有几分理想主义的乌托邦色彩。

公共领域是哈贝马斯设计的体现人类主体理性交往的主体间性存在方式。"资产阶级公共领域是公共权力领域与私人领域的中间地带，作为公众聚集的领域，他的主要功能在于提出批判，形成公众舆论。"① 公众基于理性精神和"公共"目的形成对于公共事务的批判性意见。哈贝马斯认为资产阶级公共领域可以溯源于古希腊城邦时代的广场辩论，当17世纪的公共文学领域的文学批判转向政治领域时就形成了资产阶级最早的公共领域，伴随新兴资产阶级知识分子和贵族的咖啡馆、沙龙聚会日渐成熟发展。18世纪，公共领域开始承担政治功能。哈贝马斯认为大众传媒是公共领域的重要组成部分，却最终颠覆了公共领域，导致大众传媒对公共领域政治功能的异化。从手抄新闻开始，传媒具备公共领域的特质。作为反封建斗争胜利成果的新闻检查制度的废除，政党政论新闻的发展使得理性批判精神进入公众论坛，报刊成为公众参与政治决策的工具。传媒公共领域功能的丧失，乃至异化源自传媒本身和社会政治的诸多原因。就传媒自身而言，随着新闻商业化的步伐，评论让位于新闻，传媒丧失自主，失却批判精神。大众传媒时代，掌握媒体的私人所有者，更容易受自身利益牵制而遭受社会利益集团的影响。私人或者利益集团，通过公共关系以公共利益的面目侵占公共领域，获得形式上的公共性，导致公共关系对公共领域的侵吞。社会统治阶级可以通过公共性原则把本阶级的利益普遍化，将本阶级利益上升为普遍利益。如此，统治阶级利益通过公共领域转变为社会的公共舆论基础。进入20世纪以来，"国家社会化与社会国家化"的进程进一步加快。国家干预政策使得具备政治功能的公共领域日趋机制化、国家化，

---

① 石义彬：《批判视野下的西方传播思想》，商务印书馆2014年版，第60页。

从而最终消解了公共领域的基础——国家与社会基于公共领域的分野。国家公共权力无限度地介入私人交往过程，致使私人领域的矛盾冲突无法在私人领域得以解决，国家权力得以干预社会领域。同时私人组织开始渗透国家权力组织，国家权力被部分社会个人取代，形成社会的国家化。最终，国家与社会的相互渗透，使得作为公共领域建构组成部分的私人社会因素消弭，公共领域消亡。

哈贝马斯提出的另一个体现主体间存在，实现理性交往的理论设计是"普通语用学"。该理论认为个体在通过语言媒介与其他个体进行言语交流，求得理解、认同的过程中，形成互为主体。如此就突破了认识论的主客关系，交往理论取代认识论，交往理性取代工具理性。哈贝马斯在其著作《交往与社会化》中提出交往理性对言语的四个有效性要求。交往参与者必须承担起"有效性要求的义务"，"言说者必须选择一个可领会的表达，以便说者和听者能够相互理解；言说者必须提供一个真实陈述的意向，以便听者能够分享说者的知识；言说者必须真诚地表达他的意向，以便听者能相信说者的话语；最后，言说者必须选择一种本身是正确的话语，以便听者能够接受，从而使言说者和听者能在以公认的规范为背景的话语中达到认可"。[①] 简而言之，即语言的"可领会性、真实性、正确性和真诚性"。哈贝马斯言语行为理论的进步意义在于实现了批判理论从意识哲学向语言哲学的转型，规避了法兰克福学派此前针对资本主统治的激烈革命立场；局限在于无视实现理性交往的物质基础——合理化社会的缺失。只有在社会合理化的前提下，行为主体才可能在没有任何压力和强制的条件下进行平等、诚实的交往与对话，在相互承认的基础上达到理解、谅解与合作。理性交往与社会合理化相互依存，且理性交往最终也是为了社会合理化的发展。

交往理论过分强调了社会文化因素在社会合理化建构中的作用，刻意回避现实社会政治、经济制度的固有矛盾。把科学本身与科学在具体

---

① [德] 哈贝马斯：《交往与社会化》，张博树译，重庆出版社1989年版，第3页。

社会条件下的运用混为一谈，认为科学技术"在罪"。用虚构的科技与人性的对立，以及语言工具和理性交往的对立，取代现实利益集团的矛盾对立。幻想在不触及社会利益格局的前提下，通过合理化交往解决社会矛盾，只能是一种很不切实际的"乌托邦"理论设想。

第四节 技术控制学派理论分析

一 本末倒置的"媒介决定论"

技术控制学派理论片面强调传媒科技对于人类社会发展变化的决定性作用，理论建构彰显强烈工具理性特征的技术主义。研究结论颠倒了物质世界与人类社会现实存在的一系列形式与内容、现象与本质，以及工具与主体的主客关系。麦克卢汉的"媒介即信息"认为媒介的形式比其所传递的信息本身更为重要，是媒介的形式而不是媒介传播内容对人类社会产生根本性影响，新媒介的作用方式决定着人类社会的存在方式。

"媒介即信息"颠倒了内容和形式的辩证关系。辩证唯物主义认为内容是事物存在的基础，内容与形式互相联系、互相制约；内容决定形式，形式依赖于内容。同时，麦氏理论还存在将"媒介"和"信息"概念泛化的倾向。首先是"媒介"概念的泛化，传播理论的媒介指"介于传播者与受传者之间的用以负载、传递、延伸特定符号和信息的物质实体"。[①] 意指"媒介"是主体与客体之间，或者交互主体间传递信息的技术手段，是独立于"人"的客观存在。技术控制学派所秉承的泛化广义媒介认为"媒介并非仅仅是两个或两个以上环境中的人们之间进行信息交流的手段，他们本身就是环境"。[②] 该观点混淆了传媒境遇中传受双方"人"的主体性特征和作为传播手段存在的媒介的"物质"客体特征，进而认为"传受双方"和媒介就是环境；环境本身也就具备了"介质"特性，进而认为整个物质世界和人类社会本身都

[①] 媒介：互动百科，http://www.baike.com/wiki，2015年12月15日。
[②] 胡翼青：《传播学：学科危机与范式革命》，首都师范大学出版社2004年版，第179页。

具备"介质"属性,都是信息传播的媒介。如此,就混淆了"媒介"相对于"传播主体人",以及整个传播环境的客观关系,忽视了"媒介"相对于"传受双方人"的客体关系,进而也否定了传播行为与整个社会的"部分与整体"的客观关系,最终也就颠覆了信息传播行为所表述的世界存在形式与真实客观世界的本质内容之间的客观联系。现代哲学认为任何物体都同时兼具"物质、能量、信息"三大属性,"媒介即信息"将物体的"信息属性"等同于物体本身,有"以偏概全"之嫌。这种错误还表现在对"信息"概念理解的非科学性特征,因为作为事物属性存在的"信息"存在形式既有"已为人类认知,经人们符号化后进行的'自觉'人化信息"传播行为,也存在以人类未知形态存在"自在"传播行为。作为人类创造的科技技术手段存在的传播媒介"信息"也只能是"人化自觉"信息,而非"未为人类认知的自在状态"的信息。否则,就会混淆传播学和自然科学,以及其他社会科学的研究对象和研究领域。

  媒介决定论者认为人类社会存在的面貌,乃至本质特征都决定于特定时代人为媒介的技术特征。伊尼斯认为偏向时间的媒介有助于树立权威,从而形成等级森严的帝国;偏向时间的媒介则有利于帝国的扩张与管理,但不容易形成等级性很强的社会体制。"建立在时间偏向的传播手段或空间偏向的传播手段上的两种不同的权威和知识垄断——宗教的或国家政府的,道德的或科技的,是帝国兴衰的主要动力、文明兴衰的主要动力。"[①] 文明持续发展维系于时间和空间的平衡,社会科学研究的任务就是研究开发能够制衡传播偏向的行政体制,并评估空间和时间的意义。姑且不论伊尼斯论断的科学性和可证伪性,其所使用的"媒介传播"概念过于宏观。其"传播"内涵包容整个人类社会运动,甚至于也囊括了自然界的物质运动。其所谓"媒介"也是无所不包,无所不容。于是就有了其弟子麦克卢汉的"媒介即万物,万物即媒介"。[②] 技术控制学派理论学家在思维的海洋里神游狩猎,以恣肆的想象把握现

---

① 张永华:《媒介分析:传播技术神话的解读》,复旦大学出版社2011年版,第55页。
② 邵培仁:《传播学》,高等教育出版社2000年版,第146页。

实的物质世界，全然不顾传播研究的研究对象仅仅是承载人类意义的信息运动，无限夸大了传播学研究的事实对象，也就失去了传播研究的学理意义。同时，其理论也忽视了做传播学研究对象的传播活动的"人"的主体性，好似媒介传播完全是与"人"无关的纯物质技术运动。事实应该是传播理论研究人的媒介活动，以及基于人类媒介活动的人自身与人类社会的得失利害关系。不是媒介的"偏向性"特征形塑了特定历史时期的社会面貌，而是人类媒介选择和使用方式导致了不同的行为效果。不是媒介技术特征决定社会文明的兴亡，而是人类媒介技术创新改变了世界存在的形式和意义。

被批判学派作为批判工具的马克思"异化"理论，在技术主义者理念中，不幸变成了"真理"，他们颠倒了传媒技术作用与其创造者间的主客关系。传媒科技在这里反客为主成为主宰人类文明进步，形塑人类社会发展面貌的决定性因素。只强调技术对人和社会的决定性影响，而忽视人对技术的能动作用。认为"传媒科技是自发自生的，按照本身孤立逻辑发展，不受周围环境的影响，也不受社会秩序和社会制度的制约"。[①]

实际上，传媒科技仅仅形构了特定社会发展形态的表象。特定时期的政治、经济、社会制度体系决定着人们媒介使用的规则和媒介技术的社会作用方式。拉扎斯菲尔德认为大众传媒既可以为善服务，也可以为恶服务；如果不加以适当的控制，则是强大的为恶的工具。第二次世界大战时期，媒介技术，尤其是无线电技术掌握在少数野心家手中，传媒成为独裁、奴役和战争的帮凶。

二 难于证实的"谶言"式表达

技术控制学派学者被认为具有超越常人的原创力，被称为"先知"。其观点超越历史，源自直觉或者顿悟，往往没有材料可以证明这些观点的正确性。其代表人物麦克卢汉的写作风格和研究手段极具神秘

---

① 邵培仁:《传播学》，高等教育出版社2000年版，第173页。

主义色彩。① 其研究结论短时间内不易理解，犹如中国式"谶言"② 表述。谶言表述内容与客观世界并不存在必然联系，其在现实世界中的实现基于偶合，只能算是巫师相士招摇撞骗的奇巧淫技。在语言表述上也存在诸多表意模糊、以偏概全，甚至于偷换概念论题的逻辑错误。

麦氏所言"媒介是人体的延伸"，无疑是有其学理依据的。但为人类所役使的"万事万物"又何尝不是人类肢体功能的延伸呢？这好像恰且证实了其"万物皆媒介"的宏观传播观念。首先人类自身也就成了媒介，传播学也就可以取代所有自然科学和社会人文科学了。但事实上是做不到的，至少麦氏没有做到，甚至于延续至今的传播学学者整体也没有做到。其次，麦氏理论内容也并不新鲜。早他几千年的战国时代的荀子就曾经说："登高而招，臂非加长也，而见者远；顺风而呼，声非加疾也，而闻者彰。假舆马者，非利足也，而致千里；假舟楫者，非能水也，而绝江河。君子生非异也，善假于物也。"③ 如此，则荀子所言"高山、疾风、快马、舟楫"岂不都成了传播媒介。麦克卢汉发现了媒介的"传播"功能，却将之"泛化"为万事万物的固有特征，而传播学意义上的传播应该仅指作为主体人的意义"信息"传播行为，有以偏概全之嫌。

乐观主义媒介决定论者认为"研究传播的技术人员背景各不相同，从莫尔斯到麦克卢汉，从库利到阿尔·戈丁，从富勒到托夫勒，他们一致认为，人类交流的不完美性可以借助技术而得到改善"。④ 他们认为网络消解了"把关人"，人们可以自由地传播思想观点，网络技术使人们重回"平衡传播"时代，进而将人类带入一个高度自由、民主和平等的理想王国。电子民主有助于政治决策民主化，电子政务有助于提高政府工作的透明度，把政府运转置于民众的直接监督下，并最终消除人的知识差异、贫富差异，乃至于身份差异。这种"乌托邦"式的理论

---

① 胡翼青：《传播学：学科危机与范式革命》，首都师范大学出版社2004年版，第175页。
② 谶言大多蒙有神秘主义色彩，语言大多似通非通、模棱两可、奇诡僻异、浮游不根。
③ 荀子：《荀子·劝学》。
④ [美]彼得斯：《交流的无奈——传播思想史》，何道宽译，华夏出版社2003年版，第23页。

设想忽视了社会平等的实现取决于政治文明的进步程度,社会政治经济制度设计的合理化及其实现,而不仅仅取决于现实的传播技术条件允许。同时,乐观主义论者还认为传播技术的改变可以简化人的劳动,节省劳动时间,从而使人的传播过程乃至于整个生活变得更加自由。殊不知,技术条件造就的信息流通自由并不能直接等同于人本身的自由,况且信息自由流通却以人本身的自由为前提,人本身的自由又以可靠的民主自由的政治制度保障为前提。

同样,技术决定论也可导致悲观论调。媒介技术悲观者流露出更多的基于欧洲贵族立场的大悲悯心态,从柏拉图和亚里士多德,到近代的马基雅维利(Machiavelli,1469—1527)、霍布斯(Thomas Hobbes,1588—1679)和卢梭(Jean-Jacques Rousseau,1712—1778)都对科技发展之于人类的发展抱以悲观态度。20世纪最伟大的哲学家海德格尔(Martin Heidegger,1889—1976)预言全部的技术是一个大框架,让人沦陷其中,而技术提供的力量总有一天会超过人类所能理解和控制的范围。伊尼斯认为西方文明是一种过于倚重时间偏向的文明,时间与空间的平衡正在丧失。技术的不断变化,尤其是传播技术的不断变化,使我们难以认识到时间和空间的平衡,求得时间和空间的平衡就更困难。[①]悲观主义者认为高度发达的传媒科技并不能理想地改变社会弱势群体的社会经济地位,相反还会加深横亘在富人与穷人之间的原有鸿沟。先进的网络技术在给穷人带来信息方便的同时,也给站在优势地位的富人集团提供较之穷人更多的机会和方便,并且富人占有更多的社会资源,较之穷人有着更多、更大的将信息转变为物质财富的执行力。网络技术造成了更大的信息差距、经济差距和社会差距。

总而言之,技术控制学派理论创新给人一种"玄而又玄"的感觉,其理论观点不能在实验室"证实"或者"证伪"。因为其言说过于宏大,超越时空的"启示录"意义让人们无法就具体的社会行为进行考察印证。其在现实社会的"实现"又无不凸显极大的偶然性,人们无

---

① 胡翼青:《传播学:学科危机与范式革命》,首都师范大学出版社2004年版,第187、188页。

法预测，无法把握，甚至无法理解，无法进行严谨的逻辑阐释与解读。同样的事实从不同角度可以证明不同论点的真理性；同一个理论有时也可以在两个极端相反的事例中得到验证。没有任何数据可以证明技术决定论者通过"历史直觉"获取的技术"谶言"的真理性与科学性，他们似乎也不愿或根本不能用实证的方法证实自己的观点。从伊尼斯、麦克卢汉等人的研究成果来看，技术主义者在方法论上往往是非科学主义的。西方近现代以来的科学源自近代物理学，其最主要的特征就是"可证实"与"可证伪"性。如此，技术控制学派理论的宏大、疏阔、难稽早已超出了"科学"理性范畴。虽则不能直言为"伪科学"，但也远称不上严谨、"科学"的科学。

三　微观表述的局限性特征

麦氏"地球村"理论认为，在电子媒介的作用下，极速的信息传播可以使全球生活同步化；时空差异不复存在，整个地球缩小成一个小村庄。"由于电子使地球缩小，我们这个地球只不过是一个小小的村落……电力媒介将会使许多人退出原来那种分割的社会——条条块块割裂的、分析功能的社会，产生一个人人参与的、新型的、整合的地球村。"[①] 可以想象，麦氏论证"地球村"时代即将到来时"神彩飞扬"的澎湃激情。但事实往往要比推理，尤其是"想象"的世界更富于偶然性和意想不到的冷酷。首先，基于电子网络的"虚拟事实"毕竟不等于"现实"。虚拟交往非但无法承担事实交往的功用，反而会引发意料之外的"无妄灾难"。或者是消极的电子依赖"网瘾"难戒，或者是混淆"虚拟"与"现实"的界限，引发神经错乱。网上的交往最多只能实现虚无的心理满足，同时也会诱发"鞭长莫及"的遗憾，甚或导致极端心理，造成现实世界的暴力和血案。

"地球村"仅可以作为一个隐喻存在。所谓"村落"，或者"vil-

---

① [加] 埃里克·麦克卢汉、弗兰克·秦格龙：《麦克卢汉精粹》，何道宽译，南京大学出版社2001年版，第394页。转引自胡翼青《传播学：学科危机与范式革命》，首都师范大学出版社2004年版，第177页。

lage"不仅仅意味着"阡陌交通,鸡犬相闻"空间距离的无限接近;同时也包含着"甘其食,美其服,安其居,乐其俗"①的淳朴风俗。反观麦氏"地球村"只是从信息沟通便捷的角度就认定新媒介可以将地球缔结为"村",实在是过于乐观了。因为在村落共同体的构成中,信息沟通仅仅是一种交际手段,真正起关键作用的还有村落世俗礼仪、经济结构和宗族权力关系,以及建立在各种社会关系基础上的物质利益交换、情感交流乃至于精神价值诉求认同。2015年12月16日,第二届世界互联网大会在中国浙江乌镇召开。国家主席习近平与会并提出建构互联网国家主权理念,强调以《联合国宪章》为核心的国际关系基本准则,同样适用于国家主权原则在网络空间的应用。比如,国家对其领土内的信息通信基础设施和信息通信活动拥有管辖权;各国政府有权制定符合本国国情的互联网公共政策;任何国家不得利用网络干涉他国内政或损害他国利益。②并且此前国家早就使用"防火墙"技术管理网络信息流通,这样就给麦氏"地球村"理念的实现更添一层障碍。

　　将媒介信息传播技术特点与受众的感知深度相联系,进而论及媒介技术与自主参与的关系,是麦氏的另一大创建。麦克卢汉根据媒介提供信息"清晰度"的高低,将媒介分为"热媒介"和"冷媒介"。所谓"热媒介"指媒介技术决定的信息传播手段诉诸受众单一感知器官,通过大量"高清晰度"信息输送降低受众接受信息时的想象力和参与度。反之,"冷媒介"技术刺激多个感知通道向受众传达信息,但提供的信息量相对较少,需要受众通过自己的想象补充、还原信息表述事实原貌。信息清晰度低,受众参与度高。麦克卢汉将电话、电视、漫画、座谈、足球归为"冷"媒介,将报纸、广播、电影、图片、绘画、讲演、棒球归为"热"媒介。甚至于将性格冷漠、少言寡语的人称为"冷"媒介,而把口才突出、善于表现的人称为"热"

---

① (晋)陶渊明:《桃花源记》。
② 王石川:《习近平强调"尊重网络主权"有何深意》,人民网·海外网,2015年12月6日,http://news.ifeng.com。

媒介。具备冷热性格的人只有通过相应特性的媒介自我才可能取得良好的效果，否者则会适得其反。麦氏认为口才突出，具备热媒介性格的希特勒，在具备同样热媒介特征的广播媒介宣传中取得巨大成功。1960年美国大选，"热"的尼克松在"冷"的电视上，形象不及"冷"的肯尼迪，所以会惨败。"热"的尼克松在电视上表现出来的高清晰度，鲜明的形象和动作使他得到虚伪的恶名。[1] 1968年受高人指点，竞选时带上面具，在电视上显得认真、谦虚、真诚，最终成功竞选为美国总统。

麦克卢汉巫师谶言式的"冷热"媒介分类其实侧重点并不在于媒介的技术特征，真正的关注点在于不同技术特征的媒介所能引发的受众的主动参与度问题。"热媒介要求的参与程度低；冷媒介要求的参与程度高，要求接受者完成的信息多。"[2] 与"热"媒介相比，"冷"媒介更利于人们的民主参与。麦克卢汉推崇"冷"媒介是因为人们越来越醉心于高科技手段塑造的"热"媒介，并在其中消磨参与意识。"热媒介具有排斥性，冷媒介具有包容性"，[3] 而排斥性媒介不利于民主自由社会的建构和发展。麦氏将民主社会的构建寄托于其所谓"冷媒介"的发展，无疑有将"民主参与"问题技术化、简单化之嫌。英国学者布尔丁强调多维考察媒介属性的必要性，第一是媒介要求的参与程度，第二是媒介效力半径，第三是媒体传达信息密度。布尔丁提出，从技术角度全方位考察媒介传播效果的主张，仍然没有涉及达成传播效果的相关受众的心理及其他社会文化因素。麦氏的"冷热"二分法相对于布尔丁的主张显得过于简单，如果想全面解读传媒效果则有更大的差距。

---

[1] [美]埃里克·麦克卢汉、弗兰克·秦格龙:《麦克卢汉精粹》，何道宽译，南京大学出版社2000年版，第374页。

[2] [加]马歇尔·麦克卢汉:《理解媒介——论人的延伸》，何道宽译，商务印书馆2000年版，第51页。

[3] 同上书，第52页。

第五节　找寻传播学重构的逻辑起点

一　威尔伯·施拉姆"百学之学"构想的艰难实践

2014年10月，清华大学崔保国教授在第十二届中国传播学大会发表《传播学研究的新起点——以传媒研究为中心的传播学》主题发言认为：

> 中国的传播学徘徊了30年，其间没有重大的成果、突破和创新，也没有出现大师。但30年间传媒业却发生了翻天覆地的变化，传播学没有能够指导和预测传媒发展的方向。美国的传播学同样徘徊了30年，在自己的圈子里自娱自乐，已经逐渐被主流社会和学界边缘化。[1]

传播学惨谈经营的现实令人唏嘘。曾几何时，传播学研究集大成者，传播学理论创始人在中国访问时曾畅言：传播学将在不久的将来取代所有社会科学成为"百学之学"。施拉姆认为，社会科学与自然科学正在融合，未来各种学科都将融合，"在未来的一百年中，分门别类的社会科学——心理学、政治学、人类学等等——都会成为综合之后的一门科学"，即融合为一个统一的传播学科。[2]

弹指一挥间，30多年过去，施拉姆先生也在1987年仙逝。其所创立，并期许有望成为"百学之学"的传播学理论建构和业务实践距离日臻完美却渐行渐远。首先以批判著称的批判学境遇尴尬，第二次世界大战时避难美国的阿多诺遭受拉扎斯菲尔德的冷遇；其后的理论发展虽然或有认同，但批判指责之声也如影随形。有人指出批判学派批判对象的错位，认为法兰克福学派大众文化批判的对象是以美国为代表的文化

---

[1] 张化冰：《媒体变革中发展学术砥砺中前行》，《新闻与传播研究》2014年第11期。
[2] 徐耀魁：《施拉姆对中国传播学研究的影响——纪念施拉姆来新闻研究所座谈30周年》，《新闻与传播研究》2012年第4期。

工业，但由于他们把对德国纳粹操纵大众文化的经验不加修改地搬到美国这个极端区别于极权主义的自由资本主义国度，"使他们仅仅根据法西斯的潜能来判断美国社会。他们孤立于美国社会到如此程度，以至于无视使美国的发达资本主义和大众社会不同于他们在欧洲遭遇的独特历史因素。研究总认为极权主义是自由主义的产物，而不是其反动，但在美国，自由的资产阶级社会确实抵抗这一转化。欧洲和美国的相似被其成员煞费苦心的搞清楚了，其不同却未涉及"。[①] 阿多诺等人站在先验的欧洲主义精英立场以既定的精英立场剪裁大众文化，从而得出并非客观公允的"否定"结论。其对资本主义传媒文化的批判与其说是对资本主义专制垄断的批判，毋宁说是代表欧洲贵族立场对新兴资本主义文化的诅咒和谩骂。因为对于阿多诺来说"欧洲已足够了，在他那里没有印度和中国，也没有第三世界，没有人民民主和工人运动，甚至在他必需的生活体验中，他也是一个老百姓——一个独立自主的小国的老百姓"。[②] 他们极重视传媒在现代资本主义国家的作用，但又从本质上看不起传媒及传媒所代表的大众文化。台湾学者林志明认为后现代主义批评家鲍德里亚（Jean Baudrillard，1929—2007）面临"双重困境"，一方面反对大众文化、反对深沉；另一方面，又要反对精英、种姓阶级、特权阶级。既要站在愚昧的大众那边，又要站在自大的特权阶层那边，此题无解。[③]

相对而言，西方传播学经验学派的危机早在20世纪50年代开始呈现。美国传播学者贝雷尔森在"二级传播"理论提出不久后认为，既然传播没有强大的效果，传播学研究就要走到尽头。美国传播学界在50年代末普遍陷入苦闷焦灼，感到前途渺茫。其后，经验学派的研究方法不断受到来自批判学派的攻击。葛兰西认为经验主义仅仅满足于现象描述，只能看到眼前事实的积累，而不可能从总体上把握现实。马尔

[①] ［美］马丁·杰伊：《法兰克福学派史：1923—1950》，单世联译，广东人民出版社1996年版，第336页。
[②] 同上。
[③] ［法］尚·布希亚：《〈物林系〉·译序》，林志明译，上海人民出版社2001年版，第18页。

第一章 西方传播理论批判

库塞也认为经验科学对事实的描述是局部的，不完整的，许多定性的事实为其所排斥。如此，当经验学派的奠基者们从其他学科兴冲冲地进入传播研究领域时，发现自己的理论很难成为一个完整的体系，在其研究兴趣逐渐淡化后，又纷纷放弃了传播研究，返回原来的科学领域去了。① 其后，传播研究发展的事实也证实了先知者的"先见之明"。有学者考察20世纪50年代到20世纪80年代传播学期刊之间，及其与其他学科期刊之间的相互引用情况。结果显示，20世纪80年代，传播学期刊增多，明显分为大众传播和人际传播两类：这两类期刊内部相互引用，但相互之间不引用；它们都引用其他社会科学的主要期刊，但是其他社会科学的主要期刊并不引用传播学期刊。这反映大众传播学研究还在很大程度上依赖于其他学科。但不为其他学科所依赖。② 尽管步履艰难，西方传播学研究紧跟社会实践，与整个社会的进步"如影随形"。2010年，邵培仁教授以《传播杂志》刊登论文为样本，通过实证方法分析了进入21世纪以来西方传播学研究的发展脉络。传播学者在十年间所探讨的一系列议题如：公民、政治议程、公共新闻、有关环境冲突的公共政策、公共审议的实践、对话、所有权与安全、知识控制、工作场所的民主以及教育学等，都遵循一条普遍的原则，即传播理论应该不断改善人们的生活，并且可以提高人们的行动力。研究重点聚焦于对话与活动效果、传播与社会规范、公共领域与审议民主，以及对话理论。从纵向角度看，这四大领域的研究在时间上具有承接性，几乎每一年的理论研究都会涉及这些领域；从横向度看，关于四大领域的理论成果相当丰硕，具有较高的密度，形成较为广泛的影响。③

承胡翼青、陈卫星、陈力丹三位"西方传播理论研究"研究者的不懈努力，传播学技术控制学派得以独立的学术派别成为西方传播理论的有机组成部分，但其理论论断的"玄妙疏阔"特征又使得其与出离

---

① 胡翼青：《传播学：学科危机与范式革命》，首都师范大学出版社2004年版，第40页。
② 廖圣清：《20世纪90年代的西方大众传播学研究术》，《新闻大学》（2005·秋）。
③ 邵培仁、林群：《近十年西方传播理论发展的切面图〈传播理论〉杂志为分析样本》，《浙江传媒学院学报》2010年第4期。

母体传播学经验学派和批判学派保有千丝万缕的关系。伊尼斯、麦克卢汉理论高深玄远，如果不与其他研究派别的研究成果相结合根本无法对传媒实践产生任何实际的具体效用。同时，技术控主义学派"媒介决定论"又可以给母体理论提供宏观理论背景支撑。既可印证经验功能学派的媒介技术控制力量强大论调，又可以给批判学派的技术工具理性批判提供批判的工具。其后继者梅罗维茨结合美国社会学家戈夫曼（Erving Goffman，1922—1982）"拟据理论"提出较麦克卢汉理论更为精细化的"媒介情境"理论。认为电子媒介超越了由物质环境支撑的情景界限，改变了社会情境分界线。"电子媒介给予我们的不单单是更快、更完全地接近事情和行为的方式，而是新的事件和新的行为。""当记者在电视摄像机前采访总统及第一夫人，总统夫人该是怎样表现？这样的接触是三人间亲密的交谈，还是在全国受众面前的公开'表演'？答案是两者皆是，因此两者又皆不是。"[①] 今天，已经有更多的批判学者继续探讨媒介在塑造人类社会中扮演的角色，这正是麦克卢汉的中心议题。但由于经验学派和批判学派发展的停滞，源自本体、服务本体的"技术控制学派"也只是如影随形般形神憔悴了。

二 于"继承"与"创新"间徘徊的中国"传学"研究

1982年，美国夏威夷东西方研究中心传播研究所主任威尔伯·施拉姆应邀访问中国，先后在广东、北京、上海等地高校和科研机构讲学、座谈，将传播学引入中国。11月23—26日，中国社会科学院新闻研究所世界新闻研究室组织召开全国传播学研讨会，即传播学界后来通称的第一次全国传播学研讨会。会议提出审慎对待美国传播学的"系统了解，分析研究，批判吸收，自主创造"的"十六字方针"。自此，两岸三地的传播学研究工作主要围绕如下内容展开。

第一，对西方传播理论的消化、整理、引介普及是国人传播学研究

[①] [美]梅罗维茨：《空间感的失落》，袁扬扬译，转引自张国良《20世纪传播学经典文本》，复旦大学出版社2003年版，第515—524页。

的主流。据统计，1983—2008 年大陆地区共出版传播学专著 593 种。[①]学者们著述众多，戴元光、邵培仁此时期著述超过 10 种，其他高产研究者还有何道宽、陈力丹、明安香、郭镇之、张国良等。研究者们从各自角度阐释西方大众传播学理论框架和知识结构，但也存在移植或套用美国理论体系和研究模式问题（邵培仁，1994；陈力丹，2002）。

第二，西方传播理论的本土化运用与检测。1969—1989 年台湾学者以西方现代理论为基础，用量化方法和美国经验学派理论展开了集体性大众传播功能与效果研究（林丽云，2004）；大陆地区，复旦大学郑北渭、陈少韵教授最早运用传播学实证研究方法在上海开展问卷调查；1982 年中国社会科学院新闻研究所发起，《人民日报》等媒体和北京广播学院参与，陈崇山、喻国明、雷跃捷主持的"北京调查"成为大陆地区运用西方经验主义实证研究方法进行受众调查的里程碑。2001 年、2004 年，复旦大学传播学研究中心的学者们依据议程设置论理论框架，采用定量研究方法分析了中国的大众传播现象。近年来，廖圣青（2013，2015）、张国良（2015）、张治安（2015）、邵培仁，林群（2010）、董天策（2010）等诸多学者使用数据分析方法研究中西传播学发展状况。实证研究在大陆主要媒体、事业单位、行政机关方兴未艾，但此类研究被认为是在"从事学术加工"（林丽云，2004；祝建华，2001），但由于其关注本土情境，不少研究成果还对经典理论提出了补充意见（陈韬文，2002）。随着研究深入，研究者们逐渐发现了西方传播理论本身，以及国人传学研究的诸多问题。西方传播学本身陷于学科危机（胡翼青，2004；吴飞，2009），大众传播学研究很大程度上依赖于其他学科，但不为其他学科所依赖（廖圣清，2005）。"西方理论，中国经验"（胡翼青，2011）式本土化研究模式难以为继，东西方传播学研究均面临"问题缺失"（张桂芳，2012）困惑；更有学者认为中美国传播学徘徊了 30 年，已经逐渐被主流社会和学界边缘化（崔保国，2014）。

第三，依据西方传播理论对本土历史文献的系统化梳理与解读。从

[①] 王怡红、胡翼青：《中国传播学 30 年》，中国大百科全书出版社 2010 年版，第 797 页。

事断代史研究的大陆学者有尹韵公（研究明代，1990）、李敬一（研究先秦两汉，1996）、李彬（研究唐代，1999）等；台湾方面方鹏程（1973）、吴东权（1991）、张玉法（1993）研究先秦。从事传播通史研究的在台湾有赖光临（1978）、吴东权（1988）、朱传誉（1988）、关绍箕（2000）等；大陆方面则有吴予敏（1991）、徐培汀和裘正义（1992）、孙旭培（1997）、李敬一（2003）、戴元光（2005）等。香港余也鲁团队于2001年推出《华夏传播研究丛书》首批研究成果。此类研究总结出一些理论性结论，如黄星民"风草论"，孙旭培"信息圈与决策圈""逆向传播"等（孙旭培，2000），并且尝试与西方传播学理论相勾连，但受质疑之处也在这里（陈世敏，2002）。用西方理论标准解释中国经验，用中国经验丰富西方理论的案例库，拓展和强化西方理论的话语霸权（胡翼青，2011）。

第四，本土化传播理论建构的初步尝试与实验纠错。对于传播学本土化发展方向邵培仁提出著名的"整体互动论"（1992）、传播辩证论（2013），指出中国文化基因包含"阴阳和合的传播哲学""情理交融的传播伦理"和"物我融通的传播意识"，（2013），强调国人学术思想中具备异于西方传学"传者中心论"的"接受主体性"特征（2014）。胡翼青提出"信息人"概念认为传播的主要内容应该是人的社会信息属性（2004），认为传播的核心问题是人与人之间的交流（2014）。陈卫星（2011）提出中国传播学研究的"本体性"问题，认为"西方传播学理论的经验图式遭遇中国语境的政治逻辑的顽强阻击"。杨永军（2005）提出建构"文化传播学"设想，邱新有（2014）提出超越中西，建构具有普遍意义上的传播学的中国论述，肖荣春（2015）提出"关系理论"对于传播学本土化建构的价值与意义，欧阳宏生（2015）论证了认知传播学研究于当代中国传播学研究的重大意义。由于中国传统文化缺乏现代社会科学理论建构方式，目前对西方传播学理论、方法的研究仅仅是对西方原创学术成果的检验与重构。作为传播学本土化研究终极价值诉求的"中国传播学"建构仍处于"自身内涵不断明晰、细化、丰富和成长的过程"（张建，2008）。

2015年，张治安、贾鹤鹏通过对SSCI数据库46份传播学期刊国内学者发文情况的统计分析发现：1980—2013年三十余年间共发文160篇，总量偏少，且2.16次的篇均引用数明显低于台湾学者的5.71次；其中92篇国际合著论文篇均引用数为2.96，显著高于全由中国大陆作者独立发表的68篇论文篇均引用数为1.07。整体而言，论文发表量和研究影响力方面整体上与国际平均水平仍有很大差距。[①] 也有学者认为中国传播学研究存在严重的方向性错误，大陆的传播学以美国为师，一开始便落入了政治宣传和媒体企业经营的逻辑。我国新闻传播研究"没有将理论研究与实践的结构性转型对接起来，从而造成理论知识的繁殖与实践期待之间形成巨大的反差"。而这种"新闻传播理论的结构性贫困"严重制约了本学科的持续发展（张涛甫，2014）。还有学者分析了当下传播学研究的困境及其深层原因，认为学科的危机来自"效果研究范式化、经典理论教义化、学科界定狭隘化"等多方面的束缚；不完善的学科传统，使得传播学失去了作为年轻学科的活力和动力（杜骏飞、周玉黍，2014）。[②]

加拿大华裔学者赵月枝女士（2015）认为在社会主义语境下重构中国传播学应该对具有西方中心主义和城市中心主义的发展传播学有清醒的认识。2016年，童兵撰文呼吁"构建新闻传播学研究的中国学派"。[③] 作者认为中国学者应该彰显自己独特的中国内容、中国道路和中国风格，特别是在所持基本理论和学术观点方面形成特色。在内容层面，应该特殊关注同中国新闻传播实际直接有关的理论、范式和课题，要把关注和解决同中国传播实际问题、中国传媒事业和传媒产业重大问题放在重要位置，突出争取和扩大中国在全球传播中的话语权问题的研究。在道路层面，中国学者研究新闻传播学应有自己独特的技术思路和研究方法。不必拒绝和反对西方学者研究新闻传播学的思路和

---

① 张治安、贾鹤鹏：《中国新闻传播学研究的国际发表现状与格局——基于SSCI数据库的研究》，《新闻与传播研究》2015年第5期。
② 陈力丹、熊壮：《2014年中国的新闻传播学研究》，《国际新闻界》2015年第1期。
③ 童兵：《童兵：对未来五年新闻传播学研究的期待》，《新闻写作》2016年第1期。

方法，但也不必事事、处处照搬照抄他们的思路和方法，更不必高估量化研究法而刻意贬低质化研究法。在风格方面，主张严格地实行理论同实际的紧密结合的原则，一丝不苟地遵守言之有理、持之有据的学术规范。

三 东西方学术思维差异及意义分析

囿于不同的历史文化传统和社会实践特征，东西方学术思维存在极大的差异，西方学术重逻辑、重学理、重分析，中国学术重实用、重人伦、重综合。西方学术思维特点在大众传播理论研究实践中表现突出，也是其备受诟病所在。中国学术相对西方学术思维特点又存在诸多缺陷，这也是研究者进行"本土化"传播理论建构时所不得不正视的问题。

西方学术起源的古希腊文明本身具备自由、民主的因子，其近现代以来的人文社会科学受自然科学影响，凸显"技术主义"的工具理性特征。学者们秉持"为学问而学问"或"为学术而学术"的态度，即学术研究为了"求知"，探索自然和社会内在的规律、法规及其抽象理论。亚里士多德在《形而上学》中说，古代希腊人"探索哲理只是为想脱出愚蠢，显然，他们为求知而从事学术，并无任何实用的目的"。[①]中国学术源于先秦诸子，持"为实用而学问"的态度，即学术研究为人类、为政治、为现实服务。也就是说，学术研究是为了实用，即"求用"。中国历史上的所谓"经世致用"之学，实质上就是"为实用而学问"的应用型学术。司马迁写《史记》、司马光写《资治通鉴》，其主要目的是供统治者参考、借鉴治国理民的方法和经验。这种实用主义的治学态度在人文学术研究中体现为鲜明的主体价值立场，或者浓厚的意识形态色彩。体现在中国无产阶级新闻传播理论创新上，也就有了毛泽东提倡的"政治家办报"，以及新闻业务的"新闻、旧闻、不闻"等明显违背新闻运作规律的做法和提法。甚或于国内早期对西方批判理论的引进，"林珊还组织中国人民大学新闻系师生于1984年翻译了《传播

---

① 何星亮：《中西学术研究之异同》，《社会科学管理与评论》2003年第3期。

媒介的垄断：一个触目惊心的报告：五十家大公司怎样控制美国的所见所闻》一书"，① 也不免带有意识形态斗争的意蕴。

西方古希腊文明早期的民主、自由的因素在其后的历史长河中得以承继流传，固然有文明所在地欧洲大陆一直以来没有形成悠久广阔的帝国统治有关，但西方商业文明的社会主导地位造就西方文化中重人格独立和平等贸易的自由经济法则，进而形成了西方主客二元对立的世界观。强调主体与客体、人与我的两极对立，其伦理学建立在个人主义基础之上。这就决定西方学术研究之初，研究者都将整个外部世界作为自己的研究对象，或者作用客体。学术研究强调先专后博，先在某一个领域进行深入的研究，取得成果后再学习和研究在其他方面的知识。在尊重理性和逻辑的前提下，通过自己的研究，循序渐进，逐渐扩大自己的学术视野。这种方法比较容易提出新观点或见解，但不可避免会有不少纰漏。② 反映在西方大众传播研究领域，三大学派理论都无法从整体上阐释现当代资本主义社会的传媒运作本质，甚至于各派理论内部不同学说之间也会相互对立和矛盾，但这并不能完全抹杀尊重"科学、理性"的工具理性在学术研究和社会发展中的积极意义。某种意义上，工具理性尊重科学，是人类主体意识萌发，现代性启蒙诉求的本质，也是继"神性"之后唯一可以制约人类私欲膨胀、肆意作为的精神理念。"大一统"观念在国人心目中根深蒂固，作为整体存在的国家社会是个体的意义之源，脱离群体的个体在中国传统文化中是无法获取自身的意义价值的。产生于蒙昧巫术的"天命"观念在秦汉后通过儒教成为专制统治者论证自身统治合法性的法宝。国人学术研究不在于揭示客观规律，而是为政治统治服务。中国学术研究只能通过和社会整体大局对话，进而获取自身存在的价值意义，也就决定了中国传统人文学术的整体性和实用性特征。儒学中的"个人"是处于关系中的"个人"，强调人的关系性、共生性，强调人生观、为人之道、处世哲学，讲天人合一。尽管先秦诸子"百家争鸣"，各自标新立异，但明显具备"思想源

---

① 胡翼青：《建构与消解："批判学派"概念的变迁》，《新闻与传播研究》2014 年第 8 期。
② 何星亮：《中西学术研究之异同》，《社会科学管理与评论》2003 年第 3 期。

头互通、目标实现殊途、价值追求同归"① 的整体性、系统性特征。"中国哲学一向不用二分法以形成对立矛盾，却总要透视一切境界，求里面广大的纵之而通、横之而通，藉《周易》的名词，就是要造成一个'旁通的系统'。"② 国人学术研究注重"面"，要求全面、系统、辩证，但是这种面面俱到的学术恰恰导致了其在处理具体问题时的软弱乏力。百家言"道"，各有所崇，依据同一理论的不同实践者实践效果各不相同。中国传统学术看似周全、完整、辩证，却并不具有指导具体社会实践的素质。相关理论内容既无法完备证实，也不可能完全证伪。梁漱溟认为中国文化是人类文化的早熟，没有经过许多层次阶段，而是一步登天；所以现在只有等着人家前来接受他。③ 实质上，中国传统学术并不具备近现代意义上的"科学"性，多由"比附譬喻"而来，缺乏严格的科学论证和试验检测。但这并不能完全抹杀中国传统学术的"整体性、系统性"特征在未来学术理论体系建构中的积极意义。

国人传统学术的"与大局"对话模式非但淹没了学术自身的独立性，甚至表现为学术面对专制"强权、天意"的屈从与萎缩。隐忍、内省是中国传统学者的人格形象，"修齐治平"是儒家学者的人生理想。面对困难与问题，不是通过科学的考察研究获取解决问题的方法，而是反躬内省，通过改变自我，适应环境，以求得妥协。中国哲学关注世俗层面的接人待物、"洒扫应对"的感悟和智慧运用，认为"人人皆可以为尧舜""满街都是圣人"。惠能从舂米、种菜、扫地等打杂事务中脱颖而出成为禅宗六祖，就是典型代表。著名学者邵培仁通过对庄子、慧能与王阳明学术思想的考察提出传播学"本土化"创新的"接受主体性"④ 观念，固然有其凸显"受众主体地位"的进步意义。但这种忽视客观存在，专注于反向自省的意义获取方式难免会陷于主观唯心主义的泥潭。东西方学术的差异也表现在人格特征，以及由此导致的学

---

① 贾奎林：《先秦诸子传播理论主体性特征分析》，《新闻爱好者》2011 年第 4 期。
② 方东美：《原始儒家道家哲学》，中华书局 2012 年版，第 21 页。
③ 梁漱溟：《朝话：人生的省悟》，百花文艺出版社 2005 年版，第 122—128 页。
④ 邵培仁、姚锦云：《传播受体论：庄子、慧能与王阳明的"接受主体性"》，《新闻与传播研究》2014 年第 10 期。

术思维差异。中国人崇尚稳定，善于忍耐，创造性较差；而西方人大多属外向型、进取型，崇尚变化，不断进取，创造欲较强。两种不同的性格表现在学术研究方面形成明显的差异，西方学人推崇创新、勇敢和自信；而东方学人讲求扎实的训练，强调规范、静思和谦逊。西方人注重客观实际，分析性思维特征明显，重视通过对组成事物的各个要素的描述来把握整体，是一种从部分到整体的认识方式。国人人文学术为政治服务，注重从整体上把握个体，为实现国家整体利益服务，整体思维特征明显。整体思维方式，重视通过把握整体来赋予组成事物的各个要素以意义，是一种从整体到组成部分的认识方式。

四 传播——主体、主体间意义的建构与共享

"施拉姆在1952年最早提出了传播即'分享'信息的观念，认为传播是一种关系，是一种分享的活动，而不是一个人对另一个人施加的行为，从而在总体上扬弃了传统的媒介效果理论"。[①] 传播学理论先驱们自然无法预示施拉姆的真知灼见，不幸的是，传播理论研究的后来者也承继了先贤们的实用主义道路，继续在凸显技术主义的美国研究方向一往无前。传播学三大理论学派无不以传播活动效果为科学研究的终极目的，只不过是他们研究的切入点和社会价值立场不同而已。

经验功能学派代表以美国为首的传媒资本利益，以及其后隐藏的资本主义国家利益，从微观信息技术出发，强调技术控制对于传媒效果实现的意义。如此，拉斯维尔"5W"模式成为研究圭臬。但是此种研究忽视了宏观社会文化背景和人的主观能动性对传播效果达成的决定性作用，其源自近现代物理学实证研究方法的所谓"科学"结论也不免显露出机械、僵化、孤立的特征，在解释人类传播行为时显得偏狭，矛盾重重。技术控学派的宏观媒介观念则将传播研究带入另一个认识误区，所谓"媒介即万物，万物皆媒介"，"媒介即信息"的宏观媒介观念为传播学的泛化研究开启理论之源。固然万物皆有信息属性，但是信息却

[①] 何庆良：《施拉姆的传播理论》，《新闻研究资料》第52辑，中国社会科学出版社1990年版。

并不等同于万物,传播研究以信息运动为研究对象,准确地说应该是研究人类的信息交往活动,而不是大千世界的所有信息运动,更不是与自然界信息运动相伴随的物质运动。刘建明教授指出当今的传播学研究有脱离信息传播方法论研究,而向具体学科转向的现象。[①] 批判学派针对资本主义媒介运作的负面效应提出批判,也属于传媒效果研究,只不过以偏概全地全面否定了传媒运作哪怕任何的积极效用。"文化工业""大众文化"两个关键词承载了过多的关于媒介运作的负面意义,成为从无产阶级立场出发,欧洲贵族思想攻击新兴资产阶级媒介运作的利器。后来的批判学者们指出人类遗存的文化符号无不"结构"着特定时代的权力结构和阶级意识,成为束缚思想,制造压迫的"无形之手"。所以,无产阶级革命者在取得革命成功之前就需创造出属于本阶级的文化,以论证无产阶级政权统治的合法性,这不能不说是一项无比宏大的工程。

三大学派都以媒介运作效用为研究对象,经验学派研究微观操控技术,技术控制学派弘扬媒介科技对于社会面貌塑造的决定作用,批判学派将媒介运作的负面效用作用为批判对象。三者看似各有所崇,实则都在研究媒介信息传播效果。媒介信息传播行为是各家各派研究的本体,各家研究内容不过是媒介信息运作的具体体现,侧重点不同而已。然而信息又是一个十分宽泛的概念,经验学派遵从申农"信息是用来消除随机不定性的东西"的微观说法,即其所定义的媒介信息传播是"人为"的自觉行为。技术控制学派所谓"媒介既是万物,媒介即信息",却将其研究的"信息"假定为万事万物的信息特征,属于"自在之物"范畴。批判学派以资产阶级传媒运作负面效用作为研究对象,其对信息内涵的界定应该和经验学派相近,其所批判的应该是资产阶级传媒运作者"人为"传播的"自觉"媒介信息。"信息"是人们用来"表现"意义的符号形式的统称,或者说是承载人类传播意义的物质外壳。如此,技术控制学派所谓基于物质属性特征的"信息"观念已经超越了

---

① 韩运荣:《传播学的玄化与细化——清华大学人文学院传播系刘建明教授访谈》,《国际新闻界》1996年第6期。

人类传播行为的研究范畴，或者说人类传播行为研究仅属于其中的人类"自觉"信息部分，此部分信息承载了人类认识自然社会的意义内容。信息的物理运动并不是传播的核心，仅仅是传播的过程和形式，信息流动是传播的载体；在这种流动中，意义不断构建和生成，这就是传播的本质。传播的本体论问题，实际上就是意义的构建问题。[①] 美国学者理查德·韦斯特和林恩·H.特纳认为传播，个体使用象征符号，确定和解释环境意义的社会过程，[②] 包含社会化、过程性、象征符号、意义和环境5个关键性因素。

人类个体意义的传播包括个体意义的"建构"，及外向传播两个阶段，其中每个阶段都具备动态社会化过程性特征。个体意义的建构既是个体内心价值观念体系结合社会价值观念体系"外物投射"共同分析评价得出主客观统一的"认知"结果，同时也是个体自我通过"定义、界定"外物意义本质实现自我社会化的过程。第一，意义建构是一个"主观见之于客观"，实现主客观相结合的动态过程。意义建构起源于"认知"，认知是一个主客观交流的过程。作为认知对象的"外物"在个体心灵的投射就是外部客体对主观个体发生作用的开始。个体心灵结合外部社会环境对"客观外物"做出主观判断，形成外部客体之于主观个体的"意义"表象。第二，意义建构是一个主观个体基于客观环境进行"意义形象"建构的符号化过程。因为人类社会各主体之间的信息交流活动依托的中介或载体是"符号"，人类传播活动就是一个不断地将意义"符号化"和"解符号化"[③]的过程。个体意义传播的前提是个体心灵中关于"外物"的认知表象符号化，这一符号化过程既以对外物投射的解码结果为前提，同时又以投射外物来源的客观社会环境为参照。第三，个体意义建构过程是个体社会意义获取，也就是个体社会化过程。因为"个人的自我只有在与其他个人的关系中才能被感觉

[①] 姚君喜：《传播的意义》，《现代传播》2006年第5期。
[②] ［美］理查德·韦斯特、林恩·H.特纳：《传播理论导引：分析与应用》，刘海龙译，中国人民大学出版社2007年版，第7页。
[③] ［英］斯图亚特·霍尔：《编码/译码》，转引自张国良《二十世纪传播学经典文本》，复旦大学出版社2003年版，第423页。

到。""社会自我只不过是意识对自身产生于交流生活的某种思想或者思想体系的认识和感觉。"① 第四,个体意义社会化过程,也就是社会主体间性的建构形成过程。传播构建意义的过程,其实就是构建社会"共享意义"的过程,这也正是哈贝马斯"交往行为理论"所坚持的"主体间性"的问题。归根结底,人类的传播活动就是人类通过构建意义,从而确立"主体间性"的过程,这种主体间性就是个体和社会的融合和统一。② 第五,个体意义建构的社会文化特征。英国传播学者爱德华·T.霍尔(Edward Twitchell Hall,Jr.,1914—2009)指出:"人无论从何种角度,总会发现信息系统的一个普通特征,即意义由下列因素组成:传播、接受者背景以及按预定程序做出的反应、情景。因此,接受者实际感知的东西对于理解语境的性质至关重要。生物体所感知的内容受到了四个方面的影响——地位、活动、环境及阅历。即传播意义的文化性特征主要关涉两个因素,即传播意义的社会情境与历史视域。③

哈贝马斯认为,所谓交往,就是两个或者两个以上言谈与行为主体以达到理解为意向而进行的活动。其间,为了经过认同来协调其行为,行为者们寻求着达到对行动境况及其行动计划的理解。④ 人类传播的本意在于实现个体意义的建构与传播,进而实现主体间意义的共享,从而形成社会共识,从而实现社会整合,促进共同发展。传播的意义构建的终极目的,就是实现价值共享,人们之间达成共识,并建立共同的理解和认知。个体意义的建构过程依附于与客观环境的不间断的信息交换,充满修正与纠错。建构在传播中实现,同时传播也就表现为意义建构的动态化存在。传播活动在生产意义时,总是不断地制造新的意义,传播

---

① [美]查尔斯·霍顿·库利:《人类本性与社会秩序》,包凡一、王源译,华夏出版社1989年版,第128、149页。
② 姚君喜:《传播与意义的建构》,《当代传播》2009年第2期。
③ [美]莫藤森:《跨文化传播学:东方的视角》,关世杰、胡兴译,中国社会科学出版社1999年版,第43页。
④ [德]哈贝马斯:《交往行动理论》第1卷,洪佩郁、蔺青译,重庆出版社1994年版,第86页。

活动的过程本身就是意义的生产和调适的过程。① 如此，传播的本质也就是主体、主体间意义的建构与共享。

五 "意义传播"研究的内容体系

（1）意义——传播学研究新起点

人文科学视"传播"为社会意义的生产与流通，意义的符号化表达是实现主体间，以及主体与客观真实互动的前提。作为西方传播理论研究对象的"社会信息系统及其运作规律"的核心概念"信息"，在不同学派理论中概念内涵和外延并不统一。申农与韦伯认为信息是独立于人类主体之外的"实体"，从根本上割裂了"信息"与人类主体的价值联系，强调其传媒科技特征，彰显着强烈的技术理性色彩，其科学性最终必将随传媒新科技的进一步发展而丧失。

人类传播行为的本质乃是"人类主体、主体间意义的建构与共享"。作为信息承载形式的"符号、话语"既是人类意义的载体，同时也必须附属、服务于人类传播行为才具有现实意义，隐藏于话语、符号，抑或是信息背后的人类自觉传播行为的"价值意义"应该是人类传播行为研究的逻辑起点。西方传播理论建构的根本失误在于割裂了人类传播活动的价值理性和工具理性的统一关系，经验学派和技术控制学派执着于传媒科技对人类社会生活的决定作用，过于强调工具理性，形成媒介决定论；批判学派则从马克思主义批判学说出发，偏执于传媒科技对人类社会发展的负面影响，形成传媒科技价值虚无论。这些都有悖于人类传播理性实践的价值诉求与技术手段的有机统一。

（2）意义建构

①意义产生。人本主义心理学认为主体意义源自生命个体需求（潜在意义）的满足（现实意义）。马斯洛认为人类需求包括生理、安全、爱与归属、被人尊重和自我实现等层次，所有这些需求也可看作弗洛伊德人格学说人类主体自我心理需求的展示与实现。弗洛伊德认为人

---

① 姚君喜：《传播与意义的建构》，《当代传播》2009 年第 2 期。

格是由本我、自我和超我三个部分组成。本我是指原始的、与生俱来的潜意识的结构部分，也是人类生理、心理需求产生的本源。超我是人格中的道德部分，代表良心、理想，源自个体生存的文化背景，对本我需求的无限蔓延起抑制作用。自我指意识的结构部分，处于本我和超我之间，监督个体按照现实原则行事，是实现个体需求，推动个体发展成熟的理性约束。人类意义行为以本我生理需求满足为基础，以自我实现为目的。在自我需求满足的前提下，对于作为超我存在的文化价值目标的实现成为人类意义行为的终极诉求。

②意义的文化内容。超我在弗洛伊德人格结构理论中指人格结构中的道德良心和自我理想部分，是包含政治、文化、社会、人际语境的多维综合体现。具体在个体身上可以表现为宗教信仰、世俗权利和社会伦理方面的价值诉求。宗教信仰对个体行为具备终极关怀意味。佛门"空净"，基督"原罪"，伊斯兰教崇尚"顺从"与"信仰"。世俗权利地位是人类个体能动塑造自我，自我实现的主要标志，是个体社会实践价值的集中体现，不同的社会历史情境和政治制度制约着个体自我实现的方式和方法。巫祝政治通过与"神"的对话获取"神授"权力，原始民主仰仗道德和贤能统率部族；专制社会通过暴力与权谋获取利益；极权政治"神化"权力，民主自由制度彰显人权文明。社会伦理是个体社会化的道德环境，是个体社会化，实现世俗权利，通达人生终极关怀的必要前提，通过风俗习惯和社会规约建构个体社会人格形象。

③话语意义建构。建构主义认为意义的建构是个体人通过与环境的互动主动建构内部心理的表征过程，话语是个体意义传播行为的符号化表达。微观层面，个体话语意义产生于具体的生理或者心理需求的形成与满足。个体主观需求激发与环境进行信息与物质交流的动机，交流动机在个体文化心理作用下形成具体的交际意图；交际意图通过话语内容与结构和其他价值个体在语言交流过程中建构共识，从而为个体价值利益的实现奠定基础。话语意义的实现受交流过程具体要素影响，包括交际双方的语言结构互通、需求的包容、文化背景的交融以及情境映照等。宏观层面，作为个体长期社会实践成果，包括个体生理、心理和文

化背景等诸多因素建构的心理空间是个体话语意义建构，实现个体意义交流的背景参照。心理空间包括概念、信念、愿望等因素，形塑个体语言思维过程，受语法、语境、文化制约。

④话语意义建构特征。话语意义的建构，首先是实践个体的主体自主建构，个体依据自我的生理、心理需求形成交际动机，在心理空间对需求满足的可能性与现实性进行主观评价后形成交际意图。心理空间，作为个体长期社会实践经验的积淀，对个体具体话语行为进行分析、判断，是个体行为的自我解释系统，是个体自我认知的价值评价体系，具备超越性的意义世界和观念世界。话语意义的建构是个体动态及与其他主体的互动过程。具体话语意义的交流过程既是自我价值需求的表述过程，也是交流双方价值需求与观念的交流过程，受具体语境和个体价值利益影响。但从整体而言，无法摆脱具体的时代和地域特征，具备社会历史特征。

（3）话语意义的传播与消弭

①话语传播技术特征与社会组织形式。话语意义源于主体交际意图（潜在意义）与环境对象话语交际过程中的逐步修正，及不同范围与程度的实现（现实意义）。话语传播由于不同的话语信息载体的技术特征而呈现不同的传播形式，达成不同的传播效果。加拿大传播学者英尼斯、麦克卢汉甚至认为传播媒介的技术特征对人类社会的改变远远超越媒介传播信息本身对人类社会实践的影响。口语传播的小范围、高清晰度形构了人类早期的部族社会形态。文字符号的传久传远特征造就了幅员辽阔、历史悠久的帝国统治。大众传媒技术代表着资本主义大生产的现代文明，以网络为代表的传媒新技术将我们的社会生活重构为"部落化"地球村。

②话语符号技术特征与意义建构。个体的内向传播依靠潜意识和自我话语传播实现，具备确切话语意义的人类语言是实现人际传播，乃至群体、社会传播的基础；语言、文字、声像的符号化传播造就了大众传播效果的时代神话；新媒体、多媒体传播技术的出现，以及媒介融合技术与理论的发展使得当代传播活动形式多样，传播效果异彩纷呈，日益

复杂、多变，不确定性进一步加强。个体话语意义在不同的传播范围和深度层次，在实现传播效果的同时也建构了相应的价值关系。个体自我的内向传播将个体需求通过心理空间与社会文化价值体系的互动进行自我评估，通过"镜中我"对传播动机进行道德评价，同时对传播效果进行预测，形成自我行为价值定位。在人际传播和群体传播中，则需在考虑特定传播对象价值利益关系的同时，兼顾个体自我和传播对象所处社会文化价值观念体系的认可与兼容。至于通过大众传播媒介传播的个体需求则需兼顾不确定大多数人的群体利益与社会价值观念意旨。

③话语传播意义的嬗变与消弭。个体话语意义由于传播过程中源于传媒技术、客体需求、社会文化价值观念的影响，传播效果会出现进一步扩大，或者缩小，甚或是曲解与消弭的可能。就传播客体而言，如果传者需求、价值观念与传播对象存在利益共享和价值观念互通，传者的话语意义会通过客体强化后进一步传广、传远。反之就会被压抑或者忽视。宏观层面，个体话语意义传播效果还会受到传媒科技发展、社会物质发达状况乃至于文化冲突与文化缺失的影响。个体化意义符号形式适应传媒技术特征则被强化，反之就会缩小，或者搁置。同样，个体话语如果适合时代社会话语价值观念体系，就可能被放大；反之就可能被曲解，或者压制。在跨国家，乃至于跨文化传播中，个体话语意义则可遭遇文化冲突、文化缺失的限制。个体话语意义遭遇地域性文化缺失，就面临话语无意义；遭遇文化冲突就会被搁置，或者被批判。但这也有可能在其他因素影响下，个体话语意义在跨区域传播中引发变革，甚或是意识形态革命的传播效果。

第二章 微观意义建构分析

第一节 找寻意义

一 意义的定义

华东师范大学哲学系教授杨国荣认为"意义以认识世界和认识自己、改变世界和改变自己为具体的历史内容,成己与成物首先涉及对世界与人自身的理解"。[①] 杨国荣教授定义的意义活动首先是个体的认知行为,既包括发挥人的主观能动性认知客观环境,同时认知主体也通过与客观环境的交往认知自我。更为重要的是意义活动的本意不仅仅在于人类个体与环境的互为体认,更重要的在于通过个体的能动作用实现"改变自己,改变世界"的目的,而这本质上应该属于人类的社会实践性质。同时,作为个体认知活动和社会实际活动的主观认知成果的获取是通过人类的意识思维活动获取的,因为意义活动首先涉及对世界与人自身的理解。

意义联结人与世界,意义活动贯穿人类社会实践的始终,但却并不就是社会实践成果的全部,而仅仅作为人类社会实践活动的精神层面的认知内容存在。人类精神在物质世界里实现自己、外化自己,在创造物质对象的同时,也在客观物质世界留下相关社会实践的认知成果,也就是意义。"意义体现了人与社会、自然、他人、自己的种种复杂交错的

[①] 杨国荣:《何为意义》,《文史哲》2010 年第 2 期。

文化关系、历史关系、心理关系和实际关系。它是人类交往的纽带，文化传承的桥梁，自我理解的媒介"① 个体通过对外在世界的认知、加工、抽象，形成自身安生立命的解释系统，具体表现为个体人的价值观念体系。这个体系涵盖艺术、哲学、宗教等诸多内容，实践个体通过这些价值关系与客观环境连接起来，从而赋予个体存在的价值意义。意义意味着超越，没有意义，人类社会既无法延续，甚至也无法存在。

"道可道，非常道；名可名，非常名"是先贤老子对于人类认知行为效能的悲观概括。意即人类具备认知客观世界的能力，但其理解能力却无法彻底理解其生存的世界，甚至也无法清晰地表达出来。人类使用语言符号所表述的世界并不具备完备反映客观世界的能力，甚或也无法确切表述自身的认知成果。这既有源于实际个体实践，以及与其有限实践伴随的个体认知的局限；乃至人类社会实践整体相对于时间上无始无终，空间上无边无际的宏观宇宙也是具有社会历史局限性的。再有，人类用于承载自身认知成果的语言符号本身不可避免的概括性、抽象性特征，也使得其在表现个体认知成果的准确性、具体性方面，存在不可避免的局限。人类意义建构活动具备社会历史特征，其间不同的利益价值群体出于不同的立场，或者不同交往目的，会有意扭曲客观事实的本相，使用虚假，乃至欺骗的话语符号进行语言交际。如此，随着人类文明的发展，意义建构的同一性和一致性不是越来越趋于一致，以利于人类共同体的整体意义建构，便于沟通，实现意义共享；而是源于利益纷争导致的意义错乱，导致更多的混乱与冲突。列维·斯特劳斯认为"有一件非常奇怪的事，那就是在整个语言里，对'意义'这个词，你要找出它的意义恐怕是最难的了"。② 批判学派大师哈贝马斯也感叹"意义是罕见的资源，而且越来越稀罕"。③

---

① 刘安刚：《意义哲学纲要》，中央编译出版社1998年版，第1页。
② 秦光涛：《意义世界》，吉林教育出版社1988年版，第63页。
③ [美] 弗莱德·R. 多迈尔：《主体性的黄昏》，万俊人译，广西师范大学出版社2013年版，第307页。

实践主体的意义建构活动既包括主体对自身社会实践的理解、认知与表述，同时也包含对前人，或者作为他人认知成果表现形式符号文本的解读。意义建构始于解读，既包括对宇宙万物的认知性解读，对人类社会的认知解读，对人类自身的解读，乃至于对文化典籍的解读等。当精神把自己投射于、表现于物质时，外化为意义。人说的话、写的书、做的事，都包含着精神借助于一定物质外化的某种意义。除却主体客观实践过程中的主客互动结构意义的途径，借助话语分析对于文化文本的解读也是人类结构意义系统的重要途径。美国认知教育心理学家戴维·保罗·奥苏贝尔（David Pawl Ausubel，1918—2008）从"意义接受学习"角度定义意义：所谓意义，指观念或知识间的非任意和实质上的联系，指这些观念或知识与学习者原有认知结构中的某一方面（表象、意义符号、概念或命题）的联系。意义的本质就是"联系"，意义的建构就是"联系"的建构。承载观念和知识的语言本身并不直接反映外部客观世界，主体与文本之间经由人类共有的概念体系将语言和客观世界连接起来，形成认知。概念来自人类的认知加工和抽象推理，具有主体间性和互动性，是人类与自身赖以生存的外部物理世界进行交流和互动的结果。无论是面对文本的阅读与倾听，还是与实体人面对面的交流，主体都是在同模拟交际对象或者真实交流对象进行着确实的意义信息交换，实现意义连接，以实现构建全新意义系统的目的。此时的话语意义表现为两种静态意义系统的交接，以及全新动态意义系统的形成。静态意义系统表现为文本作者或者交际对象，以及交际主体原有的概念意义系统，二者在共同的意义信息交际环境中，在交际环境不确定因素影响下，发生耦合、共振，从而形成全新的意义，实现源于文本的交际主体的意义建构。

二　意义的本体与来源——客观与主观的辩证

辩证唯物主义以"二分法"方式将人类生存的世界分为"物质和意识"或者"思维和存在"两大部分。其中，"物质"或者"存在"，作为客观世界的本质属性和载体可以看作人类存在世界的本体；在客观世界生存的人类群体，在同客观物质世界以及群体内部交往的过程中，经由主观能动思维能力，创建了源于包括客观物质世界和其他人类个体交往对象的主观意识内容，从建构了相对独立于客观世界的意义世界。基于此，人类意义的本体也是人类所独具的"思维"和"意识"。人类在经由社会实践获取独立意识的过程中，思维意识水平囿于社会生产力和主体认知能力的限制，在自然主体和自我主体关系的处理上，历时性和共时性存在主客关系的颠倒现象。

先民时期，人类主体生产力水平低下，欠发展的认知能力使得当时的人类在客观世界面前丧失了自我。人们面对饥饿、困顿，以及来自自然的伤害，不得不向外于自我的客观世界寻求生命的意义，幻想借助超越自我的非凡力量实现自我。靠渔猎为生的人们怀着对大自然的敬畏创造出诸多的神祇，此时"万物有灵论"产生了。打鱼的供奉水神，打猎的供奉山神，浩瀚的草原上奔突的野狼也成了人们敬畏的图腾。与神祇相关的传说形构了人类最古老的神话，盘古、女娲、伏羲等都被古人幻化为半人半兽的图腾，并且在他们身上寄托了人类关于理想自我的"超人"想望。此时期，人与客观世界的交流通过"巫术"祈馕实现。巫术活动中的人设想人与外物之间有一种意义上的沟通，巫术教会原始人谋求事物隐秘的本质，以获得支配事物的实践方式。[1] 在神话的世界图景中，生命的统一性与连续性成为鲜明的底色和基调，自然中的万物都具备生命活动的意义。中世纪宗教的发展取代了神话，"万物有灵"论也被神学代替。宗教提取神话中关于伦理、道德的内容，把分散力量统一为一种值得追求，甚至为之献身的、具备普遍超越意义的神圣力量。人们从这种统一的、神的目光看待自我、他人和世界，并获取其中的意义。宗教的发展，实质上是人类探索一种主体视角、立场的过程，只不过是这种探索是采取一种对象化的方式进行的。[2] 古代社会人们囿于自身的局限，将突破自我，实现自我的愿望寄托于神祇和宗教，无疑是蒙昧落后的表现。从"万物有灵"到宗教众神统领世界表现为历时

---

[1] 秦光涛：《意义世界》，吉林教育出版社1988年版，第18页。
[2] 同上。

性的演变,但这种人类意识发展的主流并不能掩盖人类思想发展的地区不平衡现象。蒙昧之前,古希腊学者就提出过"人是万物的尺度,是存在者存在的尺度,也是不存在者不存在的尺度"这样带有鲜明凸显人类主体思想的著名论断。同样,即使在科技现代化的今天,边远、封闭、隔绝的少数民族地区依然保有"万物有灵论"图腾崇拜的痕迹。甚或,在当代社会人们对于宗教众神的心理依赖并没有随人类征服自然能力的加强而弱化,反而促使人们反思由于失却对自然、众神的敬畏所导致的灾厄。

继笛卡尔(Rene Descartes,1596—1650)"吾思故我在"之后,尼采(Friedrich Wilhelm Nietzsche,1844—1900)宣称"上帝死了"。这意味着人类主体理性的觉醒,人们开始从自我的视角审视世界,从而获取关于自我,以及自身生存的客观世界的存在意义。唯理论和经验学派成为人们建构意义世界依据的两大对立观念体系,经验学派强调意义源自人类主体实践,唯理论认为意义来自抽象理念。唯理论源头可以上溯到柏拉图(Plato,前427—前347)的理念论。柏拉图认为每一事物都有其自身的理念,作为事物的原形或蓝本并不直接袒露人前。人们可以认知事物理念,但会受到现象和错觉的干扰。外在于人的客观理念对于认知者而言,就像坐在山洞里的人,只能通过壁上影像猜测洞外的阳光一样不够真切。同时,柏拉图还认为理念存在于人的灵魂深处,可以被具体的事物影像唤起,如此理念就成了沟通人的心灵与外部世界联系的依据。依靠这样的依据,人的认识才能够超越感觉局限,达到对事物本质的认识。唯理论者将世界的决定者看作某种至高无上的力量,即规则、逻各斯、道、理念等。这些东西决定了每一事物的本质和规律、实体与属性,原因与结果、内容与形式、功能与作用。主观主义唯理论者"甚至认为儿童出生时就具有大量的先天知识"。[1] 笛卡尔的"我思故我在"提供了一个思维的绝对内在明证性,但当他用"我思"来证明"我在"时,企图用思维的明证性来确定经验自我的明证性,则是不能

---

[1] [美] J. R. 安德森:《认知心理学》,杨清、张述祖等译,吉林教育出版社1989年版,第1页。

成立的，无效的。① 黑格尔（Georg Wilhelm Friedrich Hegel，1770—1831）的"绝对理念"将唯理论推向极端，并使之具备客观唯心倾向。绝对理念认为事物最初的原因与内在本质，先于自然界和人类世界永恒存在，世界上的一切都是绝对精神的外化表现。科学主义认为黑格尔的理性是一种狂妄的理性，费尔巴哈（Ludwig Andreas Feuerbach，1804—1872）说其哲学就是一个精致的宗教，不过是用"理性"取代上帝罢了。恩格斯说当黑格尔用理性去求证上帝而不能获得上帝时，干脆就把理性宣布为上帝。②

从奥古斯丁到伽利略、培根、斯宾诺莎和爱因斯坦，西方都把自然看作一本打开的书。人们通过自己的感觉经验来读这本书，知觉是主体对认知对象的解释。法国现象学家米盖尔·杜夫海纳认为"意义产生于人与世界相遇的时刻"，③ 海德格尔认为"人在本质上首先存在于存在的开放性中，这种开放性是一片旷野，它包括了主客关系能呈现的'中间'地带"。④ 海德格尔以当下切身的生活体验为源头探究存在的意义和方法，依据生活原本的内在建构和相互生成展示意义，达到对生活与意义纯粹关系的还原和显示。海德格尔提出人类理解的"缘在"概念，认为"缘在即是在现实中生活的每个人本身"。⑤ 理解就是"缘在"把自己的可能性投向世界，在世界中筹划、安排自己的将来。缘在的"存在在世界"表明缘在与人类现实生存的世界在根本意义上是不可分的。海德格尔强调"缘在已经是在世界中的实际存在者"，但是他更强调"世界也必定世界化为缘在之世界"，⑥ 在认知个体"缘在"与客观世界的关系上为强调"缘在"即个体前理解对于个体意义形构的决定作用。后来伽达默尔（Hans-Georg Gadamer，1900—2002）

---

① 章启群：《意义的本体论·总序》，上海译文出版社2002年版，第5页。
② 章启群：《意义的本体论》，上海译文出版社2002年版，第262页。
③ [法] 米盖尔·杜夫海纳：《美学与哲学》，孙非译，中国社会科学出版社1985年版，第150页。
④ [德] 海德格尔：《论人道主义》，法兰克福男修道院1945年版，第35页。
⑤ M. Heidegger, *Being and Time*, State University of New York Press, 1996, p. 28.
⑥ 章启群：《意义的本体论》，上海译文出版社2002年版，第35页。

第二章 微观意义建构分析

批评海德格尔的一切解释都以前理解为基础和前提，也就是说海德格尔的"一切理解都是自我理解"，① 过于强调认知主体固有意义在获取建构新的意义系统的中的重要性，而忽略了客观物质世界在形构个体意义来源中的决定作用。萨特（Jean-Paul Sartre，1905—1980）也认为人首先是存在，遭遇自己，才有可能规定自己，人只是他自己的创造物，这是存在主义的第一原理，也就是所谓的人"主体性"。②

由此，关于人类意义的起源有了两种截然不同指向。持"万物有灵"的自然神论者，以及将自然神人格化进而形成宗教的神学认为意义是外在于人类自身的，人类意义的获取仅仅是从自然中发现，或者祈祷于神的启示。甚至于黑格尔的"绝对理念"与此也有异曲同工之妙。与此相反，人类认知主体论者则认为世界本身没有意义，意义来源于"人"，是人使世界具有了意义。所谓"我思故我在"，"一切理解都是自我理解"，都在一定意义上揭示了在意义建构中认知主体的重要作用，但又不免带有"主观唯心主义"的极端色彩。所谓"旗在动？风在动？还是人心在动？"③ 意义来源的对立表现了意义结构的内在矛盾，意义形成包括指向客体的"意指"和指向认知主体的"意谓"两个方向，二者的"主从"和"主客关系"确是古来就有的争议。积极的精英认为"人定胜天""人是自然的立法者""人是万物的尺度"；甚或尼采宣布"上帝死了，超人是大地的意义"，④ 事实证明是他疯了。消极的人，或者失意的精英却也往往皈依我佛，或者重回"神"的怀抱。伟大如牛顿这样的科学家，在生命的最后十年不也在向"神"找寻推动宇宙运动的"第一推动力"吗？

马克思主义哲学认为物质决定意识，存在决定思维。人类的意识，

---

① [德]加达默尔：《哲学诠释学》，戴维·林格英译本，University of California Press 1977 年版，第 55 页。
② [美]弗莱德·R.多迈尔：《主体性的黄昏》，万俊人译，广西师范大学出版社 2013 年版，第 24 页。
③ 《坛经》云："时有风吹幡动。一僧曰风动，一僧曰幡动。议论不已。惠能进曰：'非风动，非幡动，仁者心动。'"
④ [德]尼采：《查拉斯图如是说》，尹冥译，文化艺术出版社 1987 年版，第 7 页。

即人类的意义是主观见之于客观的产物。主体认知起源于主体的意识、意志活动。在主观见之于客观的过程中，决定认知的物质世界及人类认知活动的内容，相对于主体而言都是客观的，外在于认知主体的；并且从某种意义上，也决定者主体认知的方式、方法，以及认知的内容和结果，也就是所谓的物质决定意识。辩证唯物主义还认为人类相对于物质世界具有主观能动性，每个认知个体都在自己的认知结果上打上了主体个性特征的烙印，也就是海德格尔所谓的"缘在"。但这并意味着带有个性烙印的认知内容就可以成为建构个体，甚或人类意义系统直接材料。正是因为其带有认知主体的个体烙印，所以才是不完全、不完美，甚至也是不够科学的。因为海德格尔源于"缘在"的"自我理解"必须和其他亿万个"缘在"沟通、统一才具有建构人类意义系统的意义。因为"不只是一个人能从能从我思中发现他的自我，而且他人也一样。与笛卡尔、康德的哲学相反，当我们说到'我思'时，我们是以他人的存在为条件来达到我们的自己的，我们就像确信我们自己那样确信他人的存在"。①

人类主体意义系统的建构首先应该建立在承认物质世界的客观性基础之上，唯有如此，人类个体的主观认知成果才可能具备相对稳定，科学的内容，脱离客观的所谓"我思"只会陷于虚幻的狂想。囿于个体认知结果的个性所导致的"不完整性、不科学性"，哈贝马斯提出"主体间性"原则，认为人类个体认知的科学性，首先源自个体社会实践的"格物致知"，其科学性的实现还有待与其他个体认知成果的相互交融、统一，在不同的实践个体之间达成一致和共享。唯其如此，个体意义建构相对于人类整体意义系统和个体社会实践才具有现实意义。

三 意义的存在形态：从静态到动态的嬗变

认知意义上的意义系统，依据其存在形态和获取途径不同，可以

---

① [法] 萨特：《存在主义是一种人道主义》，克里夫兰，子午线丛书1956年版，第303页。

分为作为绝对理念存在的静态存在，作为主观唯心存在的相对存在和强调主客互动的辩证唯物存在。源于史前原始部族时期的自然神崇拜，人们将自身存在的意义寄予"万物有灵"的自然神，通过对自然相关自身生存的关系，或顶礼膜拜，或行为模仿，以趋利避害，维持自身的生存。东西方都有对太阳、月亮、风、火等自然力量的尊崇，因为其为人类生活提供了必不可少的生存资源。同时，对于自然生命体的礼拜也包含了其作为食物来源、居所庇护、延续种群，以及模仿参考获取生存技能的意义。先民对于自然神的意义投射，可以看作一种静态的存在。自然神的意义内容完全独立于人类意识，只有通过巫师祭祀获取神的启示，自然崇拜反映了人类个体面对强大自然力量的被动与无奈。

在人类获取意义方式，由被动静态向主动动态反转过程中，柏拉图的理论具有承上启下的关键作用。"在柏拉图以前，人们从人与神的关系中理解神。神本身就是标准，神是人的审判者，神是完美的、绝对的。但是，到了柏拉图时代，他开始探寻神的标准，神不再是标准。人类思维的触角深入了神的领地，并在那里光芒四射。"[①] 柏拉图认为每个事物都有其自身的意义内容——"原型""蓝本"，也就是所谓"理念"。理念外在于认知主体，人类感官不可能真切认知，从而埋下了客观唯心主义"不可知论"的理论前导。同时，柏拉图还认为理念潜存于人的灵魂，可以被具体事物的影像所唤起。如此，理念又成为沟通认知主体心灵与外界事物的纽带，从而实现认知主体超越感觉极限，达到对事物本质的认知。凭借西方先哲对人类认知能力的"矛盾"论述，似乎可以看到认知哲学分野的理论源头。宗教神学，以及黑格尔的"绝对理念"承继了柏拉图的事物理念外在论，静止存在于人类无法接近的远方。人类获取意义的方式或者祈求"神的启示"，或者承认认知的局限性，关于意义系统整体则是认知永远无法达到的"彼岸"。柏拉图的理念灵魂寄存说法无疑成就了笛卡尔的天赋观念，用一个思维的绝

---

① 王贵宝：《解读〈理想国〉中的神》，《网络财富》2009 年第 10 期。

对内在的明证性来证明经验自我的明证性,而这无疑是无效的,不能成立的有一种主观静态意义存在。

意义静态存在还表现为承载人类认知成果内容的符号化语言存在,通过语言符号研究人类意义系统源远流长。赫拉克里特把世界本质归结为语言符号(logos)向数字符号的过渡,数字也是人类语言符号的一种,数字与事物的关系本质上是词语指号和事物之间的关系。[①] 中世纪哲学家出于逻辑需要研究词语的意义,近代哲学家出于认识论需要探讨词语和命题的意义,词语意义问题一直是意义研究的主线。柏拉图讨论名称与意义的关系,亚里士多德研究名称的意谓和意义的关系,霍布斯(Thomas Hobbes,1588—1679)也把语言符号的意义看作语言研究的中心问题。弗雷格、罗素和维特根斯坦(Ludwig Josef Johann Wittgenstein,1889—1951)把数理哲学和符号学的思路方法引进语言学,把自然语言加以逻辑改造,使语言成为科学知识的有效表达,以成就科学知识的必然性和准确性。现代意义理论开创者,现象理论大师胡塞尔(Edmund Gustav Albrecht Husserl,1859—1938)寻求把语言意义的内在意向性和意义的外在实现,语言意义形式和意义内容统一起来,说明语言的意义是语言固有的必然存在。无论是古希腊哲学家的意义思想,还是中世纪本体论意义观,甚或是近现代意义理论都将意义看作语言固有的静态存在。忽略了语言意义表述的是动态的人类认知成果,也就是语言意义的相对动态特征,陷于语言、词语本身意义的理解,意义也就脱离人类客观实践的鲜活性,发生了危机。

基于人类主体认知意义的动态获取源自人类社会实践认知,由片面的经验论到科学的辩证唯物实践认识论经历了漫长的过程。从柏拉图所谓隐藏于认知主体灵魂深处的"理念"到笛卡尔关于人类思维自身所具有的内在明证性,现象学创始人胡塞尔认为"现实世界只有作为先验主体的意谓和意向的产物是才有意义"。[②] 胡塞尔意义学说的积极意

[①] 刘安刚:《意义哲学纲要》,中央编译出版社1998年版,第4页。
[②] [法]米尔盖·杜夫海纳:《美学与哲学》,孙非译,中国社会科学出版社1985年版,第150页。

义在于将认知活动重心，从外在事物的物理结构转移到主体的意识结构之中，人们不再只是从外在的客观世界寻找认识事物的依据，而是从意识活动本身寻求认识活动中意义的构成。却无法摆脱其所建构的"意向性结构"，及其不正自明的"意义"的超验的主观唯心主义实质。海德格尔超越了"先验理念"，以人类主体当下切身的生活体验为源头思考存在的意义，还原显示了生活和意义的纯粹关系。但其"缘在"概念的提出又将个体认知范围局限于狭隘的自我经验层面，失却了个体认知与客观未知世界以及其他主体认知互动的有机联系，使得个体认知成果的间性或者真理性无法保证。在海德格尔看来，认知的根本问题不是"存在如何理解"，而是"理解如何存在"，一切解释都是在前理解基础上所达到的新的理解。海德格尔试图在语言中获取真理，进而追求一种永恒的、纯粹的东西，这就使得他的思想不可避免地打上了形而上学的烙印。伽达默尔提出"视域"概念，即人们从一个特殊的高点所能见到的范围。个体视域即个体所能见到的一定范围的事物的相关意义，也就是个体所能见到的世界的限度。进而提出针对历史文本意义理解获取意义的"视域融合"理论，解释者在进行解释时，都是带着自己的前见从自己的当下情景出发，去和文本作者的"视域"相接触，去把握文本所揭示的意义，从而发生了解释者视域、文本作者视域和当下情景视域的融合现象。"视域融合"不仅是历史与现实的融合，也是解释者与被解释者之间的会合。这种新旧视域的融合在产生新的理解的同时，这种新的理解又将随着时间的推移成为先见。伽达默尔的"视域融合"有认识论上的积极意义，但是伽达默尔同时又提出"视域融合"达成的"耦合性"，即不确定性，这又为其认识论抹上了实际运用的神秘性和非科学性色彩。

辩证唯物主义认识论认为人类主观意义系统的建构是基于实践实现的主客统一过程。主观实践意图投射于客观世界，通过实践验证，逐步反馈修正，最终实现意义系统的相对科学与完整。人类意义形式是主观的，内容是客观的，是认知主体与物质世界，以及主体间互动的结果，认知意义是相对和绝对的统一。首先，认知个体意义建构的真理性相对于无限复杂的客观世界是相对有限的,甚至于整个人类共同体建构的意义系统相对于整个客观世界也是相对的,有限的。但人类通过实践进行的认识活动也是没有止境的,人类个体或者整体意义系统的真理理性相对于相应具体社会实践活动的真理性还是存在的,这也就构成人类认知意义系统的真理性存在。人类意义系统的建构是一个动态的辩证存在。首先,认知个体意义世界随其与客观世界的实践互动不断趋于准确、科学。个体的认知实践是有限的,整个人类的历史实践可以扩大人们的共有的认知范围,进而建构更具真理性,更为宏大的人类意义系统。人类共同体意义系统的建构是通过不同认知主体的主体间存在实现的,不同的认知主体通过意义信息的交流、质疑、纠正、互认互通,进而达成共同体意义系统。从某种意义上而言,所谓意义就是认知主体在客观实践过程中的动态的主体间存在。

四 意义的本质与内容

意义源于人们的客观社会实践活动,也就是人们按照自己的目的和需求能动征服、改造自然,在改变物质世界原有存在形态的同时,赋予其新的意义。同时,以观念形式存在的主体目的和需要,在实践过程中获得其物质存在形式。人类高质量的能动需求导引其社会实践,并决定着人类实践活动的价值意义。这也是"人之为人"的关键所在,所有人的理性、社会性,乃至文化本质则是人的高质量能动需求的体现。需要是对运动和反映的概括,隐藏于需要背后的是人们精神意识上的对象欲望与实现。主体欲望通过实践作用于外部客观世界,并在与客观世界互动的过程中相对具体地实现主观愿望。

实践是主客体统一的直接现实系统,在实践系统中主客体互相规定。在主客体互动实践过程中,意义既非主体的纯粹需求表现的精神意识,也非客体物质结构和物理性能,意义表现为人的目的与物质之间密切而辩证的相互改变,并和最初固定在人的需求方面的交换。萨特认为"辩证研究发现,人被物'中介化'和在同样程度上的物被人'中介化'"。在这种联系中,"需要首先是物质存在、人和人为其中一部分的物质集合之间的总体化关系"。① 基于此,人类意义的本质也就是主体对客体的关系,即人在社会实践过程中结构的、具体的,人与物、人与人、人类与世界的关系综合。支撑整个关系的,作为人们理解世界的现实基础,既非作为客体存在的高山大河,也不是物质本身蕴含的逻辑、规则,抑或是造物主的原意,而是客观实践。实践是主客关系的联结者和支撑者,它在标志主客关系存在的同时推动主客关系的发展,并在此过程中开拓更为广泛的意义世界。

意义,作为认知主体与客观世界,以及他人在实践中相互联结关系的产物,具体内容表现为实践中主体能动需求的阶梯式展现与实现。美国著名社会心理学家马斯洛将人的需要根据从低到高的层次将人类需求分为七个等级:生理需要、安全需要、归属需要、尊重需要、认知需要、审美需要和自我实现需要。其中,一级至四级属于主体生存生活的物质保障,五级至七级则属于个体自我精神层面的更高级追求。著名哲学家冯友兰将人的生活境界分为四种,从而概括了个体不同的人生能动需求的层次。其中,自然境界和功利境界的人,是现在就是的人,大约相当于马斯洛所谓人一级至四级的等级需求;道德境界和天地境界的人是应该成为的人,此二者超越了马斯洛所概括五级至七级层次的个体需求,而是站在主体间,乃至人类社会,甚至是宇宙整体高度论述个体需求对于社会、世界的意义。冯先生认为自然境界最低,其次是功利境界,然后是道德境界,最后是天地境界。之所以如此,因为自然境界基于人类生存的本能需求,几乎不需要个体的意识觉解;功利境界、道德境界则需要较多的意志努力和人生觉解;天地境界要求个体觉解最高,道德境界有道德价值,天地境界有超道德价值。

人类意义世界的建构始于认知主体人与客观世界对立,发展于主体客体相互映照统一,成熟于互为主体的主体间动态存在。人类意义世界建构的终极目标在于源于主体需求实践实现的行为自由,以及与之相伴的终极意义世界建构的阐释自由。庄子提出了"玄想的自由",认为

---

① [美]弗莱德·R. 多迈尔:《主体性的黄昏》,万俊人译,广西师范大学出版社 2013 年版,第 307 页。

"天地与我并生，万物与我为一"，① 取消物我、主客、人己的对立，超然利害、荣辱、死生。其自由的出发点是"无待"，由"无我"到"无待"。以自我的虚无取代自我的渺小和物我的两分，从而达到万物齐一，进而取消主客对立，最终归于"无待"的自由。庄子以消解自我达到人与自然的同一，不免带有消息避世的主观唯心色彩。与庄子的消极无我自由观相反，萨特提出"意志自由观"，认为自由就是自我的实现。人的本性就是无法逃避的自由，因为人的本质是自我造就的，"存在先于本质"。人有选择的自主性，并在选择中塑造自我，因而人的存在也就是自我的自由。萨特强调了个体在意义世界建构中的主体性，但同时却忽略了物质世界的客观性。所以说萨特的意义自由既是积极的，也是幼稚的。黑格尔认为"理性自由"是一个由"自在"到"自为"再到"自在自为"的精神过程。黑格尔强调个体理性对普遍理性的认同，个体理性与普遍理性的融合，也是客观唯心的逻辑主义自由观。马克思提出"实践自由观"，认为自由就是人在实践中实现的人的全面发展。劳动作为最基本的实践活动具有三重意义，作为生存手段，具有谋生意义；作为生命的表现，劳动本身体现了人的乐趣；作为创造社会价值的需要，劳动是人的社会本质的体现。以劳动为基础的实践活动使人的潜能得到发挥，需要得到满足，价值得以实现。人正是在实践活动中实现自我超越，得到全面发展，这就是人的自由。威尔麦尔指责马克思通过将实际意义狭隘地等同于劳动或工具物质的生产来耍实际，② 将人矮化为使用工具的动物。罗素认为马克思在考察人类社会关系的时候过度强调社会关系的经济层面，而忽略了政治层面，财富只不过是权力的一种实现形式。③

---

① 庄子：《庄子·齐物论》。
② [美]弗莱德·R. 多迈尔：《主体性的黄昏》，万俊人译，广西师范大学出版社 2013 年版，第 386 页。
③ 罗素：《西方哲学史》，传统文学网，www.yebook.com/baijia/rujia/newbook/001.htm，2016 年 3 月 10 日。

五 意义的意义

杨国荣认为意义的意义在于"成己"与"成物",[①] 缘起认知自我,认知世界,以改变世界和改变自己为目的。成就自我(成己)与成就世界(成物)不仅表现为对现实世界的把持,而且表现为按照个体目的与理想变革世界、改变自我。人们不满足于世界的实然现状,不断将视域指向理想的"当然"状态。"当然",基于对实然的理解,同时渗入了人的主观目的,包含广义的价值关切。人们在成己与成物的展开过程中所形成的知识系统、价值观念,构成了一定的意义形态或意义世界。由此,就"成己"与"成物"的目的而言,存在的意义也就呈现为价值内涵,有意义就在于有价值。

由于承载人类实践价值体系的建构,基于现实的"实然"世界,目的在于超越现实达到理想的"当然"世界,主观能动性的发挥变得不可或缺。人的主观能动性使人能够超越现实的局限,看到一个理想的可能性世界。价值意义使人类意识超越现实世界的时空局限,通过意义的逻辑结构和理论体系建构全新的可能性世界。从而实现由可能性角度对现实世界的理解、批判与改造,把握可能性。进入可能性世界是人类区别于动物,使人真正成为人的关键所在。人类意识通过联想与虚构,在对实然世界把握的基础上,主观能动地创造理想的可能性世界。虚构让人类拥有想象,最重要的是人们可以一起想象,共同编制故事。[②] 通过虚构的神话故事,表达了人们基于现实,寄托于未来世界的最美好的幻想,包括"超人""道德""伦理""神仙"等一系列理想形象,以及与之同在的价值观念体系。价值观念体系在社会整合、激励进步方面发挥着不可或缺的作用。"但是人类靠想象建造的秩序总面对一夕崩溃的风险。信念需要人真正相信才能持久,中国相信仁义礼智信令帝国持续两千年;美国相信人权,否则不会持续250年,投资人和银行家相信

---

① 杨国荣:《何为意义》,《文史哲》2010年第2期。
② 文鸽:《人类简史精华版》,博客中国,www.blogchina.com,2016年5月21日/2016年5月22日。

资本主义"。①

意义揭示主体与客体的关系,意义的转换可以加深主体对客体本质的认知,从而全面地把握和改造客体。人的意义行为也就是"根据某种总体计划去塑造他的人生过程,就是他赋予他的人生以意义的过程;只有具有如此塑造人生之能力的存在才能拥有或追求有意义的人生"。②人类的意义价值系统,作为指导、塑造人类行为,赋予人类行为意义的观念体系,对人类行为具有导引、规制作用,并与人类荣辱与共,同生共存。只要有意义,人就可以忍饥挨饿,赴汤蹈火。战场上,董存瑞、黄继光无疑都表现了精神的强大力量,"舍生取义""杀身成仁"也是古代志士仁人的人生理想。但这些意义必须是真实的,人们无法忍受无意义的牺牲,更无法忍受虚假意义的愚弄。公安战士曾为战友死亡不能被称为"牺牲"而义愤填膺,③殊不知,牺牲"古指祭祀或祭拜用品。供祭祀用的纯色全体牲畜;供盟誓、宴享用的牲畜"。所以,人们应该不断地超越自我,从更高的主体立场,更加真实的立场和角度思考自身的处境和意义。

神、上帝、天、绝对理念、客观精神等,都曾占据意义的主体,对人的行为起着指导和制约作用。随着认知水平的提高,人们逐渐发现客观外在的神明不过是自我的对象化表现,进而扬弃了神明等绝对精神,回归自我。但是自从尼采宣布"上帝死了"之后,人类重陷"意义危机"。人们长期以来习惯于用上帝的目光审视自我和世界,并从中理解自我存在的价值和意义。上帝逝去,伴随人类主体意识的萌发,极端个人主义甚嚣尘上。近现代体现为极端个人主义的主体性观念与现代科技的结合,使得主体性暴力无限制强化。从而导致了现当代社会的环境问

---

① 文鹄:《人类简史精华版》,博客中国,www.blogchina.com,2016 年 5 月 21—22 日。
② [美]罗伯特·诺齐克:《无政府、国家与乌托邦》,姚大志译,中国社会科学出版社 2008 年版,第 48—50 页。
③ 马少华《白岩松"不说牺牲"得罪了谁》:6 月间,在河北肃宁特大枪杀案的围捕行动中,多名警察中弹伤亡。这一悲剧事件之后,还有一场令人不快的意外摩擦:央视主持人白岩松因为在节目中谈及这个案件时,对警员使用了"死亡",而没有使用"牺牲",在网上受到警界人士的批评,而这种激烈的批评又引发了一些网友和媒体人士的反弹。《凤凰评论》,http://news.ifeng.com/a/20150623/44025698_ 2015 年 6 月 23 日。

题，道德问题，乃至于爆发世界大战。主体间性概念的提出，后现代思潮的涌起，正是人们正视主客关系，重新审视人类主体性与科学理性的科学性、理性价值与意义的明证。

第二节 意义结构要素分析

一 意识、前意识、潜意识

如果说人的意义是主体意愿向客观世界的投射，并在与自然界，以及其他主体互动过程中的动态实现。则意识既是形成主体需求的精神基础，同时主体意义的形成反过来又在更高层次上丰富了主体的意识内容，促成精神内涵的提升。弗洛伊德（Sigmund Freud，1856—1939）认为"意识是心理结构的外表"，[①] 同时弗氏还将人类意识分为意识、前意识、潜意识三个层次。弗洛伊德认为意识是人心理状态的最高形式，统治着人的精神世界，确保人精神生活的稳定性和合理性。"前意识属于意识的观念和思想，因与现实生活无关，被排除出意识，留在意识附近，可以较快、较易地进入意识领域内"。[②] 弗氏所谓"前意识"似乎仅从与主体意义行为临近关系的角度揭示前意识在人类心理活动中的位置，并没有在人类心理内容方面，揭示其与意识和潜意识的差别。现代认知心理学认为前意识是具备信息符号形式的心理内容，只不过因其与具体意识行为无关而没有介入具体意识活动而已。行为心理学认为前意识在人类意志行为中行使"把关"作用，将不为意识层面所接受的东西压抑到潜意识中去。潜意识则指处于人类精神最深处、最底层、不具备具体清晰化符号表现的内容，在人类精神中占据最大量、最原始部分，同时又最为活跃，具有上升到意识表层的欲动动机。潜意识和前意识的差别在于潜意识产生于未被行为主体认知的材料，而前意识则与字词表象符号相联结，是人类意识区分标记的尝试。

[①] ［奥］弗洛伊德：《弗洛伊德的智慧》，刘烨编译，中国电影出版社2005年版，第8页。
[②] 同上书，第2页。

人类意志行为以清醒的意识状态和健康的思维为前提，健全、清晰的思维意识形成具体的意志行为动机，对相关实现意志行为目的的主客观条件进行评估，进而形成科学合理的行动程序方案，同时对可能的行为后果进行预测和价值评估。"意识的特点是瞬息万变"①的，弗氏认为意识、前意识和潜意识三者之间的关系不是固定不变的，清醒的意识可以随时消失；作为潜意识存在的内容也有可能瞬间呈现，并且再次消失，回归潜隐状态。自我通过对意识活动的调控，维持主体正常的生理、心理运转。意识活动伴随主体生存的全部过程，清醒状态下主观意志操控意识思维，主导个体意义行为；睡眠状态下，潜意识继续存活，或依据白天清醒状态下的思维活动继续前进，或者在失却主观意志控制的状态下自我弥散。弗洛伊德认为作为潜意识存在形式的人的梦境是人的受压抑的"愿望的达成"，且东西方均有记载人在梦境实现清醒状态未完成思维活动的案例。凯库勒在"蛇咬尾巴"梦境的启示下发现了苯的分子结构，门捷列夫在梦中实现了元素周期表的最后完善。黄粱梦中的"卢生"在梦中实现了从"金榜题名、出将入相、娇妻美妾"的全部人生愿望，也有记载唐太宗梦境发现远征高丽大将军薛仁贵的故事。

　　如果把人类清醒状态的意识活动一味比作沧海上屹立的冰山，则其隐藏于海面之下的巨大体量就更加无法估量。个体意志行为固然依靠清醒状态下的思维决断，但更多的"下意识"行为和临机果断则更多的源自潜意识的应急反应。如此，影响人们日常行为决断的情境多数源自潜意识的自动发挥。弗洛伊德认为潜意识在人类有机体和智慧运作中作用重大，"最老练的分析者、最敏锐的观察者，几乎都只能发现决定他们行动的极少量的意识动机。我们意识行动是在心灵中主要由遗传影响所创造的潜意识基质的结果。这种基质由代代相传的无数共同特征所组成——构成了一个种族天赋。"②上文弗氏在论述潜意识重要性的同时，点出了人们潜意识内容的一个重要来源——遗传。章启群认为人类遗传

---

① ［奥］弗洛伊德：《弗洛伊德的智慧》，刘烨编译，中国电影出版社2005年版，第3页。
② 同上书，第49页。

具有双重性："获得性的遗传"与"遗传性的获得",即"自然的遗传"和"文化的遗传"的统一。① 现实生活中,时常可以发现子女遗传父母思维和行为方式的案例,甚至于同胞兄弟姐妹即使长期生活在完全不同的环境,他们的说话声音和走路姿态也多会存在父辈相应的行为特征。弗洛伊德认为,作为意识内容存在的超我代表着个人发展与种族发展的重要特点,永远反映父母的影响。② 童年记忆是个体潜意识形成的重要来源,童年期的无助、依赖和压抑,及俄狄浦斯③情结都会作为潜意识的内容,对个体成年后的心理活动产生重要影响。再有,人们日常生活中的无意注意也会成为潜意识内容的来源。很多时候,受主观意志影响,人们往往会忽略身边偶然发生的很多事件。其间,有的对个体影响微乎其微,但部分具有强烈刺激的景象,尽管不是当事人的关注对象,但会不经意间进入人的潜意识,在适当的刺激下呈现为清晰的意识内容。

由于潜意识的玄妙虚幻,难以把握,弗洛伊德通过梦的解析还原潜意识的形成和内容。弗氏认为梦是"一种愿望的达成,可以算是一种清醒状态精神活动的延续"。④ 弗洛伊德认为梦总以最近几天印象较深事件为内容,选择原则迥异于清醒状态,往往呈现一些次要的小事。弗氏还认为"梦完全受儿时最初印象所左右,往往把那段日子的细节,那些在觉醒时绝对记不起来的小事重新翻旧账地搬出来"。⑤ 童年时弱小、依赖、压抑使得其对外界认知活动较少受到周边环境因素的影响,记忆深刻,后来随着年龄的增加,逐渐被压抑到潜意识深处。在精神相对松弛的梦境中,清醒状态受到压抑的内容开始活跃,进而开始进入人的梦乡。笔者认为梦境未必专以童年记忆为内容,梦境呈现的也未必就是"清醒状态的所谓小事"。抑或梦境内容可能本来就无

---

① 章启群:《意义的本体论·总序》,上海译文出版社2002年版,第35页。
② [奥]弗洛伊德:《弗洛伊德的智慧》,刘烨编译,中国电影出版社2005年版,第22页。
③ 俄狄浦斯:外国文学史上典型的命运悲剧人物。希腊神话中忒拜的国王拉伊俄斯和王后约卡斯塔的儿子,他在不知情的情况下,杀死了自己的父亲并娶了自己的母亲。
④ [奥]弗洛伊德:《梦的解析》,赖其万、符传孝译,作家出版社1986年版,第37页。
⑤ 同上书,第76页。

所谓"轻重",梦中景象的搭配本身就是精神紊乱,潜意识内容随意勾连的结果。

弗洛伊德依据其"梦是愿望的达成"理论认为梦的来源应该是对于做梦人在精神上具备重大意义的事件、系列事件,甚至是意义经验的组合,该理论也为其著作《梦的解析》的诸多病例所证实。但也有学者认弗氏理论存在偏颇之处,弗氏的研究对象多为精神病患者,以病患为对象的研究结论未必能适用于正常人群的潜意识解读。就弗氏梦境结构的所谓"意愿达成"和"意义经验组合"而言,现实中的很多事实就无法解释。刚刚猝然失却亲人的家属,往往希望在梦中与亲人对话,但是这种愿望却极少能够实现。反而是在自己的中老年时候,意志力松弛之时,梦中反而会呈现亲人的影子,并与之交谈对话。弗氏还认为梦境存在"肉体方面的来源",[①] 中医也有"噩梦报病"的说法。睡眠环境中如果有饭菜的香味,梦者就可能梦到就餐、走近餐馆,或者接近鲜花的相关景象。笔者就曾在清晨梦到清丽的歌唱,醒来听到的是窗外清脆的鸟鸣。笔者曾经梦到在地下的餐厅吃饭,餐厅的名字叫作"餐所餐厅",餐厅窗口端出的是用磁盘盛放的冒着白气的大便,恶臭扑鼻。第二天胃病发作,久治不愈。《内经》有很多从病理角度解读梦境的说法,但是现实中仍有很多无法进行逻辑解读的梦境。西方认为现代科学仍然无法彻底揭示作为潜意识的梦的秘密,中国人们则会在所谓"天人感应"的玄学中找寻理解的依据。

西方早就有梦境中窥视万里之外地震景象的故事,中国也有很多梦境预言现实、甚至未来的说法,但是所有这些都无法在现代科学理论体系中得到证实。"心电感应"认为亲人的罹难会在家属的潜意识里有所反映,解梦理论甚至成为传统学术理论的构成部分。《周公解梦》在中国的地位不亚于《梦的解析》对西方心理学发展的影响。但是其解读耦合成功率往往较低。笔者曾梦胸中压抑,向天长吐白信,顷刻间化作漫天飞雪。一周后得知叔父暴亡噩耗,并且其死亡时间大致与梦境发生

---

① [奥] 弗洛伊德:《梦的解析》,赖其万、符传孝译,作家出版社1986年版,第127页。

时间吻合。但也曾梦到北斗七星灿烂旋转,却也没有大的事件发生。很多时候,晚间梦境是白天思维情绪的郁结"像"化,所谓"日有所思,夜有所梦"。但也并不就是所有梦境都是个体经验、思虑的组合,很多梦境内容是超越个体经验范围的,甚至也不在弗氏所谓经验模糊组合之列。有的是个体所未曾经历过的现实世界发生的真实事件,有些则是荒诞不经,从未发上过,也不可能发生的情景。西方现代科学有"第六感觉"说法,中国古代有过"魂魄"① 说法。其内容尽管荒诞不经,但对于无法彻底解读的潜意识内容,却不无启发意义。中国古老的"魂魄"学说认为,人在清醒时刻,魂魄合一,维持有机体的正常活动。在睡眠状态下,魂魄分离,(灵)魂脱离躯壳游走各处,摩略万物,同时与有机体保持联系,灵魂所历,极有可能就是梦境的来源所在。或者说,人体大脑本身就是一个如同无线电波接收器一样的存在,具备接收并具象解读空间信息波流的功能。只不过白天受主观意志控制和社会活动干扰,使得个体对空间隐形信息流感受解读能力降低。在个体进入睡眠状态时,主体清醒意识逐渐退却,潜意识对空间电波的接受与解读进入显性状态。此时,空间信息波在潜意识作用下,形成各种具体梦境景象。

二 心象、意象和想象

人类意义建构在主体社会交往实践中得以实现,主体实践意义的形成又以个体清醒意识行为为前提,个体意识系统是形成个体意义的前提条件。意识也即人脑对大脑内、外形象的觉察、组织和运用过程,以"心象"② 为核心,意识活动涉及包括表象、意象、想象等多种方式存在的主体认知方式和过程。心象体现为人们认知材料的内部表征加工方

---

① 《内观经》曰:"动以营身之谓魂,静以镇形之谓魄。"《左传·昭公二十五年》:"心之精爽是谓魂魄;魂魄去之,何以能久?"又《昭公七年》:"人生始化曰魄,即生魄,阳曰魂;用物精多,则魂魄强。"孔颖达疏:"魂魄,神灵之名,本从形气而有;形气既殊,魂魄各异。附形之灵为魄,附气之神为魂也。附形之灵者,谓初生之时,耳目心识、手足运动、啼呼为声,此则魄之灵也;附所气之神者,谓精神性识渐有所知,此则附气之神也。"

② 心象:指人类意识,在脱离物质实体情况下,对物体知觉形象的建构、呈现形式。

式和成果,"可以看作对象表征的抽象类似物,它们以其自身的不断改变来模拟外在对象的连续变化"。① 个体认知起始于外界事物对个体感觉器官的刺激,或者主体意识对外界事物映照的反射。外界物体通过个体感知器官形成意识对于外部世界的部分、碎片化存在的支离破碎的物象映射。个体大脑通过对这些孤立、碎片化的映射材料的综合、组织、合成,形成个体关于事物形象的整体知觉,也就是知觉"表象"。"表象"指在知觉基础上所形成的,呈现于脑际,并能反映出来的可触摸、感觉的感性形象,是头脑对外界事物整体属性的反映。但是表象轮廓模糊、暗淡、粗糙、游移不定,随意志而唤起或消失,是对直观形象的某种程度的概括。它是由感性知觉到思维,由映象到概念的过渡环节。

　　心象可以看作表象的"高级"形式。表象无法脱离具体事物存在,心象则是认知主体主观情志加工的产物。心象不但具有表象的"完整性"特征,更重要的是心象更多地寄托着认知主体的主观情感和价值观念内容。相对于表象的模糊、粗糙,易忘,心象脱离物象的具体特征,具备具体、清晰、完整的意象内容;"常时性"地存在于人个体意识空间,可以随时应和外界物质刺激,形成"意象"内容,产生相应具象联想和价值判断。"心象提供了很重要的一类知识表征,因为它能使我们在对并未出现的情况下去表征和加工这些对象的物质特性。"②《列子·汤问》记载"余音绕梁三日不绝",描写歌女韩娥歌声曼妙回旋,听众产生了生动的听觉心象,可唤起由视觉、听觉及物候等心象组成的图象。心象也是个体面对客观外物进行价值判断和解决具体问题的思维方式。所谓"心中有佛,满眼是佛"。③ 伽达默尔所谓海德格尔的

---

　　① [美] J. R. 安德森:《认知心理学》,杨清、张述祖等译,吉林教育出版社1989年版,第81页。
　　② 同上书,第83页。
　　③ 据传苏东坡与僧人佛印是好朋友,一天,苏东坡对佛印说:"以大师慧眼看来,吾乃何物?"佛印说:"贫僧眼中,施主乃我佛如来金身。"苏东坡听朋友说自己是佛,自然很高兴。可他见佛印胖胖墩墩,却想打趣他一下,笑曰:"然以吾观之,大师乃牛屎一堆。"佛印听苏东坡说自己是"牛屎一堆",并未感到不快,只是说:"佛由心生,心中有佛,所见万物皆是佛;心中是牛屎,所见皆化为牛屎。"

"缘在"即是"理解主体的自我理解"强调认知主体心象内容在主体认知中的决定性作用。伽达默尔进一步提出人们在解读社会历史文本中的"视域融合"概念，指出个体心象内容与客观社会历史意义内容的重合是人们理解过往历史事实的基础和前提，并就此提出个体历史理解的所谓"偏见"的构成问题。心象不是物象，① 物象只是客观世界在人脑中的机械投射，并不具备认知主体的主观意志特征；心象也不是意象，意象在于心象之美，是心象基于主体审美意义上的升华。心象是对物象和表象意蕴的发展提升，从物象到意象的中介。

意象是客观物象经过创作主体审美创造出来的物化艺术形象，是主体与客体、心与物、意与象的有机融和统一，是主观情思与客观物象相融合的产物。意象是寓"意"之"象"，就是用来寄托主观情思的客观物象，是主观的"意"和客观的"象"的结合。柳宗元《江雪》："千山鸟飞绝，万径人踪灭。孤舟蓑笠翁，独钓寒江雪。"围绕"孤舟独钓"核心意象展现的是"鸟飞绝之山""人踪灭之径"和"白茫茫的寒江雪"。山、径、雪这些意象都是"孤舟蓑笠翁"的异己力量，表明诗人处境的严酷，心灵的孤寂，而"孤舟独钓"意象则表现了蓑笠翁倔强不屈、傲然挺立的孤高品格。在意象中，"意"处于主导地位，"象"处于次要地位。"意"决定了"象"，"象"反映了"意"。意源于内心并借助于象来表达，象是意的寄托物。"昔我往矣，杨柳依依；今我来思，雨雪霏霏。"这组意象的核心是"我"，在"我"的"一往""一来"之间，相对的两组意象是"杨柳依依"与"雨雪霏霏"。作者之"意"不在"天气"，而是通过意象寄托"我"心境的"苍凉"与"失意"。意象是思维活动的基本单位，思维是基于意象单元的互动。记忆中的映像、文字、声音是外界的信息在主体大脑进行意象储存的一种形式，意象是外界信息在大脑的有机储存，是思维的工具元件。意象，作为主体与客体、心与物、意与象的有机融会与统一，本质是物象与主体情意、理趣相契合的意识形态。

---

① 物象即是客观事物，不依赖于人的存在而存在，它有形状、颜色，有声音、味道，是具体可感的。

心象是认知表象的理性升华，意象是心象的审美表现，所谓"诗言志"恰恰揭示了意象是人类心智美化、艺术化表现的本质特征。从物象（表象）到心象，再到意象的转换过程，时刻离不开认知主体"想象"的能动运作，想象并不是具体的外物映像形式，却是实现从物象到意象升华不可或缺的方法和过程。想象是人脑对已储存的表象加工改造形成新形象的心理过程，或者根据他人的口头或文字描述，在大脑中再现相关事实与事物的形象。认知活动并不形成创新性物象，而依托认知成果的想象却是人们根据需要建构全新物象，勾勒未来世界的基本形式。人们依据飞鸟翱翔的姿态想象出飞机的最初模型，也从"乌鸦反哺、羊羔跪奶"推导出社会伦理的孝道观念。凡尔纳超越时代，前瞻性地描述了"潜艇"的工作原理，甚至规划了从地球到月亮的"科学"[①]轨道，门捷列夫在想象延续的梦乡完成了元素周期表。

想象对于主体生活实践至关重要。首先，想象对认知具有补充作用。当认知对象客观信息不足或难于直接感知认知对象时，想象可以根据意识思维逻辑弥补对象认知信息的亏空。中国传统的写意画正是利用想象的自由空间来调动主观认知能动，从而丰富画作的精神内涵。历史上的事件，远距离的事件，感官无法达到，但通过想象还原，实现超时空认知。通过想象对语言和其他符号形式信息的解读与还原是人们实现信息交流与社会交往根本性前提。没有基于意识存储内容的，主体对外界物象和信息符号的想象，人们无法接受任何他者的间接经验，如此哪怕是最基本的信息和情感交流也无从实现。读白居易"日出江花红胜火，春来江水绿如蓝"，即使不曾到过江南的人依然可以通过想象在头脑中浮现出江南的秀丽景色。想象具有满足需要的作用，人类从事的各种活动都在于满足自身的需要，但现实却不一定能满足（无论是合理的需要或不合理的需要）。通过想象，人们可以满足现实中不能获得满足的需要。所谓武侠小说是成年人的童话，无非是说成年人在其中实现

---

① 据美国之音报道美国"阿波罗"登月工程的实施概况和凡尔纳小说所述"登月"方法与过程极为相似。

了现实无法兑现的精神与物质需求，《红楼梦》中的爱情神话也不过是寄托了少男少女对纯美爱情生活的无限想象，"超人""孙大圣"也不过是人们面对危机对英雄人格的想象与渴求。

三　隐喻、象征与思维

"意义链条无论长短，联结主客体的中间环节是一系列的逻辑转换过程。"[①] 从易于遗忘消解的模糊、简陋的表象到承载认知主体情志、审美意识的心象和意象，想象表征为人们逻辑推导的思维过程。人的理解依赖思维逻辑的转换，在意义层次的转换中，从表层意义中释放深层意义。人类思维逻辑分为基于表述人类现实认知成果的形式逻辑和意在通过主体思维开拓认知新领域、新内容的辩证逻辑。形式逻辑思维是描述性、切分性思维方式，与之相对应的辩证思维却是发现性、组合型的创新思维类型。形式逻辑思维描述人们对于世界的既得认知，辩证逻辑思维深化、开拓人们对于世界的认识。逻辑思维以概念、判断、推理为主要思维形式，以概念、范畴揭示事物的本质特征。与之相应，更为基础的则是人们的形象思维方式，形象思维以体现主体意识不同渗透层次的主观形象展示认知成果。形象思维，也称具象思维，既包括基于具体认知形象转换的具体形象思维，也包含体现认知升华，感性走向理性，具体形象展示转向抽象符号表达的抽象思维。基于逻辑思维与具象思维，又与二者并存的是人的灵顿思维。灵顿思维也称灵感思维，一般指在长期逻辑思维或者具象思维积淀的基础上，人脑在某个瞬间实现的创新成果和过程。凯库勒[②]梦中发现

[①] 秦光涛:《意义世界》，吉林教育出版社1988年版，第28页。
[②] 国际在线消息：苯在1825年由英国科学家法拉第（Michael Faraday，1791—1867）首先发现。此后几十年间，人们一直不知道它的结构。所有的证据都表明苯分子非常对称，大家实在难以想象6个碳原子和6个氢原子怎么能够完全对称地排列、形成稳定的分子。1864年冬的某一天，德国化学家凯库勒坐在壁炉前打了个瞌睡，原子和分子们开始在幻觉中跳舞，一条碳原子链像蛇一样咬住自己的尾巴，在他眼前旋转。猛然惊醒之后，凯库勒明白了苯分子是一个环，就是现在充满了我们的有机化学教科书的那个六角形的圈圈。http://gb.cri.cn/8606/2005/11/04/381@766580.htm，2016年6月23日。

苯分子结构，埃利亚斯·豪①梦见工业缝纫机原理均属灵顿思维的超逻辑理性发挥的成果。

人类意义系统具有模糊性和整合性特点，需要原型范畴、概念和意向图式进行限定。但是，范畴、概念却并不能为人类直觉感知。在从形象思维到抽象思维的发展过程中，认知实现了从感觉到知觉，再到逻辑概念范畴的理性升华。在人类认知从感性形象到逻辑理性的转变过程中，抽象思维起到关键性作用。张维鼎认为意象思维"将形象思维和抽象思维有机联系起来"，②意象通过想象，将以感觉成果存在的形象内容与以逻辑理性形式存在的概念范畴，以人类心理视觉的活动方式，实现理性对感性的超越。大脑建构意象的过程既包括横向的不同信息节点的普遍联系，也包括纵向的针对横向信息节点逻辑关系的细化与抽象。奥苏贝尔（David Pawl Ausubel，1918—2008）意义理论认为独立的信息节点在和原有知识结构建立联系之前并不具备独立意义内涵，只能作为意义资源存在。纵向上的意义建构表现在大脑对于意义资源各种关系的细化、辨析与抽象，每次建构都意味着超越多重联系的新的意象结构的产生。

国人长于意象思维，通过具象思维方式将形象与抽象有机结合起来，促成意象性直觉感悟创新的实现。在意象思维结构意义的过程中，"象征"和"隐喻"是实现不同意义资源横向联系和纵向抽象升华的必要方法。隐喻、象征手法的运用既表现在主体意义的建构与表达，同时也适用于意义文本的解读与阐释，文本意义的建构过程实质上是对文本

---

① 国际在线消息：在工业化的服装生产出现之前，人们概念里的缝纫针都是一样的：穿线的洞开在与针尖相反的一头，因此针穿过布料的时候，线最后才穿过。对手工缝纫来说这没什么问题，但工业化的缝纫机需要让线先穿过布料。当时的发明家们采用了双头针或多针的方法，但都效率不高。19世纪40年代，美国人埃利亚斯·豪在不能解决这个问题的困恼中入睡，梦见一帮野蛮人要砍掉他的头或煮他来吃。关于这个细节有不同的说法，总之是处境大大的不妙，豪拼命地想爬出锅或躲过砍刀，但被生番们用长矛恐吓着，在这时他看到长矛的尖头上开着孔。这个梦使他决定放弃手工缝纫的原理，设计了针孔开在针头一端的曲针，配合使用飞梭来锁线。1845年他的第一台模型问世，每分钟能缝250针，比好几个熟练工人还快，真正实用的工业缝纫原理终于出现了。http://gb.cri.cn/8606/2005/11/04/381@766580.htm，2016年6月23日。

② 张维鼎：《意义与认知范畴化》，四川大学出版社2007年版，第90页。

作者意义建构过程某种程度上的还原。象征和隐喻从形态的建构到意义的呈现都离不开人的思维，它们都以形象思维为主，但自始至终都离不开抽象思维的直接参与，抽象思维发挥着主导性的作用。① 象征和隐喻都是意义的符号，具有暗示性和相同的建构模式，都借助于一个感性的、外在的、能够为我们所感知和把握的事物来呈现意义。崔护所谓"人面、桃花"，无非借助自然界花谢花开的永恒规律性来反衬自我"美好姻缘"不再的遗憾与惆怅。客观存在的意义和外在形象之间的不协调，造成了意义的不确定性，难以得到最终的确认。虽有"人面如花"之喻，人们却无法从"花"中窥视美人的容颜，于是才有了人们关于如花美眷的无限想象空间。李白认为贵妃美貌以致"云想衣裳花想容，春风拂槛露华浓"；曹雪芹心目中的林黛玉却是"娴静犹如花照水，行动好比风扶柳"。因此，意义就具有了扩张性，象征和隐喻的认知空间被不断地拓展。象征注重整体意识而隐喻关注局部体验，象征意义具有普遍性、多维性和模糊性，隐喻意义具有具体性、单一性和明晰性。

弗洛伊德发现梦中的意象和人潜意识中的心理活动息息相关，意象反映人意识或潜意识中的心理活动。象征性的意象可以表达意义，反映人意识或潜意识中的心理活动，但这个意义并不是形象的直接意义。象征的本体意义和象征意义之间本没有必然的联系，意义的产生基于接受者由此及彼的联想。根据传统习俗，意象选择熟知的象征物作为本体表达特定的意蕴。如松树象征伟岸、蜜蜂象征勤劳、喜鹊象征吉祥、乌鸦象征厄运、鸽子象征和平、鸳鸯象征爱情等。象征可使抽象的概念具体化、形象化，可使复杂深刻的事理浅显化。同时也可以创造意境，引发联想，延伸意义建构的深度和广度。隐喻思维属于人类原生思维方式，是先祖认识世界的原道逻辑体现，是其认知世界建构意义的主要模式。隐喻于我们的日常生活无处不在，"我们的思想和行为所系的日常概念之性质是隐喻性的。概念系统就是一种认识模式，同时也是人们认识世

---

① 李贤平：《"象征"与"隐喻"的比较研究》，硕士学位论文，沈阳师范大学，2011 年，第 12—13 页。

界是所必须依赖的参照模式和认知信念"。① 不同概念互动引发的隐喻构成的认识模式为人们认知和理解世界提供了作为参照框架存在的背景知识体系。处在源处域的是人们熟悉的概念范畴,处在标体域常是有待进一步认知的概念。所谓"人生如梦",意味梦境常见,人生意义却难觅真味,因为"不识庐山真面目,只缘身在此山中"。所谓"姑娘好像花一样",春花常有,美人之美,常常难以言表,因花设喻,实乃言语技穷所致。原始人的隐喻思维源自认知思维能力的低下,抽象思维没有充分发育,隐喻表达实为语言潜意识的直觉运用。随着抽象思维能力的发展,人类语言能力发展迅速,诗性隐喻思维开始向理性思维发展。理性世界的矛盾对立打破了天、地、人、神间的和谐统一,人的意义创造遭遇障碍。此时,人的创造本能引导人们重拾隐喻,想往对诗意心灵家园的回归。海德格尔强调语言的诗学本质,意味着现当代语言意义建构,面对现实物质世界矛盾对立阐释乏力的困惑。诗学的思维是天真的原始隐喻思维,原始思维认为看得见的物质世界和看不见的精神世界是完美统一的。面对现实世界的灾厄、困惑,人们将之归因于具有超自然能力的"神祇",以求得内心的认知和谐与统一。

人类大脑构造机制普遍统一,不同种族的人们却因为文化经验的差异形成不同的思维方式。国人思维缺失西方近现代大工业,以及与之相随的工具理性的洗礼,保留了强烈的原始隐喻思维痕迹,"援物比类,比类取象"依然是国人最基本的思维方式。隐喻思维机械粗浅,无法确切理性解读物质世界的诸多矛盾对立,基于原始隐喻思维的朴素辩证特征又使得国人思维迂回曲折,呈现"神龙见首不见尾"的虚无特征,表现为国人传统认知观念的诸多内容既无法完全证伪,更不可能完全证实。基于物理学的工具理性特征,西方人偏爱直线式思维方式。与近代自然科学思维相关,西方人在社会科学领域运用彰显工具理性的直线式思维方法,呈现孤立、僵化、静止的形而上学特征。无法在普遍联系层面兼顾社会发展的辩证、系统、整体特征,导致在社会生产力高度发展

---

① Lakoff,1980:30. 转引自张维鼎《意义与认知范畴化》,四川大学出版社 2007 年版,第 303 页。

前提下，各种社会矛盾激化，甚或出现局部社会文明发展的停滞，乃至倒退，抑或是落后社会生产关系的复辟，从而直接或间接延迟人类社会的整体发展，直至诱发人类整体文明崩溃的危机。

四 主体、意向与语境

马克思在论述人的本质的对象化问题时涉及人类意义的主体性问题，认为即使最美的音乐对于不辨音律的耳朵也毫无意义，"对我说来，任何一个对象的意义都以我的感觉所能感知的程度为限"。[①] 人类意义系统产生于主观见之于客观的社会实践活动，人的主体性表现为面对自然的认知主体性，以及面对社会实践存在的其他实践主体的他者主体性。"人的主体存在方式的不同，人的主体立场的不同，都可能导致自然对人所显示的意义的不同。"[②] 人类实践具备社会历史特征，对于既定的行为主体而言，其主体立场、主体状态和文化特征都是相对确定的。人类既是社会实践对象主体意义的赋予者，同时人本身也是其社会实践的创作物。人类在赋予客观对象主体意义的同时，作为社会实践的有机组成部分，也在社会实践中获取自身的社会文化身份。人类的文化通过自身的历史遗传获取，包括基于自然的获得性遗传，也包括自身文化的遗传性获取。受特定文化心态决定的认知模式的制约，并在这种文化规制中开始自己的社会实践。

个体认知模式是彰显主体个性与体现社会族群文化共性的统一。理论上，认知模式是个体性的，体现个体独特的社会历史经验和意识内容。但生活同一社会文化中的不同个体认知模式存在相互的重合和意合，受社会和习俗影响形成文化认知模式。"虽然言语交流是彼此心思的交际，思维却是社会性的。"[③] 这意味着生活在同一族群的不同个体认知模式存在基于文化共通的重叠部分，随着个体社会化程度的加深，

[①] 马克思、恩格斯：《马克思恩格斯全集》第42卷，人民出版社1979年版，第126页。
[②] 章启群：《意义的本体论》，上海译文出版社2002年版，第109页。
[③] Jef. Verschueren, 2000: 87. 转引自 [美] J. R. 安德森《认知心理学》，杨清、张述祖译，吉林教育出版社1989年版，第248页。

个体自我意识逐渐和群体整体文化意识趋向靠近和统一。黑格尔在《精神现象学》区分了自我意识发展的三个阶段。"单纯自我意识"阶段强调自身的存在，自我的同一性，以及与他者存在的不同；"承认自我意识"阶段关注人际关系存在的重要意义，意识到主体作为他者个体存在的意义；"全体自我意识"阶段提出相互作用的"自我性"的存在原则，形成以"小我"与"大我"关系为内容的价值认同与价值规范关系，进而形成个体文化价值取向的社会性内涵。在社会实践过程中，人的主体性最重要的表现在于超越自我，不断地克服主观性，领悟客观意义，达到某种客观性，在持续追求更高客观的过程中提升自我，设想更高的主体立场、主体存在，提高主体能力。

胡塞尔在《笛卡尔的沉思》中强调自我的双重化过程，认为"他人的'特有'身份表现为我的原初世界的一种类似物。正如我自己的身体功能在他人的直觉中表现为基本的参照系一样，我自己的主体性被描绘成交互主体形构成的基本准则"。① 自我的"双重化"在人们通过日常语言交流建构共同意义的过程表现得至为明显。梅劳·庞蒂（Merleau Ponty，1908—1961）认为"我的语言和我的对话者的语言都是为这种讨论的气氛所引起的，而且也都涉入一种我们两人都不是其创造者的共同参与的操作之中"。② 阿多诺认为由于理性支配行为的介入，人们所主张的主体性和意识的纯粹性是不成立的，它们都包含了客观过程因素。哈贝马斯也认为"社会即是系统，其动力不光是服务系统的自律性扩大的逻辑；更确切地说，社会进化发生在生活界的逻辑范围里，这种逻辑的结构取决于语言上产生的交互主体性"。③ 人们正是在这种交互主体性交往中，族群把彼此相同的个体引入他们的超我中，并根据共同成分的基础使他们在自我上彼此互相认同，逐渐形成基于公共利益的共同意识。这种共同意识在巩固族群共同利益的过程中形成族群的群体

---

① ［美］弗莱德·R. 多迈尔：《主体性的黄昏》，万俊人译，广西师范大学出版社 2013 年版，第 78 页。
② 同上书，第 141 页。
③ 同上书，第 272 页。

文化心理。族群文化心理在兼顾群内个体意识的同时，也构成相对于群外个体和族群的文化偏见。族群心理的建构既基于族群成员共时性日常生活的人际交往，更源于族群悠久的历史传承。某种意义上，历史文化传统积淀对于群体成员文化心理的塑造作用更为根本，也更为强大。

历史场景的不可逆意味着人们在现实生活中获取意义时，永远无法从自身历史文化经验中获取直接有益的启示，但是历史记忆又无时不在警示着现实行为的利害得失。面对现实，人们既无法摆脱历史，又不可能完全基于历史，错误和偏见在所难免。在外界刺激下，实践个体心理形构的主体意向，作为潜在意义建构，是进行主体间交际的核心环节。意向是人类心智能动作用于客观世界，形成与外部世界联系的意图心理状态。心理意向具备心理和社会文化双种属性，直接与个体心理表征和社会交际相关。意向性是人类心智作用于外部世界的人、物和事，通过心智活动，在人类与客观世界间搭建意向关联的能动属性，对人的思维和行动形成绝对的影响和支配。根据意向形成和意义行为的顺序可以分为表征意向和交际意向，表征意向属交际个体心理属性，表现为个体心理作用于客观世界的结果；交际意向为交际各方所共有，表现为具体交际参与者之间的互动和联系。在具体交际过程中，心理意向和意义建构相互依托，共同衍生具体的意向性行为，表现为交际过程中的陈述、信念，或者侮辱与欺骗等。个体主观意向在具体交往行为之初，往往处于模糊的半意识或者无意识状态，随着语言交际的进展，意向逐渐在交往过程中展开，并呈现相对清晰的状态，形成新的意义内容，融入已有的个体意识体系。

交际各方的心理意向通过具体语境中语言符号的交流实现沟通，承载交际双方心理意向的语言符号的碰撞、交流和互认，直至达到交流双方或多方的意义的共享，实现语言交流的目的——意义建构。交际个体的主观意向，及交流各方共同意义的建构时刻受到交流语境的制约，语境既源于交际各方意向交流的建构，同时对交际各方意义的建构起到决定作用。根据交际对象的差异，语境可以分为语言语境、交际语境和背景语境三种。语言语境也叫上下文语境，指具体语句的文本环境，属静态范畴，是读者精准理解语言文本的信息参照系统。交际语境，也叫情景语境或者场景语境，属动态范畴，意即变化着的语言交流活动的时空环境，包括交际对象以及交际各方共处的物质环境。背景语境属潜隐状态语境，包括交际双方的社会文化背景。认知语言学家认为语境属于认知心理现象，依托语境进行的交际各方的意向性交融行为，本质上属于交际个体的认知行为。具备语义单位特性化的语境本身就是一个认知域，其实质是由认知概念范畴层级系统形成的言内语境。文化模式是由人的文化经验形成的宏观性言外语境，认知域是文化认知模式常规化和范畴化的结果。认知语境不是孤立的心理经验，是长期存在于人们记忆中的知识、文化、信念系统。该系统由各种认知概念范畴组成，并在语言交流过程中表现为语义概念系统，并进一步成为人们认识世界的参照系统。

五　意义、动机和行为

人类社会行为意义的本质即个体需求在其能动社会实践中的实现。主体需求形塑个体行为动机，并在与客观环境的信息与物质交流中实施为具体的社会行为。这就好比受到荷尔蒙刺激的青年男女，在生理刺激下产生异性交往需求，这种生理需求在具体文化模式中形成特定的心理冲动和求偶特征行为。这种行为既可以表现为"爱意"信息符号的散发，也可表现为具体的社会物质行为或者生理形态的变化。从先民时期流传至今的情歌对唱无疑男女双方爱意的符号化表达，当代种种为求爱而制造的浪漫氛围则可视为求偶动机的具体化社会行为。甚或恋爱中的男女的生理和心理特征也会发生微妙而显著的变化。恋爱中的少女会变得温婉可爱，乖巧可怜，甚至身体也会散发出奇异的"香味"以吸引异性的注意。狂放的少年此时也会像小女儿一样，变得缠绵悱恻，所谓"少年维特之烦恼"就是个形象的例证。

柏拉图将人的行为动机归结为欲望、情感和知识三个主要源泉。柏拉图认为欲望源自人的生殖器官，表现为冲动和嗜好；情感源自心脏，源自血液的流动和力量,是经验与欲望的共鸣,表现为情感、精神、抱负和勇气;知识源自大脑,是欲望的眼睛,灵魂的舵手,表现为思想、才能和理智。在弗洛伊德的精神分析理论中,柏拉图的欲望、情感和知识分别转换成了本我、自我和超我。但是弗洛伊德对人类行为动机的分析更为深刻,更加接近人类行为的本质内涵。即欲望、情感和知识并不直接表现为三种不同源泉的行为动机,而是欲望在知识的控制下变现为表现主体情感的心理行为动机。也就是弗洛伊德所谓本我在超我的控制下通过自我的形式建构个体心理内容,进而在外物刺激下形成具体的行为动机。

韦伯(Max Weber,1864—1920)认为"动机"是主观意义的复合体——或是从观察者来说——对于行为所提供的有妥当意义的"理由"。所谓行为过程的关联乃是"主观上妥当的"或"意义上妥当的",意指在关系中的各要素,根据我们感情和思考的习常模式,[1] 也是所谓"正确的"的意义关联。然而,人们实际的社会行为往往是在其"主观意义"处于模糊或者半意识,甚或是无意识状态下进行的。人们往往习惯于"跟着感觉走",极少明确自身行为的确切含义,大多数时候影响、控制主体行为的是本能冲动或者传统习俗。"只是在偶尔的并且是大量的同样的行动中常只有个别的几件事例,行动的意义才能够被提升到意识的层面上来。"[2] 多数时候,只有心理学家才能理解什么是有意义的行为,于无形中操纵人们行为的无法言表的神秘经验,相对于没有类似经验的人来说是无法完全理解的。但是,从事相同的行动并不就是理解的必要先决条件"要理解恺撒,不必然要成为恺撒",[3] "再体验的可能性"对理解的精确性是重要的,却不是意义诠释的绝对条件。人们常言"纸上得来终觉浅,绝知此事要躬行",但事必躬亲却是没有必要的,也是不现实的。个体的实践,乃至人类整体的社会实践都不可避免地存在局限性。尤其是在当代这个信息爆炸,社会千变万化,趋于魔

---

[1] [德] 韦伯:《社会学的基本概念》,顾忠华译,广西师范大学出版社2005年版,第14页。
[2] 同上书,第28页。
[3] 同上书,第5页。

幻化的世界。

个体实践意义的"非完全清晰性"并不意味着主体行为可以完全脱离实践社会关系的制约,个体的无意义(或者"下意识")行为也并不意味着其行为相对于行为实施的社会环境的完全"去意义化"。每个实践个体都是其所存在的社会族群文化的产物,其所存在族群的文化传统、习俗、规则,通过文化遗传深深植根于族群个体的心灵深处。作为潜意识对个体行为心理发挥影响,役使个体在未获取清晰意义支配情况下,遵守特定文化模式行为规范,像动物反射行为一样可以在行为意识缺失的状态下,完成社会族群所赋予的习惯性行为动作。如此,特定族群中长期保持不变的内涵社会关系就成为该族群成员的社会行为"准则"。"其平均的和大略的内在态度是参与者期待于他的同伴,并将自己的行动指向这类准则的基础",① 并且族群成员行为越是理性也就更加趋向于符合社会准则的规范要求。人们日常诸如生活与性爱类的私密性行为理性内容要远远逊色于商业契约等社会公众意义上的行为理性。

韦伯依据个体行为动机差异将人们的社会行为理性动机分为四种类型:② 第一,目的理性式。行为主体行为动机为周边环境和他人客体的行为期待,这种"期待"成为主体行为诉求的目的性"条件"和"手段"。第二,价值理性式。主体行为意在实现或者维护某种社会信仰或者规则,它们可以是伦理的、审美的、宗教的,或者是其他形式的价值观念。无论成功与否,行为本身就意味着信仰价值的实现。第三,情感式,尤其是情绪式行为,主体行为取决于行为者当下的情感和感觉状态。第四,传统式,主体行为取决于根深蒂固的传统习惯。个体行为动机源自个体主观意识引发的自觉性行为机制,反过来,行为个体同样也可以在作为客体存在的社会规则角度赋予自身行为以相应的理性解读。行为者可以下列方式赋予自身行为以程序正当性解读。第一,源于传统作为,行为的正当性早已被普遍接受;第二,基于情感信仰,包括

---

① [德]韦伯:《社会学的基本概念》,顾忠华译,广西师范大学出版社2005年版,第37页。
② 同上书,第31、32页。

"新的宣誓与被认为是值得仿效的模范所形成的效力";第三,基于价值理性的信仰,即被视为绝对价值者所具有的效力;第四,基于被相信具有合法性的成文规定,包括利害关系者的自愿接受,以及对正当权威的自愿服从。[1]

第三节 意义建构图式

一 概念和内涵

人类传播行为的实质在于交往个体,基于社会实践基础上的,共同意义的建构与共享,具体表征为主体间以语言为载体的信息符号交流活动。斯波珀和威尔逊认为人类语言符号交际,并非申农和韦佛所谓"编码/解码"的机械通信模式,而是现象的生成和解释过程。在这个过程中,语言符号只提供某种信息方向,协助在交际双方的心理表征之间生成某种相似,从而带来交际效果,强调关联性解释语言在交际意义建构中的重要性。负载建立主体间意义联系的语言符号形式同时兼具交际双方的心理特征,成功实现意义建构的语言符码必然是交际双方,在具体交流过程中相互磨合,相互妥协,直至相互认同的,动态沟通结果。语言的交际过程是交际双方心理表征内容互相传递、交流的过程,也是具备交际双方文化心理特征的个体认知图式的沟通与融合过程。

图式理论(Schema)是认知心理学家用以解释理解心理过程的理论,是对过去已经获得的知识经验的抽象表示,因文化背景差异而不同。乔治·尤尔认为文化图式是人脑中关于"文化"的"知识结构块",是人脑通过先前的经验存在的一种关于"文化"的知识组织,可调用来感知和理解人类社会中的各种文化现象;包括风土人情、习俗、生活方式、社会制度、思维方式、价值观念、宗教信仰等内容建立起来的知识结构。文化图式最大的特点是民族性,不同的民族在各

---

[1] [德]韦伯:《社会学的基本概念》,顾忠华译,广西师范大学出版社2005年版,第48、49页。

自发展过程中常常形成有别于其他民族的,独具特色的风土人情、审美情趣、宗教信仰和价值观念等,以图的方式储存在人们的长时记忆里。不同种族有着不同的文化图式,文化图式的差异会造成话语意义的不同理解,交际双方会按各自相关的文化图式对同一话语作不同理解。要实现顺利交际,就得弄清双方是否存在共享的文化图式。话语双方文化图式的差异,可以通过彼此之间互相影响、互相沟通、互相传授实现互相同化,从而使交际双方对话语意义的理解更透彻、深入。

心理学家皮亚杰(Jean Piaget,1896—1980)把个体认知图式看作包含动作结构和运思结构在内的从经验到概念的中介物。认为认知是有结构基础的,图式是最小的认知单元,是动作的结构或组织,具有概括性的特点,可以从一种情境迁移到另一种情境中去。图式由许多相互联系、相互作用并结合成一个有机体的一系列一般知识组成,具有可变性、一般性、知识性和结构性特点,涉及任何形式的事件和客体,是人的记忆对所有知识进行组合、归类的总汇。英国语言学家库克把图式分为世界图式(world Schemata)、文本图式(text Schemata)和语言图式(language Schemata)三种。世界图式是指个体对世界的知觉理解和思考的方式,中国传统的世界图式以天、人二元结构为特征,西方现代传统的世界图式则以神、人、物的三元结构为特征。文本图式的意义在于阅读时文本信息与读者自身拥有的意向图式共同作用的过程,读者通过激活图式系统,完成一系列的文本识别程序,并此基础上构建意义。语言图式指词汇、语法和习惯用法等方面的知识。三种图示分别强调了个体知识储备、语言符码文本,以及面对实体交际对象语言交际能力在意义建构过程中的重要性。图式按等级结构安排,上级图式包含下级图式结构,直至最基本的图式。由上一级图式可以推导出其包含的下一级图式所具有的特征,较低水平的图式被激活后,上一级图式随之被激活。

美国认知心理学家 J. R. 安德森在其著作《认知心理学》中将认知图式称为"格局",认为格局是存在于人体大脑中的"大而复杂的知识单元，他们把我们关于物体的各种一般范畴、事件类型和人物类型的大部分知识组织起来"，[1] 表现为主体相关个人或群体的知识网络，其作用在于对外界刺激信息进行编码、组织和定型。主体通过格局组织对外界刺激进行信息加工，实现主体对外界经验的抽取和归类。从而实现认知客体、作出判断、理解故事，以及进行其他处理环境事物的活动，认知主体对外界刺激信息的加工表现为"'底朝上'和'顶向下'的双向交互作用"[2] 过程。"底朝上"加工过程，也称"资料驱策加工"过程，通过对感知材料信息的归纳、分析、抽象，实现认知升华后，进入上一层认知格局，此过程环境对有机体实施控制作用。"顶向下"的认知信息加工，也称"概念驱策加工"。认知主体将自身认知格局的知识概念加之环境，对主体感知信息进行补充、甄别和修整，从而实现感觉信息的内化和提升。

皮亚杰认为认知主体面对外界意义符号，通过"同化"和"顺应"方式将源自外界全新的知识或者事实信息纳入自身认知体系，内化于自身原有的经验知识结构。个体认知发展涉及图式、同化、顺应和平衡四个方面。其中图式是认知行为的结构或组织，它们在相同或类似的环境中，会由于重复而引起迁移或概括。所谓同化，就是个体将环境因素纳入已有的图式之中，以加强和丰富主体的动作；顺应就是个体改变自己的动作以适应客观变化。个体就是不断地通过同化与顺应方式，达到自身与客观环境的平衡的。图式最初来自先天的遗传，以后在适应环境的过程中，不断变化、丰富和发展，形成了本质不同的认知图式（或格局）。认知格局一经形成，便成为一种重要的知识结构，或者积极有效的思维方式，帮助人们应对来自大千世界的纷繁信息加工要求。格局思维是对信息复杂组合进行加工的有力方式，但也容易受到偏见和歪曲的影响。"定型"反映格局抽象思维的消极方面，格局抽象往往受统计误差影响，使得个体认知的不准确性大大增加，格局思维可以说是"能

---

[1] [美] J. R. 安德森：《认知心理学》，杨清、张述祖译，吉林教育出版社1989年版，第163页。

[2] 同上书，第63页。

干的'快速而草率'的思维方法"。① 因此,人们否认格局的信息加工能力显然是不明智的,但使用时也要格外小心。

韦伯认为在既定的社会关系中,交际双方面对相同的认知关系,并不必然赋予相同的意义内涵,互惠的意义联系也不必然产生,源于利益和认知图式的差异,甚或会遭遇完全不同的反应。交际双方"共享"意义的达成有赖于交际参与者预设对方有着某种特定的态度,并将其行动导向这种"期望"。"唯有双方的意义内涵——每位参与者的平均期望——完全相互复合时",② 这种双向式的意义分享才可能实现。尽管这种意义完全一致的社会关系十分少见,梅劳·庞蒂坚持认为有必要"建构一个总的参考体系,其中本土人的观点,文明人的观点,以及一方对他方所持的错误观点,全都能找到一席之地——就是说,构成更为全面的经验,原则上成为国家和不同时代的人都可以理解的经验"。③马克斯·韦伯通过集中研究各种关键性社会行为,分析各种社会行为的意义渊源,将人类社会行为分为四种类型,以便于人们理解复杂社会行为的意义动机和内涵,从而实现意义的沟通与共享。这四种社会行为类型:由根深蒂固的习惯决定的传统行为,由情感状态引导的情绪行为,为实现某种目的而进行的工具理性行为,以及出于自身价值利益追求的价值理性行为。

图式基于认知与意义共享的功能表现在:①构建。信息解读是构建内在心理表征的过程,交际双方并不是把对话信息从外界搬到记忆中去,而是以已有的知识经验为基础,通过与外界的相互作用来构建新的理解。②推论。人们利用图式的变量间联系,从已知交际语言信息推测出隐含的或未知的信息,因为它们对双方心理图式建构的意向性表述信息的获得和理解起着重要作用。③搜索。利用图式形成目标指向性或做出预测,从而积极主动地寻找有关更多信息。④整合。人们把新输入的

---

① [美] J. R. 安德森:《认知心理学》,杨清、张述祖译,吉林教育出版社1989年版,第201页。
② [德] 韦伯:《社会学的基本概念》,顾忠华译,广西师范大学出版社2005年版,第36页。
③ [美] 弗莱德·R. 多迈尔:《主体性的黄昏》,万俊人译,广西师范大学出版社2013年版,第309页。

信息纳入图式的框架中,与相应的变量联系起来,使变量具体化、融为一体。

二 格式塔认知模式

认知是感觉认知和概念认知的综合过程,感觉认知以意象构图表现认知成果,概念认知借助于语言形成概念范畴,二者的内在联系表现在概念范畴的形构以原型意象为内容与基础。认知概念范畴化发生于前语言的感觉与认知语言性概念认知合作过程,个体意识先对杂乱的感觉刺激进行认知关注性选择,然后参照记忆知识库相关内容对信息进行辨别、分类、归档,进而在整合的基础上形成概念认知范畴,最后对认知范畴进行语言命名。认知范畴构造由原型、属性项和语标组成,其中原型是构造核心,作为感知意向性存在,是将感觉知觉和概念认知联系成语义概念的关键和纽带。原型范畴基于直觉,来自认知个体长期反复的经验感知和常识积累。范畴化是经验感知积累和升华的过程,表现为直觉形成并向理性发展的过程,包括事物整体感知和事物分解两个阶段。人类直觉是整体感知的结果,整体感知意象被称为"格式塔"[①] 意象。格式塔认知形成理论注重经验和行为的整体性,体现了整体大于部分之和的系统论观点。心理现象是在意识经验中所显现的结构性或整体性。知觉不是感觉相加的总和,理解是对已知事件的旧结构的改组或新结构的形成,形式和关系形成新质。新质涵盖各个部分,并赋予各部新的含义。柳宗元《江雪》"孤舟蓑笠翁,独钓寒江雪",虽然只含有景物和人物名词:"孤舟""蓑笠""老翁""寒江"和"雪",加上一个静态动词"钓"。两个诗句所表达的意境在于各个意象之间的相互交融、感应所形成的那种寂寞、冷漠、孤傲、清高,超凡脱俗,超然物外的整体意蕴。整体意蕴同时赋予单个意象内涵的整体

[①] 格式塔心理学(gestalt psychology),又叫完形心理学,是西方现代心理学的主要学派之一,诞生于德国,后来在美国得到进一步发展。该学派既反对美国构造主义心理学的元素主义,也反对行为主义心理学的刺激—反应公式,主张研究直接经验(即意识)和行为,强调经验和行为的整体性,认为整体不等于并且大于部分之和,主张以整体的动力结构观来研究心理现象。该学派的创始人是韦特海默,代表人物还有苛勒和考夫卡。

性升华。

　　格式塔理论认为个体认知依据五项原则对感觉刺激信息进行整理、整合。①邻近原则，依据感觉成分间距大小确认关联关系，物体之间的相对距离会影响我们感知其是否，以及如何组织在一起。主体对于空间位置的表征有三种形式：第一种是自我中心的表征，即以主体自身与目标物之间的位置关系来标明目标物的具体位置；第二种是用环境中的其他物体与目标物之间的关系来标明目标物的具体位置；第三种是利用抽象的形式来描述目标物的位置。认知语言学研究表明，汉语中存在理解时的邻近性原则。这种原则表现在多个方面，有空间方面，有心理方面，也有语篇等方面，制约着主体对语言的运作和理解。②相似原则，个体依据感知内容相似性进行分类归纳。人们总倾向于把相似的元素组合为一个感知单元，在编辑排版中会把具有相同视觉特征的格式或文字看成是同类或具有同等重要性的元素，并用相同的认知力度去理解、记忆。一般说来，在设计中标题字体的大小不同可以反映内容的层级关系。③封闭原则，也称连续性原则。以主体对感知素材进行整合，形成闭合图像为目的。对人眼的生理研究表明，每次眼停只能读取6—7个汉字信息。所以，口译笔记中，每个"意群"也应控制在7个字以内为宜。多数口译员习惯于"竖读"（"从上到下"而非传统的"从左到右"的阅读模式）口译笔记，所以笔记的每行字也控制在7个字内为宜。在无法将一个长句"浓缩"在一行记完时，口译笔记的一个经典原则就是"缩进记录"。即译员将长句切分为"主语单元""谓语单元"和"宾语单元"，然后"悬行缩进"。这背后的认知规律就是格式塔的连续性原则，因为"悬行缩进"笔记排版方式，很容易让人把被缩进的元素理解为是上一行字符的延续，进而会把它们当作一个整体去感知。①④延续原则，个体认知补充感觉缺失，形成整体性知觉意象。格式塔心理学家发现人们具有由局部认知整体的能力，认知主体根据大脑中经验性的认知框架可以建立形象的整体与部分关系。由于汉语的

----

① 刘银燕、王晓凤：《格式塔知觉组织原则诠释下的口译笔记格式安排》，《浙江外国语学院学报》2012年第9期。

"意合"特点，汉语诗词往往在"言""象""意"等不同层面出现"未定点"或"空白"，给读者留下无限广阔的想象空间。正如麦克卢汉认为以卡通图像为代表的冷媒介提供的信息少，大量信息需要由听话人自己填补，反而造就了"写意"艺术品给人以独特美学感受的力量。所谓有一千个观众就会有一千个哈姆雷特，针对古代经典小说改编而成所谓影视剧形象，永远无法满足受众在心中对"林黛玉"之美的想象认同。⑤背景原则。主要思考如何让图形清新呈现于背景之上。一般而言，图形与背景的区分度越大，图形就越被突出，从而成为我们的知觉对象。版面的视觉设计就是要让这两部分的信息内容形成鲜明的对比，并且互不干扰。大的元素会被理解成前景，而小的元素则会被淡化于背景之中。在口译笔记中，既可采用"背景"的策略，也可采用"前景"的策略。比如说，"关联词"是非常重要的元素，也最容易为"生手"所忽略。即使译员把关键词都记下来了，若关联词缺失，则这些信息之间就没有了"纽带"，整段笔记也就成了"断了线的珠子"。所以关联词应该被突出，成为相对于"背景"的"前景"。许多欧洲译员特别强调留出左侧页边空白，专门放置这些关联词。有的译员会把关联词字体放大，甚至外面加一个圈或框，使其突出于其他内容。换句话说，关联词被"前景化"，成了一个"视觉冲击中心"，将译员的注意力吸引过来，然后到自己的工作记忆或长时记忆里去寻找相关的匹配，完成信息的传达。相反，一些具有补充说明作用的修饰成分可以被"背景化"，就是从视觉上减弱其被强调的程度，比如用略小一点的字体记录。笔者建议将其安置在被修饰词的偏左下方或偏右下方，甚至放在括号里面，以显示其略低的"级别"或表明它们仅仅是"次要成分"。

格式塔意象属于具象思维心象范畴，其对于抽象事物的表现就显得艰难或者复杂，这就需要对格式塔具象原型进行隐喻性引申。传统国人善于使用类比隐喻表达主观认知成果，说明较为艰涩的道理。产生于先秦时期的诸多成语，如"刻舟求剑""鹬蚌相争"等成语都运用了隐喻式格式塔意义建构方法，晏婴、苏秦等论辩家也是譬喻论证的高手。

> 臣邻家有远为吏者，其妻私人。其夫且归，其私之者忧之。其妻曰："公勿忧也，吾已为药酒以待之矣。"后二日，夫至。妻使妾奉卮酒进之。妾知其药酒也，进之则杀主父，言之则逐主母。乃阳僵弃酒。主父大怒而笞之。故妾一僵而弃酒，上以活主父，下以存主母也。忠至如此，然不免于笞，此以忠信得罪者也。臣之事，适不幸而有类妾之弃酒也。且臣之事足下，亢义益国，今乃得罪，臣恐天下后事足下者，莫敢自必也。且臣之说齐，曾不欺之也。使之说齐者，莫如臣之言也，虽尧、舜之智，不敢取也。①

这里苏秦把自己与故事中的"邻家之妾"相类比。"邻家之妾"为了同时维护"主父、主母"，不得不"阳僵弃酒"，舍身全义，尚不免于责罚。以此来说明游说六国，保全燕国利益，光靠诚信是无法达到目的的。承载古人认知成果的汉字造字法也多呈现为经过改造和引申的格式塔喻象图示。汉字"月"的字形原是一轮弯月的格式塔意象，却可喻示古人对月亮规律性圆缺现象的认知；"日"字的原初形态是映射太阳的格式塔意象的，"明"字的图示构型将两个格式塔意象关联整合形成隐喻"意境"表现"日月交辉的光明"。②

"格式塔"是德文"Gestalt"的音译，意为"形式""形状"，在心理学中表示"一种被分离的整体"。作为现代心理学的主要分支，诞生于德国，发展于美国，主张研究直接经验和行为，强调经验和行为的整体性，主张以整体的动力结构观来研究心理现象。直接经验，即主体当时的感受或体验到的物质内容，即主体在对现象认知过程中的经验。这种经验是有意义的整体，和外界的直接刺激并不完全一致。格式塔心理学把行为分为显明行为和细微行为，前者指个体在自身行为

---

① （汉）刘向：《战国策·燕策一》。
② 张维鼎：《意义与认知范畴化》，四川大学出版社2007年版，第78页。

环境中的活动，后者指有机体内部的活动，主要以人的显明行为为研究对象。考夫卡（Kurt Koffka，1886—1941）认为，世界是心物的，经验世界与物理世界不一样。观察者知觉现实的观念称作心理场，被知觉的现实称作物理场。心物场含自我和环境，每部分各有自己的组织。环境又可以分为地理环境和行为环境，地理环境即现实的环境，行为环境是意想中的环境。行为环境在受地理环境调节的同时，以自我为核心的心理场也在运作，表明有机体的心理活动是一个由自我、行为环境、地理环境等进行动力交互作用的场。考夫卡同时认为大脑是一个复杂的电场。心物场的张力在大脑中表现为电场张力，顿悟[①]解除脑场张力，导向现实问题的解决。格式塔同型论[②]认为人类感知的实现似动和大脑真动的皮质过程是类似的，即指经验到的空间秩序在结构上与作为基础的大脑过程分布的机能秩序相同一，指知觉经验的形式与刺激的形式相对应。格式塔是现实世界"真实"的表象，但不是它的完全再现。

三 心理空间与意义建构

奥苏贝尔认为学习意义上的"意义"就是观念或知识之间的非任意的和实质上的联系，"意义建构"就应当是"联系的建构"。[③] 从认知结构[④]的向度考量，横向建构建立联系，纵向建构实现联系的细化与

[①] 顿悟，佛教术语，一种突然的颖悟。禅宗的一个法门，相对于渐悟法门。也就是六祖惠能提倡的"明心见性"法门。它通过正确的修行方法，迅速地领悟佛法的要领，从而指导正确的实践而获得成就，当然这不是唯一途径，顿悟更主要的是通过灵感来完成，就时间来说可能是瞬间。格式塔派心理学家指出人类解决问题的过程就是顿悟。当人们对问题百思不得其解，突然看出问题情境中的各种关系并产生了顿悟和理解，其特点是突发性、独特性、不稳定性、情绪性。

[②] 心物同型论，格式塔心理学家认为，物理现象和生理现象都有同样格式塔的性质，因而它们都是同型的。既然物理现象与心理现象、生理现象与心理现象都是同型的，那么它们之间就有着对等的关系。这种解决心物和心身关系的理论称为同型论。它企图克服二元论的理论，认为生理与心理过程既不等同又非一对一的平行，只是二者的场或形式具有某种同性。

[③] 蒋志辉、周兆雄：《建构主义的意义建构本质解析》，《高等函授学报》（自然科学版）2011年第5期。

[④] 认知结构，指人关于现实世界的内在的编码系统，是一系列相互关联的、非具体性的类目，它是人用以感知、加工外界信息以及进行推理活动的参照框架。

抽象。横向认知关系的建立实现外在信息内容与认知个体内在知识结构部分或整体联系的建立，为未知信息内容纳入主体认知体系开辟道路。纵向上，独立信息节点与个体认知结构在具体层次上实现融合，通过自上而下的建构过程实现外部分信息融入个体知识结构整体的目的。建构主义认为主体通过与外界环境的相互作用自主建构意义，通过与环境的交互主动建构内部心理表征，即个体自主完成意义建构的过程。

心理空间理论，1985年由美国认知语言学家Gilles Fauconnier在其专著《心理空间》中提出，重点关注意义构建。该理论认为，要理解语言的组织结构就要研究人们谈话或听话时所建立起来的，由成分、角色、策略建成的关系域，即心理空间。心理空间不同于语言结构，它是语言表达线索在话语中建立起来的心理构造物。语言建立心理空间、空间间关系，以及空间中成分之间的关系。相似的心理空间是语言交际的必要条件，交际则可看作空间建构过程的结果。意即人们在思考、做事和交际过程中所进行的高级的、复杂的心理运算。心理空间是潜在于语言表达中的动态实体，是人们在思考、交谈时为了达到局部理解而构建的概念包。[1] Fauconnier认为，以话语为基础，在人们日常的语言过程中时刻不停地建构着不同的心理空间。至少会维持两个相关的心理空间，一个是语言话语空间，另一个作为话语指称对象存在的现实空间。个体意识将来自不同心理空间的信息结合起来，通过概念整合实现主体认知。简单的说，就是将两个相关概念信息输入心理空间，通过不同空间的映射匹配起来，并把它们有选择地投射到第三个空间，即一个可以得以动态解释的复合空间。[2]

意义系统具有模糊性和整合性特点，需要原型范畴、概念化和意向图示来限定。概念形成基于心智的体验性、认知的无意识性和思维的隐喻性。人类在认知概念的过程中，个体心智结构超出对现实的直接映射，在体验的基础上运用隐喻的方式，从而形成抽象概念。米德认为

---

[1] 曾凡芬：《可能世界、心理世界与语篇的意义建构》，《江西教育学院学报》2006年第1期。
[2] 王全志：《可能世界、心理世界与语篇的意义建构》，《外语教学》2005年第4期。

第二章 微观意义建构分析

"从认知角度而言，隐喻的关键不仅在于单个范畴内的内在特性，而更加在于它们在整个认知模式构造中所起的作用。隐喻所传达的是结构，即认知模式的内在关系或逻辑。一个隐喻就是源体认知模式构造与标体认知模式构造之间的映射"。[①] 认知模式以概念范畴为核心，概念认知模式以其所含概念的原型意象为核心。原型范畴是概念化的产物，基于原型的推理和想象，并不为人类所意识。隐喻使人类理解抽象概念成为可能，但当语言意义组合出现违反语义选择限制和常理的时候，就产生所谓的语义偏离。基于文字、图片等多种模态生成的意义对立与冲突，多模态隐喻得以产生。多模态隐喻意义认知涉及心理空间层面的意义，根据 Fauconnier 的"心理空间理论"，隐喻涉及源心理空间与目标心理空间，[②] 这两种心理空间充当着为将要产生的新的心理空间（隐喻意义）提供输入功能。此外，还有一个属于两个上位概念的"类属空间"，这个空间是一个凌驾于源心理空间和目标心理空间之上的心理空间。因此，隐喻意义的产生涉及源空间、目标空间和类空间三者之间的"互动"。

1976年，美国学者德尔文（Brenda Dervin）在建构主义理论影响下，对信息本质、人的主体性、信息传递过程等问题加以思考。德尔文认为外在世界并非一个计划好、有秩序、可观察的对象，"人"也不只是被动、消极、机械的信息观察者和接受者，人在接受信息过程中必须发挥主观能动作用。皮亚杰的认知发展理论认为人在与环境的互动中，不断建构和修正原有知识结构。意义建构模型由环境、鸿沟和使用三要素组成。"环境"指时间和空间，"鸿沟"指因信息不连续性而形成的理解差距，大多数研究将其称为"信息需求"或"问题"。"使用"指信息对个体的意义，每个人对信息的使用都是针对情境做出的反应，其目的是弥补差距或解决问题。意义建构理论是一种"元理论"，在信息

[①] Ungerer and Schmind，2001：120。转引自刘安刚《意义哲学纲要》，中央编译出版社1998年版，第184页。

[②] 隐喻意义的获取涉及从本体向喻体的意义转移，两种事物之间的关系涉及隐喻背后的意义网络，也应运而生。Lakoff & Johnson（1999）的"映射理论"采用了源领域和目标领域来说明两个领域互动关系的方向性。

系统设计中，可以帮助设计者提出假设和观点，形成方法框架；在传播和图书情报学领域，意义建构可用于信息需求分析；在博物馆、大众传媒、健康服务、政府等组织机构中，该理论对服务质量评价也具有指导意义。

建构主义的核心观点是主体通过与外界环境的互动自主建构意义，是与客观主义相对应的一种认识论。主张人类知识不是通过"传—受"的被动获取，也不是对客观存在物的主观发掘，而是人通过与环境的互动自主建构内部心理表征的过程，即个体自主完成意义建构的过程。"自主建构""协作""情境"是建构主义的三大基本特征。"自主建构"强调意义建构的过程应是以构建者本人为主体的意义建构，认知个体以自己原有的经验系统为基础对新信息进行编码，建构自己的理解。即使同一信息，建构主体不同，最后建构的意义也不一样。协作是交际主体间通过对话，沟通交往意向，实现意义共享的必要条件。协作会话是实现协作过程不可缺少的环节。协作对于人类学习行为过程的学习资料的搜集与分析，假设的提出与验证、学习成果的评价，直至意义的最终建构都具备重大意义，每个学习者的思维成果需为整体学习群体所共享。意义建构理论则将"情境"置于研究的重要位置，将信息行为情境拓展到日常生活的多个方面，并将行为主体扩展到普通人群。

意义建构主要是认知框架的建构，框架内外成分的关系通过跨越心理空间建立。静态的框架内容和动态的交际协调通过跨域映射、概念合成和框架转换实现。认知框架和理想化认知模型同为重要的认知手段，在话语的理解和生成中起着不可低估的作用。框架语义学代表菲尔墨认为框架由一系列相关范畴构成，建构植根于生成话语的语境。词语的意义取决于说话者的脚本经验以及话语预设的社会机制。缺失作为整体知识的框架结构，则无法确立词语与话语的具体意义。Lakoff认为"一个简约的，理想化的认知框架"是建构"理想化认知模型"不可或缺的基础。该模型以命题和意象的方式储存于人的大脑，具备储存和对输入信息进行重组管理的功能。词的意义在很大程度上是由"理想化认知模型"或认知框架决定的。理想化认知模型和认知框架与传统语义特征分析法的最大不同是前两者体现出来的文化特征。

建构理论认为，语言运用的一个重要特点是语用者在交际过程中会借助话语信息建构一个能表征句子意义的框架，语言的解码过程同时触发听话者在长时记忆中搜寻一个可以表征当前话语信息的框架。被激活的框架由一系列槽（slots：空位）组成，形成语用者的解释和心理期待，影响着语用者对话语的理解。框架的作用具体体现在两个方面：一是在合适的框架内，语用者更加容易理解框架内成分之间的各种关系；二是框架有助于语用者推导出话语中缺损的信息。建构理论认为在意义的建构过程中，背景知识和语境信息至关重要，它们参与信息的表征和意义的建构。[1] 在实际语言运用中，框架不是一成不变的，它会随着话语的展开而相应发生变化。格式塔心理学家认为在语言交际、语篇生成和理解过程中，语用者总是自觉或不自觉地运用记忆中的框架结构，去能动地处理外界输入的信息，把外部现实和内部心理两个世界有机地联系起来，以便在大脑中形成新的记忆轨迹，获得新的知识。语言交际过程是语用双方动态地使用语言传递交际意图的过程，话语的生成和理解必须有语用者的认知参与。语用者认知框架的激活是理解话语的关键，只有拥有与语境一致的框架，受话者才能建构起与发话者意图相符的意义。话语的动态性决定了认知框架的动态性，适时地根据语境对原有框架进行调整，是保证交际成功的重要条件。

四 其他意义建构理论

1. 弗洛伊德的意义世界

如果说意义是主体需求在社会实践中的实现与满足，在弗洛伊德看来个体所有需求均源于主体原始性欲促发的本能发动。弗洛伊德认为"坚持性欲乃是一切人类成就之源泉，以及性欲观念的扩展"，[2] 潜意识

---

[1] 李勇忠、李春华：《框架转换与意义建构》，《外语学刊》2004年第3期。
[2] ［德］弗洛伊德：《爱情心理学》，林克明译，作家出版社1986年版，第19页。

的基本内涵就是性欲的冲动，这种冲动是现实的人的本性。① 潜意识是心理过程的源泉，是人的精神活动的动力。在人的精神过程中，每一种心理活动都源于潜意识，它是心理活动必然要经历的初始阶段。潜意识是人类精神的主体构件，支配或制约着人的行为，为主体行为活动提供内驱力。弗洛伊德认为潜意识是社会群体形成的关键的基础和发展的基本动力，把力比多②联系看作人与人之间最根本的联系。弗洛伊德说："一个集体的本质在于它自身存在的一些力比多联系"，③ 也就是其本来目的受到抑制的性爱本能的联系，它是"构成集体心理本质的东西"。④ 把性本能冲动作为潜意识的内容，进而将其上升为人类行为的动力源泉，把人类社会行为贬损为性的表现；用潜意识理论解释人类社会的存在，用心理分析的方法解释社会历史。这就无疑在表明个人心理可以成为解释的万能形式，甚或成为人类生存的一切事实的现实基础。显然，这是不符合客观实际的。

弗洛伊德认为完整的人格结构由本我、自我和超我三大系统组成，三者的有机配合可以满足人的基本欲望、需要，个体可以正常与外界进行交往。意义源自本我、超我在自我意识中的投射、协调与融合。"本我"源自本能，处于人格结构的最底层，是人格结构中最原始、最隐秘、最模糊而不易把握的部分，追求个人欲望的满足和个人利益实现，快乐而盲目。"超我"来自社会文化，是道德限制的代表，追求完美、高尚，是个体在成长经历中已经内化为自身价值观念的种种文化信念，其中以道德、信仰为主要内容，是人内化了的社会道德原则。社会文化与道德信念要求牺牲个人服从整体，甚至要求个体行为完全道德化，与本我相对立。"自我"是人格中的理性部分，按照现实原则协调矛盾，

---

① 孙淑桥：《弗洛伊德精神分析哲学的人学意蕴》，硕士学位论文，广西师范大学，2007年，第6页。
② 力比多（libido），心理学名词，即性力。这里的性不是指生殖意义上的性，"力比多"（libido），泛指一切身体器官的快感，包括性倒错者和儿童的性生活。精神分析学认为，力比多是一种本能，是一种力量，是人的心理现象发生的驱动力。百度百科。
③ ［德］弗洛伊德：《弗洛伊德后期著作选》，林尘、张唤民译，上海译文出版社1986年版，第102页。
④ 同上书，第98页。

是个体行为表现的决策者，管理本我，同时服从超我。本我通过自我达到满足欲望的目的，超我通过自我压抑欲望；自我依照现实原则协调超我和本我，超我和本我威胁自我产生焦虑感和罪恶感。本我强势时，个体感性、侵略性强；超我占据高位，主体行为规范，情感淡漠；自我较好协调二者是，主体表现理性、自然。

弗洛伊德认为文明源自个体性本能的压抑。"每一种文明都是建立在迫不得已的工作和放弃本能的基础上，以及由此不可避免地要引起那些受这些要求影响的人们的反对。"① 弗洛伊德说文明倾向限制性生活，因为文明服从效益法则，需要从性欲中节省大量心理能为文明目的服务。文明之所以对性爱进行压抑与限制，是因为二者之间存在不可调和的矛盾。性爱具有排他性和局限性特点，这不仅会阻碍社会文明的发展，而且会涣散甚至是分裂人们共同生活的集体。更为重要的是，人体内的心理能量总量是一定的，如果性爱消耗太多的心理能量，就没有足够的能量用于社会文明的发展。弗洛伊德认为性欲本能受到压抑、移置与升华，转向了高级的精神活动，把纯粹性爱的力量转移到其他人身上，这就使人们之间产生了友谊。弗洛伊德说："一种均衡的、稳定的爱，这种爱与生殖的爱的暴风雨般的激动不安不再有任何外在的相似之处"，② 这种爱就是人们之间的"友谊"。文明的目的在于使人类更好地获取幸福，而文明却要求控制人的本能，使得生活在文明环境中个体活力不足，缺乏生机。也许这也就是发达文明（如古希腊、中国的宋朝、明朝）往往为其他蛮族（波斯、契丹、女真）所灭的原因，而这不得不说是人类文明的缺憾。

弗洛伊德认为宗教和道德源自所谓的"俄狄浦斯情结"。认为在原始社会父权制部落中，父亲拥有无限权力，占有所有的女人，包括他的妻子和女儿。残暴的父亲还把他的儿子都驱赶走。后来，那些被驱赶走的儿子们联合起来，打回了部落，杀死并分食了父亲。杀死了父亲后，儿子们在心理上感到解了恨，但是血缘关系又使他们有一种罪恶感与悔

---

① ［德］弗洛伊德：《一个幻觉的未来》，杨韶刚译，华夏出版社1989年版，第37页。
② ［德］弗洛伊德：《文明及其缺憾》，傅雅芳等译，安徽文艺出版社1987年版，第45页。

恨感。他们聚集起来发起图腾仪式，把某种动物（图腾）作为父亲的化身来崇拜。试图透过此种与父亲取代物间的特殊关系来减轻其内心之罪恶感。图腾崇拜是一切宗教的出发点，正因为图腾宗教是起源于儿子的罪恶感，所以他们都以图腾的方式请求父亲的宽恕。所以弗洛伊德说："宗教则是由罪恶感及附于其上的懊悔心理所产生。"① 弗洛伊德同样认为道德起源于人类史前图腾文化阶段，远古人类因可怕的杀父经历，就萌生了世代遗传的罪恶感。弗洛伊德说："图腾观的两个禁忌是人类道德观念的起源，它们在心理上并不带相同之分量。其第一个律则，保护图腾动物不受伤害，完全建筑在情感动机上。因为事实上，父亲的存在早已被消除。可是，第二个律则——乱伦禁制，则同时具有较实际之基础。"② 为了保障个体的生命不再受到危害，杀死父亲的兄弟们联合声明不再用对付其父亲的方式来对付他人。图腾因而逐渐带有社会色彩的兄弟们互相残杀的禁制。

2. 心灵、自我和社会

与弗洛伊德认为个体的意义是其生物本能冲动在社会环境制约下的扭曲实现不同，米德受库利"镜中我"③ 理论影响，认为个体的意义形成在于主体与社会环境间基于语言符号的互动。弗洛伊德认为作为人类文明形式存在的宗教和道德是对人性本能的压抑和扭曲，源于"俄狄普斯情结"导致的人们对于自身"原罪"的忏悔。米德则认为心灵、自我、社会是一个相互作用、共同提高的结构整体。二者的不同，主要表现在其对核心概念"自我"的不同理解与阐释。弗洛伊德的"自我"是矛盾的"自我"，自我的中介作用具有冲突性。自我不能产生能量，需要接受本我的能量给予，同时受制于意识和无意识的冲突，必须遵循现实原则。自我是有意识的，但在现实生活中，其防御机制却在无意识

---

① [德]弗洛伊德：《图腾与禁忌》，杨庸一译，中国民间文艺出版社1986年版，第181页。
② 同上书，第178页。
③ 由美国社会学家查尔斯·霍顿·库利在他的1902年出版的《人类本性与社会秩序》一书中提出。他认为，人的行为很大程度上取决于对自我的认识，而这种认识主要是通过与他人的社会互动形成的，他人对自己的评价、态度等是反映自我的一面"镜子"，个人通过这面"镜子"认识和把握自己。百度百科。

状态下发生。"自我",一方面社会是人受到压抑的主要因素,另一方面超我使社会在个体内部进行内化。从非理性的本我向道德化的超我转化的过程就是自然人向社会人的转化过程。米德将"自我"分为"主我""客我"。"主我"是有机体对其他人的态度作出的反应,"客我"则是个人采取的有组织的其他人的态度,按照他人的态度左右自己,自我的起源和发展无法脱离社会环境。自我具有独创性,通过"主我"的实践活动塑造自我实现实践环境。在弗洛伊德看来,人的本质更多层面上是生物性的而非社会性的,人格的发展过程隐藏着个体大量的本能活动和被压抑的欲望。弗洛伊德把人与社会对立起来,人竭力摆脱本能的压抑以求得自身欲望的满足。社会对"本我"的压制使得个体能够摆脱本能的困扰,按照"超我"的标准来生活,达到社会对个人控制的积极作用。米德的"客我"即"泛化他人的态度",作为潜在的社会的存在,要求个体采取他人或群体的立场,从而将个体或整个群体的社会活动过程纳入个体经验中。弗洛伊德的"自我"受社会道德制约,在"超我"的道德感和"本我"的利益之间寻找平衡。米德认为自我具有"反身性",人不仅能够意识到自我,还能检验自己的行动,从而发展自己的智慧,选择在不同的场合表现合适的我,做出合乎社会道德规范的行为。

米德认为心灵与自我都从行动中产生,而行动是存在于人与人之间,人与群体、组织之间的具有社会性的活动,心灵与自我完全是社会的产物。心灵是人类的反思智能,以语言符号为中介建构心灵的意义内容。米德认为人类只有具备心灵,才有可能在交际互动中通过想象评价客体,即能在个体自身引起在其他个体身上所引起的反应。自我是其自身的对象,本质上也是一种社会结构。"主我"是有机体对他人态度的反应,"客我"是有机体采取的一组有组织的他人态度,"主我"对因采取他人态度而做出自我反应。社会不是一种客观实体,而是社会成员互相作用的网络,个体通过使用符号赋予自己和他人行为以意义。社会是一种构成的现象,产生于个体间的互动,正因为如此,社会才能够在心灵和自我的活动过程中被改造和重组。由于个体是难以预测的，所以他借用主我和客我在社会活动中的融合来说明行动的不确定性，社会是关于共同活动的构成模式，借助符号互动维持和改变其状态。

在米德看来，心灵的本质是内在的，是某种隐藏性的意识活动，心灵不能脱离社会文化及人际关系独立存在。心灵由生理性的冲动和反应性的理智互动构成，前者是心灵的主体，后者是心灵的客体。人的心灵的独特之处在于：①以符号表示环境中的客体；②预演对客体可选择的行动路线；③抑制不合适的路线，选择可公开采纳的行动途径。① 心灵通过交流出现于人类有机体生活，当个体能运用某些显著的"符号"时，心灵才会出现在人类行为的某些特定点上。因此，在心灵的产生过程中，语言起了重要作用。只有在个体能向他人或自己指出各种意义，开始意识到他与社会的关系，意识到与他一起参与社会过程的个体的关系，以及社会互动过程中个体反应和作用发生改变时，心灵才会出现。社会制度是共同体成员对某一特定情境的反应，代表了个体之间有组织或定型化的互动，是群体活动或社会活动的组织形式。米德认为社会是关于共同活动的构成模式，借助符号互动维持和改变其状态。在心灵、自我与社会的关系上，"倘若没有心灵与自我，我们所了解的人类社会便不可能存在，因为它的所有典型特征都是以它的个体成员拥有心灵和自我为前提；但是，倘若心灵与自我没有在人类社会过程的较低发展阶段产生或突现出来的话，人类社会的个体成员便不会拥有心灵与自我"。②

米德认为意义属于社会过程，是特定社会行动之间的关系。意义与包含着作为其产生与发展背景的社会动作各个方面间关系密切，一个有机体的姿态与另一有机体的顺应反应之间的关系，以及与特定动作的完成之间的关系，这种关系使得第二个有机体对第一个有机体的姿态做出反应并表明或指示特定动作的完成。虽然手势的意义最初与具体个人的

---

① 王志琳：《心灵·自我·社会——米德的社会行为主义述评》，《赣南师范学院学报》2003年第5期。
② [美]乔治·H. 米德：《心灵、自我与社会》，赵月瑟译，上海译文出版社1992年版，第202页。

某一具体反应相关,就基本性质而言还是社会的,具有普遍性倾向。承载意义的符号为人类带来了自我意识,由于语言,人类才具备掌握思想的智能。语言符号的发展和使用,包括相互交流和思维运动,人才能够脱离单纯的动物世界,开始组建社会。

3. 心、相、言、意

心、相、言、意是中国传统学术基于意义建构与表达的四个概念范畴,这些概念范畴既标志着人类意义的不同存在形态,同时也意味着人类意义信息传播的四个过程性阶段。每一概念都不同程度地体现其相关意义的形态特征,以及其在意义传播行为中的过程性特点。世界上任何事物都有"体"与"相"。运动变化的是事物本"体",人们运用心智辨别事物,形成关于万事万物认识结果,也就是所谓的"相"(通"象")。个体认知能否客观正确地反映世事取决于个体心智的知识系统和道德价值观念体系建构的科学、公正。所以人要想正确地认知世界,首先要做到"正心"。"心"与"相"属于人的内向传播范畴,是形成个体意义,进行人际传播的前提和基础。与传播相关的另一对范畴是"言"和"意"。"言",指言辞、名词、概念、论说、著述等,也就是信息传播的语言载体;"意",指思想、义理、宗旨等,也就是传播者所要转达的个体意义或意志。

"心"在中国传统学术中是个极为重要,同时又是一个相当宽泛的概念范畴。复旦大学学者王祎通过研究《礼记·乐记》归纳出中国传统学术对于"心"在人们行为意义建构中的重要性和具体内涵。认为《乐记》之"心"有四种含义:①内在心智,而非仅仅是官质的心。如"血气心知之性"。②常情,如"哀、乐、喜、怒、敬、爱六心"。③心术,品性。如"悖逆诈伪之心"、"易、直、子、谅之心"。④百姓的思想感情、意愿所向。如"民心"。在这四种含义中,以"心术、品性"之义,讨论得最多。[①] 相对于西方近现代解剖学专司血液循环的器质性"心脏"而言,中国传统学术的"心"往往包含了相对宽泛的内容。西

---

① 王祎:《〈礼记·乐记〉之"心"范畴》,《云梦学刊》2010年第6期。

方解剖学认为人体主"思维"的器官在于大脑，但同时更多的医学实践案例也主张"心"主"意志、情绪"，并且这些具体的功能可以通过器官移植，通过记忆改变受者个体的意志、情绪，乃至行为习惯。更换心脏器官的病人，性格、脾气，甚至具体技艺也会受到心脏原来所有者的影响。① 在人类意义建构过程中，"心"的主要作用在于其建构了个体识别外界刺激，形构心象的认知背景，背景内容包括人的"内在心智、情绪与品性"，其作用相当于现代心理学的个体认知模式和情绪特征，对个体态度形成，以及倾向性行为诱发意义重大。所以，中国传统学术历来强调"正心"。《礼记·大学》认为"古之欲明明德于天下者；先治其国；欲治其国者，先齐其家；欲齐其家者，先修其身；欲修其身者，先正其心"。《礼记》认为个体的"心"与外部世界存在影响互动关系。外界事物的变化可以对"心"产生积极或消极影响。人面桃花，睹物思人，此情可解；一叶知秋，萧杀、寂寥之情顿生也情有可原。同样，不同的心智体系对外界事物的认知也会千差万别，所谓"仁者见仁，智者见智"，"一千个观众就会有一千个哈姆雷特"也是这个意思。

"相"通"象"，即外界物象在个体心智的投影映射，也就是现代心理学所谓"心象、意象"。《周易略例·明象》中说："夫象者，出意者也；言者，名象者也。尽意莫若象，尽象莫若言。"象是表达思想的工具，语言是明象的工具，达意要通过象，明象要通过言。又说："言生于象，故可寻言以观象；象生于意，故可寻象以观意。"所谓"言"，指的是语言媒介；所谓"象"，一是指一般物象，引申为现象，二是指卦象，即某种抽象符号。② 在这里，《周易》的表述与张璟慧的理解均有偏颇之处。首先是"意"和"象"的先后，或者"源流"关系。

---

① 科学家统计记录显示，至少有70个器官移植者在手术后的性格变得与器官捐献者的相似。美国亚利桑那州大学著名心理学教授盖里·希瓦兹在历经20多年调查研究后认为：人体的所有主要器官都拥有某种"细胞记忆"隐功能。据英国《每日邮报》报道，澳大利亚一名接受心脏移植手术的男子术后食性大变，变得爱吃汉堡和薯条。据说这颗心脏的原主人是一名18岁的少年，原来也爱吃汉堡和薯条。此事引发专家的争议，有人认为心脏移植造成记忆转移，可以证明大脑不是唯一有记忆功能的器官。百度百科。

② 张璟慧：《借中国古典美学试析〈黑暗之心〉中言、意、象的关系》，《外国语文》2009年第2期。

《周易》认为"象出于意",这是值得商榷的地方。人的意义存在,既有作为个体心智整体存的在意义系统,在这个意义上,在具体感官刺激下形成具体"物象"的心象。这个心象是具体感官刺激在个体心智整体作用的产物,如此说"象出于意"是可以成立的。但是在个体信息传播过程的具体"象"的意义并不完全是其所依托的个体意义系统的产物,而是个体心智与具体"物象"载体所表现的具体内容的交流,这里存在"整体与部分""一般和特殊"的差别。具体的"象"承载具体的个体认知意义内容,不能和个体整体意义系统混为一谈。如此,从个体信息传播的角度,每个具体的"象"都有其具体的"意义",不是"象出于意",而是"具体的象"承载"具体的意"。至少传播过程中,作为语言符号表述的"意"是出于具体的"象",由具体的象表达。这里涉及意义存在的第二个形态,即由"象"承载的关于具体事物刺激的意义,在通过语言符号表述之后,成为脱离个体意义系统的独立存在。此时,个体不得对语言表述的"象"的具体意义进行主观随意的改变,所谓"话没出口,你是话的主人,话一出口,你就成了话的奴隶"。所谓"言者,名象者也",即语言是个体通过"象征、隐喻"手法对主体认知成果的"相似性"表述,任何喻体与本体相比都是有缺陷的。所以,由个体语言所表述的"象"的意义与"象"本身的"意义内涵"无疑是会存在相当差距的。"言""义"之间的割裂与脱节是影响传播效果形成的根本性原因。《墨子·经下》说:"以言为尽悖,悖。"批评了怀疑或否定"言"能正确表达"意"的观点,墨子有说:"执所言而意得见,心之辩也。"肯定人们通过"言"可以了解把握一定的"意"。

"意"是个体表达的中心,"言"与"象"是表"意",即表达"意义"的手段。如果拘泥于作为传达工具的言、象,结果反而得不到其传达的意。"得意忘言",强调只有忘言才能得其象,只有忘象才能得其意,并非不通过言、象来明意,而是当意已尽明,则可以把言、象忘掉。《庄子·天道》说:"语之所贵者意也,意有所随。意之所随者,不可以言传也。"认为意所从出的道不可言,道无形无名,"世人以形色名声为足以得彼之情,夫形色名声果不足以得彼之情,则知者不言,言者不知"。《庄子·外物》中还记载"言者所以在意,得意而忘言"的观点。这种观点不否定"言"表达"意"的作用,而是强调"言"以"得意"为本。

第四节 意义的表述与解读

一 主体·语言·意义

尽管从"神"的主体性到人的主体性转换经历了漫长的历史过程,在这一过程中,语言符号的产生具有决定性意义。作为人类主体性创造的产物,语言符号是人类赋予客观世界主观印记的开始,并且在自我表述世界认知的过程中,逐渐发现、建构了自我,从而最终确立了自身的主体价值。在以"爱智"著称的西方先哲那里,赫拉克利特认为逻各斯是文明人的理智和普遍性的世界规律。他同时认为逻各斯是通过语言来显示存在的,于是开始了语言意义与世界关系的讨论。他认为"万物原道之逻各斯有两层喻意:语言的逻各斯和人认识理性的逻各斯。语言逻各斯能够使人对世界之理性进行语言表达,认识理性的逻各斯能够使人在世界认知探索中以理性的方式推理求真,人可以借语言逻辑来渐进地认识理性逻各斯"。[1] 中世纪神学家奥古斯丁(Saint Aurelius Augustinus,354—430)将《约翰福音》开篇辞解释为"太初有言",明确指出语言,作为世界之始创生人类认知的重要意义。奥古斯丁认为意义是内在语言,外在语言依赖内在语言存在。神学家托马斯·阿奎那(St. Thomas Aquinas,1225—1274)认为"内在语言就是上帝的语言,上帝通过内在语言直接与人对话"。[2]

根据马克思"异化"理论,语言既是人类的创造物,为人们的意义交流服务;作为人类符号化交际的主要承载物,语言在塑造人类思维,意义体系的同时,也建构着语言对于人类的限制和奴化。"赫拉克

---

[1] 张维鼎:《意义与认知范畴》,四川大学出版社2007年版,第3页。
[2] 同上书,第8页。

利特在语言中看到了变化不息的世界中最不变的东西,即存在于一切人中的共同智慧的一种表现,而且在他看来,人类语言的结构,反映了世界的结构。"[1] "沃尔夫说,我们的语言世界决定了我们的世界图像;维特根斯坦说,我的语言的界限意味着我的世界的界限。利用语言认识世界的人又成了语言之奴,从我们开始语言习得的时候起,我们的语言就将我们置于社会约定俗成的陈规陋习之中而难以自拔"。[2] 海德格尔认为"语言是存在之家",世界只有进入语言才成为世界,语言也只有在表现了世界的具体事实才是真正存在。海德格尔在论文《语言》中强调人是能言说的生命存在,唯有言说使人成为作为人的生命存在。[3] 人以语言的方式拥有世界,人类世界也以语言方式呈现于人类面前,说到底人的存在是一种语言的存在。作为沟通人与世界的中介,语言把世界变成人的世界。人类语言凝结着人类认识的全部成果,是人类文化的全部结晶。人所创造的语言并不仅仅是一种工具,同时也是人自身的存在方式。语言沟通了历史与现实,人在历史中接受,也在历史中更新理解方式的同时,实现历史对个人的占有与个体主体意识活动的统一。"工具、语言、集体表象,既是人的意义能力行程中的表现,也为意义能力的发展奠定了基础。意义能力就是在这样一些背景条件下通过历史过程发展起来,超越了单纯的表象意识的局限,积累出种种不同的人类文化。"[4]

语言是思维的表象,思维依赖语言表现于人们的各项活动。思维沿着语言符号的阶梯,从具体的感性印象升到抽象的理性概念,语言符号引导思维行进,并使思维内容确定下来。思维的发展、思维方式的变化与进步,某种程度上取决于符号系统的效能。语言是人们对于客观事物经验的认知编码,不同的民族编码方式,提供不同的语言范畴,进

---

[1] [英] 奥格登·理查兹:《意义的意义》,白立人、国庆祝译,北京师范大学出版社 2000 年版,第 32 页。
[2] 张维鼎:《意义与认知范畴》,四川大学出版社 2007 年版,第 145 页。
[3] [德] 海德格尔:《诗·语言·思》,转引自章启群《诠释学与人文社会科学 意义的本体论》,上海译文出版社 2002 年版,第 52 页。
[4] 秦光涛:《意义世界》,吉林教育出版社 1998 年版,第 82 页。

而影响着使用该语言人们的思维方式。萨丕尔—沃尔夫（Sapir-Whorf Hyopthesis）①假设认为持不同语言的人对世界的认识也不同，语言结构不同，会直接影响着人们对世界的看法。每一语言都包含着一种独特的世界观，语言的类型决定人的思维类型，甚至决定人的世界观。马克斯·韦伯认为中国文字拘泥于形象，没有理性化是类似地中海沿岸商业民族创造的字母文字。所以，中文的文学作品同时作用于人的眼睛和耳朵，而且目睹比耳闻更为重要。单音节的话语不仅需要听音，而且需要听调，语言简洁明快，章法严谨，具备很强的理性素质；却无法为作诗服务，也不能为系统思维效劳。尽管语言有逻辑性，但是，思维仍停留在形象状态，中国人尚未领悟逻辑、定义、推理的威力。②语言与人类思维相伴随而产生，受特定种族历史文化的影响，使用不同语言的族群表现出迥异的思维特征。洪堡特认为，"民族的语言即民族的精神，民族的精神即民族的语言"。③每一个民族的语言都会对该民族思维方式有着重要的影响，因为不同的语言，表达、记录、揭示了不同的思维范畴、概念系统、内容和意义。不同文化的背景下，必然产生不同的思维方式，表现在语言上则为：西方语言内涵及外延比较清晰、直率；东方语言则相对含蓄、委婉。

符号学家巴赫金（Ъахтинг，МихаилМихаЙлович，1895—1975）认为符号的意义属于意识形态，反映社会文化信念的意识形态通过各种符号文本显示其存在。语言是人们表达意义的主要物质载体，意识形态同语言相交织，并通过语言展示和表达自己。语言，作为个体理解的出发点，是统治者实施意识形态的必要工具，也是意识形态得以存在和发展的前提。语言不只指称、描述事物，同时也包含多重意义维度，为意

---

① 美国人萨丕尔及其弟子沃尔夫提出的有关语言与思维关系的假设，所有高层次的思维都依赖于语言。由于语言在很多方面都有不同，沃尔夫还认为，使用不同语言的人对世界的感受和体验也不同，也就是说与他们的语言背景有关，这就是语言相对论。由萨丕尔—沃尔夫假设的这种强假设可以得出这样的结论：根本没有真正的翻译，学习者也不可能学会另一种文化区的语言，除非他抛弃了他自己的思维模式，并习得说目的语的本族语者的思维模式。

② [德] 马克斯·韦伯：《儒教与道教》，王容芬译，商务印书馆1995年版，第176—177页。

③ [德] 威廉·冯·洪堡：《论人类语言结构的差异及其对人类精神发展的影响》，姚小平译，商务印书馆1999年版，第52页。

识形态的语言承载与建构提供可能。语言在承载意义，意义勾连意识形态。意识形态之争，体现为意义之争。意识形态之争，即不同社会利益集团间的意义斗争。"一个有利的语言和意义的理论必须明确考虑语言、意义和权力之间的关系，语言既是知识和传播的工具，它也是权力的工具。"① 福柯认为"话语即权力"，他认为话语不仅仅是转化成语言的斗争或统治系统，而且是斗争的手段和目的。话语是权力，人通过话语赋予自己权力。福柯认为，在现代社会中，权力和知识之间是相互渗透、相互建构的。其话语分析工作的焦点在于对现代社会权力及其话语之间关系的探讨，并试图对现代社会中权力运作和话语形成机制给予恰当的理解。

语言意义对于人的行为影响，主要表现在个体人的社会行为，尤其是特定团体的社会政治行为。演讲确立的意义可以调动人们的行动，从而导致政治运动。马丁·路德·金（Martin Luther King, Jr., 1929—1968）的《我有一个梦想》唤醒了人们对于"民权、自由"的想望。强调维护现存社会秩序的话语所确立的意义，也可以导致人们的不作为。"知识税""文字狱"、文化专制话语导致的是万马齐喑，甚或是千千万万单向度的残障群体的产生。语言意义导致社会行为，也可与社会实践因素结合，物化为具体的社会结构和社会制度。作为上层建筑与经济基础的中介，经济基础和上层建筑影响语言的生成过程，语言反映并折射经济基础和上层建筑的内容特征。巴赫金认为，符号"不只是作为现实的一部分存在着的，而且还反映和折射着另外一个现实"。② 镰刀就其本身并不是意识形态事物，但是一旦进入个体的意义过程，镰刀就变成了意识形态事物或意识形态生成物。镰刀进入苏联国旗，就不再是简单的生产工具，而是象征共产主义的意识形态符号。

---

① Dwnnis K. Mumby, Communhration and Power in Organization: Discourse, Meology, and Domination, Norwtg M, New Jersey: Ablex Publishing Corporation, 1988, p. 102.
② 金城：《巴赫金的语言、意义和意识形态观》，《学术交流》2008 年第 12 期。

二 语言建构

《鬼谷子》开篇说道:"奥若稽古圣人之在天地间也,为众生之先,观阴阳之开阖以名命物。"① 即古代圣贤的历史使命在于考察客观世界和人类社会的存在状态,然后使用具体的语言符号加以表述、说明。鬼谷子又说:"言有象,事有比;其有象比,以观其次。象者,象其事。比者,比其辞也。"② 从人类认知层面揭示了从客观事实到个体语言表述形成的心理过程。所谓"象者,象其事",即个体认知源于客观物质世界在人们心灵中形成的主观心象;"言有象,事有比"是说人类语言表达的对象是主观心象,而语言的形构则来自"比"。"比者,比其辞也"意即个体依据"隐喻、象征"的符号化想象,实现了从心象到语言的创造。人类语言承载了主体主观认知的心理意义内容,意义与语言符号的关系却是长久以来存在争议的问题。柏拉图在《克拉底鲁斯》对话中记述了苏格拉底、赫摩根尼、克拉底鲁斯关于语言形式与意义关系的争辩。克拉底鲁斯认为词语形式源自自然,赫摩根尼认为词语的形式内容由人们主观约定,苏格拉底支持克拉底鲁斯的观点,三人都认为意义源自主体对客观世界的认知反映。

理据性语言编码和任意性语言编码是现代语言学认定的人类创建符号系统的主要方式。理据性编码指人们依据事物与语言符号间的自然关系进行编码,个体通过对自然的观察、提炼,根据表现对象的直观特点进行语言描述,具备直观、形象性特点,便于把握和人际间的语言交际。古希腊的者学家认为词语形式与意义间本能地存在一种自然的、本质的理据关系。任意性语言编码在形与意之间,以及语符与事物之间建立的一种社会契约性的、人为捆绑式的关系。其所产生的语符存活概率依赖社会化习成的理解接收过程,语符形式对现实的反映是间接和任意的。"任意性编码是从理据性编码知觉基础上派生发展起来的更为抽象

---

① 鬼谷子:《鬼谷子·捭阖》。
② 鬼谷子:《鬼谷子·反应》。

和创造性的语言编码能力。"① 任意性编码形成的语符必须经过"约定俗成"的社会化理据过程，获取文化理据，才可能成为社会交际意义上的通用语符功能。没有社会化"俗成"的任意性编码不具备社会性，无法进入社会语符编码体系，无法实现交际功能。"约定俗成"是任意性和理论性编码方式对立统一逐步形成常规关系的过程。在语符形意共时性任意性中，总潜隐着与文化相应的历时性理性理据性。索绪尔认为人类语言创造是任意性的，但同时又强调了"约定俗成"的必要性过程。个体"任意性"语符创造的社会化约定俗成是一个长期的过程，即不同个体语符编码意义差异统一的过程。这种编码之"名"与社会之"实"的辩证统一过程和方法，在中国传统学术中称为"名辩学"，也就是中国古老的逻辑学。墨子认为"古者民始生，未有刑政之时，盖其语，人异议。是以一人则一意，二人则二意，十人则十意。其人兹重，其所谓意者亦兹众。是以人是其意，以非人之意，故相交非也"。②管子提出"名实相怨久矣。是故绝而无交，慧者知其不可两守，乃取一焉"。③

人对世界的认知分为前语言的经验感知和语言概念认知两个阶段。语言是对认知概念范畴及其组合进行言词形式标示的编码系统，各类认知范畴的符合与组合形成层级性认知范畴网络系统。皮尔斯认为人类符号的形成过程有一个从具体临摹到抽象指称的过程，在这个过程中形成了图形记号、索引记号和象征记号三种相互联系的符号形式。图形记号由符号自身特征与指称对象间的相似性指谓对象，象形文字和拟声词的制造大概属于此类。索引符号依据符号特征与指称对象间的内在关联进行主观建构，城市交通指示图应该算是典型的索引符号。象征符号依据人们的约定俗成，表达的是符号与指称对象间的社会历史文化关系。符号创造走过了从形似到内在指示，再到外在象征的过程，伴随的是文化现实被语言从临摹性形象编码到索引性编码，再到主观象征创造的升华

---

① 张维鼎：《意义与认知范畴化》，四川大学出版社2007年版，第236页。
② 墨子：《墨子·大取》。
③ 管仲：《管子·宙合》。

与提高。三种类型符号的创制展示了从心象、意象到语言概念范畴的层阶提升,想象和象征隐喻是实现这种思维升华的方式方法。约翰逊认为"意向图式是隐喻中的原始的非语言的认知结构,它能将身体经验与更高级的诸如语言这样的抽象概念域联系起来"。[①] 亚里士多德认为隐喻就是通过想象将属于某一事物的名称用来指称另一事物,即名称与指称间的交错假借,这种假借引起名称内涵概念的相互转用。隐喻是意象性和意境性的认知符号组构,也是经验性隐喻理解的实质。隐喻假借受语境制约,隐喻意义随语境变化而变化,本质为语境制造的修辞功效的语用多义或歧义,语境变化常会引起语义的变迁。

经由隐喻、象征形成概念范畴的心理过程,建构的是喻体和本体间的联系或者关系,在抽象升华的基础上形成概念表述的语符概念体系。语符的能指和所指之间的联系其实就是一种文化制约的心理联想,二者间关系的任意性受文化认知模式的深层理据制约。个体主观经验在文化习俗的影响下,直接影响个体对客观事物的主观反应和概念认知。文化情感和价值观是文化认知模式的核心要素,制约着符号联想的选择与走向。"龙"在中国文化中象征者神圣、道德,雨泽万物;在西方文化中则意味着凶狠和丑陋。"宁可居无肉,不可食无竹"则是传统文化气节高尚的隐喻。文化隐喻是社团长期积累的文化意识和习惯性认知模式,作为重要的思维方式,以文化记忆的方式控制着族群的符号联想方式。英语被喻为竞争文化,"争议"习惯性地被联想隐喻为战争,[②] 英美人潜意识中视口舌之争为干戈之争。中国文化崇尚天人合一,道法自然,追求和谐,家国同构。千秋历史,观花开花落慨叹韶华易逝成为国人感物伤人的隐喻思维的主线。沙夫认为意义是一种关系。这种关系可以表现在指号与指号之间,指号与对象之间,指号与对象性思维之间,指号与人的行动之间,以及相互交际的人们之间的关系。[③] 英国当代语义学者杰弗里·里奇把语言的意义分为概念意义和联想意义两大部分。概念

---

① 张维鼎:《意义与认知范畴化》,四川大学出版社2007年版,第142页。
② 同上书,第230页。
③ 沙夫:《语义学引论》,商务印书馆1979年版,第227页。

意义是关于逻辑、认知或外延内容的意义。联想意义则包含内涵、风格、情感、反映、搭配和主题诸多方面。内涵意义指通过语言传递的所指对象意义；风格意义指语言运用的社会、时代风格内容；情感意义指讲话人或作者的情感和态度；反映意义指词语的联想意义；搭配意义指词语衔接联想内容；主题意义则指信息组织方式传递的意义内容。意义建构指通过比较、分类、联系等内化方法，以及支持、反对、参与、聆听等外化方法实现对信息的接受和使用。[①] 信息传递过程就是使用者主动建构信息意义与判断信息价值的过程。信息不能独立于语言、情景与使用者经验独立存在。

德国哲学家恩斯特·卡西尔（Ernst Cassirer，1874—1945）致力于人的文化本性的哲学思考，把人定义为"符号的动物"。在卡西尔看来，人类与动物虽然生活在同一个物理世界中，却拥有不同的生存世界。动物只能对物理世界发出的种种信号作出条件反射，它的生存世界只能是由这些信号表征的物理事实中的自然规定性来决定的，因此它们的生存只能是被动地服从自然规定性的生存。人类却可以从物理世界发出的信号中获取意义，并通过创造符号的方式表现意义，这使得人类可以运用符号而不是听命于信号来建构自己生存的世界，因此他们的生存是一种摆脱自然束缚的、自觉的、创造性的生存。符号不同于信号，它指向的不仅是特定的、具体的现实存在，而且是一种更为广阔的可能性的存在；因此在由符号建构的人类世界中，充满了对现实性的超越和对可能性的探求。其次，符号不同于信号之处还在于它指向的是事物背后的意义，而意义总是与评价相伴随的，人类正是在对意义的把握中诞生了对理想的追求；因此，人类在运用符号进行文化创造以建构自己生存的世界时，总是或隐或显地将其引向自己希望的发展方向，使其具有某种展现理想的品格。在卡西尔看来，信号总是与"某种物理的或实体性的存在"直接联系，它只是标示出这种存在而已。符号却是与这种"物理的或实体性的存在"分离开来的，它作为这种存在的指称者，在

---

① 意义建构理论，wiki.mbalib.com/wiki，2016年8月6日。

标示这种存在的同时,更能赋予这种存在以某种意义。正是符号的这种超越性,使语言在反映客观世界时"不是单纯的复制",而是可以超越客观世界——"物理的或实体性的存在"去"创造和构造"一个人类生存的意义世界。卡西尔强调的语言符号的"功能性的价值",指的就是语言符号超越物理存在,建构意义世界的作用。世界上不同的语言尽管形式各不相同,却都是以其特有的途径将人引向这种意义世界的建构。①

乔姆斯基在80年代提出普遍语法理论,从主体间性理论揭示了人类语言的公共维度。乔氏指出,语言作为一个模块,由人的遗传基因决定。人类语言在本质上是一样的,各种自然语言都是在普遍语法的原则和程式的基础上派生出的产物。所以,普遍语法是人类共享的语言知识体系。从语言哲学意义上讲,普遍语法理论强调的是人类逻辑思维的共性,这是人们虽然作为个体却能够互相沟通的基础。根据主体间性理论,交际活动包括两个相对独立的言语者和言语受者主体,两者的关系是平等的。根据具体交际语境,两方都有可能对对方产生影响。只有这样才能实现真正意义上的主体间性和"客观"。否则,交际一方的"主观"视角只能导致唯心、片面的"主观性"。言语者主要是从自己的交际目的出发,根据自己对交际中诸因素的认识和判断,从自己掌握的语言资源里进行选择,以便形成衔接性完整、连贯性恰当的交际言语,帮助言语受者理解并接受自己的表征信息。言语受者则是在相似的交际环节中,根据对方的言语产出,作出自己的选择和判断,以便能够理解对方的意图并作出反应。在这个过程中,交际双方的角色无论是实际角色还是虚拟角色,都在不断转换。因此,言语交际永远是从主体到主体间的、动态的协商互动活动。②

J. R. 安德森认为语言的发生分为组织、转换和运用三个阶段。组织阶段个体根据自己的意愿目的确立交流的意思,转换阶段使用句法规则将意思转换成语言信息,运用阶段指以物理形式实现信息。在个体自

---

① 张杰:《语言建构了世界》,《贵州社会科学》2010年第9期。
② 成晓光:《语言哲学视域中主体性和主体间性的建构》,《外语学刊》2009年第1期。

主组织语言的过程中,有七个方面的意义来源,或者说是形构语言的七种要素。[①] ①主体需要。主体的需要产生动机,形构具体语言交际行为的交际意图,不同的交际意图构成话语意义的基础和核心。交际意图涉及意向及其内容,意向指需要的种类,内容则指具体的需求对象。②交际主体状态。主体状况参与话语意义建构,形成对话与意义的投射,成为话语意义的一部分,主体的自在状况和对主体状况的认知成为话语意义的构成要素。③交际背景。语言交际行为发生的社会政治、经济、文化因素形成对话语意义的渗透,成为话语意义的有机构成部分。④交际情境。语言交际发生于特定的交际情境,情景要素映现于话语意义,包括物理时空环境因素,以及其所具有的抽象意义。⑤语言结构。语言结构在语言交际中显现,有机构成话语意义。语言结构意义包括单位意义和组合意义,共同制约话语交际行为。⑥副语言。指伴随语言出现的动作、表情及特殊的音响形式。具体交际行为中,源于副语言的意义重大。话语意义也即不同意义来源的组合,在具体的语言交际中,不同来源的意义都是被话语形式激活、提示出来的。不同来源的话语意义在意义整体中形成互补和选择关系,互补和选择决定了意义的分派,分派的具体方法取决于交际主体的认知策略。

三 表述与解读

"释义学"源出古希腊文,拉丁拼法为 Hermeneuein,词根为 Hermes(即赫尔墨斯)。赫尔墨斯是古希腊神话中负责向人间传递信息的信使,赫尔墨斯将人所不能理解的神意转译为人所能够理解的语言,并进行注释和阐发。希腊人因信奉他而创制了语言和文字,人们借此拥有了相互交流的工具。语言文字的建构、传播与理解构成人类信息交流,达成共识,协调社会行为的主要过程。理解通过主体与主体间意义交流,实现对客体意义的获取。先由潜在的主体因素与客体发生关系,赋予客体某种意义,主体从客体中理解到这种意义。在主体对客体的理解

---

① 吕明臣:《话语意义的性质和来源》,《汉语学习》2005 年第 5 期。

中，包含有主体对主体的理解，主体间意义的交流与对话；话语意义的建构与传播成为主体间沟通，进而进行意义建构的关键环节。话语意义包括核心意义和衍生意义，前者指交际意图，后者出现于语言交际主体表现和理解交际意图的过程，话语意义建构于主体语言交际行为中的主体认知加工过程。话语心理学家认为在话语意义的动态建构过程中，具体语境对于语言的建构、传输、理解意义重大。因为话语的意义只有结合具体的语境才可能得到正确的解释；语境有助于推导出话语的真正含义，解释话语的言外之意，语境是话语功能与变异理解的关键。坊间流传一则关于话语意义复杂性的笑话，充分说明了同一词语语境"意义"变异的复杂性。某老外苦学汉语十年，到中国参加汉语考试，试题是：请解释下文中每个"意思"的意思。阿呆给领导送红包时，两人的对话颇有意思。

  领导："你这是什么意思？"

  阿呆："没什么意思，意思意思。"

  领导："你这就不够意思了。"

  阿呆："小意思，小意思。"

  领导："你这人真有意思。"

  阿呆："其实也没有别的意思。"

  领导："那我就不好意思了。"

  阿呆："是我不好意思。"

  领导：你这是什么意思？（就是问这是想干什么？）阿呆：没什么意思，意思意思。（就是阿呆不干什么，给领导送点红包。）领导：你这就不够意思了。（就是领导认为阿呆的红包太少。）阿呆：小意思，小意思。（第一个小意思是阿呆想明白了，说小 case；第二个小意思是阿呆拿出更大的红包送给领导。）领导：你这人真有意思。（就是领导夸奖小明懂事。）阿呆：其实也没有别的意思。（就是阿呆想让领导给他行点方便。）领导：那我就不好意思了。（就是领导收下红包的谦虚表达词。）阿呆：是我不好意思。（就是阿呆送了红包后的谦虚表达词。）法国语言学家马丁内认为理解语言必须记住两种相互矛盾的因素：交际需要和省力原则。实现交际的需要，即话语传递的主体交际意图。在上述笑话中，阿呆的本意（交际意图）就是请领导收礼、办事，满足自己的需求；省力原则，即说话人要将自己的心理、物理能量控制在足够实现目标的最小程度。笑话中的"阿呆"和"领导"都是用了较为简洁而内涵深刻的"意思"二字传达了微妙，不宜明言的隐晦内容，彰显了社会语言交流的复杂性。话语心理学认为语言所体现的人类本质是融合了生物性、社会现实性、历史文化性的多维复合体，语言植根于现实社会生活，并在人类社会实践活动中不断生成展开。

语言创制的本意在于便于人们沟通思想、建构共识、协调行动，但由于行为主体的价值立场和文化理念差异，语言优势会成为凸显利益冲突的符号化表达。不同立场的人们对于同一表述对象往往形成相异，甚至是截然相反的情绪性表达。在无产阶级革命者眼中，陈胜、吴广、李自成、张献忠、洪秀全等靠造反起家的草莽无疑是反暴政、反压迫的人民英雄，而在当时的统治者看来却是地地道道的乱臣贼子。据说曾国藩攻破南京后，将洪秀全的尸骨搓成粉末装入大炮轰击，以确保其魂飞湮灭。与此相类，资本主义世界基于利益纷争的尔虞我诈，同样影响到语言传情达意功用的发挥。批判学派学者哈贝马斯希冀在不改变资本主义社会制度的前提下，通过语言改良来拯救资本主义社会危机，表现出强烈的乌托邦色彩。哈贝马斯在《交往与社会进化》中提出交际参与者必须承担起语言"有效性要求的义务"，包括"言语者必须选择一个可领会的表达，以便说者和听者能够相互理解；言说者必须提供一个真实陈述（或陈述内容，该内容的存在性先决条件已经得到满足）的意向，以便听者能够分享说者的知识；言说者必须真诚地表达他的意向以便听者能相信说者的话语（能信任他）；最后，言说者必须选择一种本身是正确的话语，以便听者能够接受之，从而使言说者和听者能在以公认的规范为背景的话语中达到认同"，① 即语言的可领会性、真实性、正确性和真诚性。哈贝马斯所谓"有效语言表达"寄托了学者式的社会交往理想，和他的"社会交往理论""公共领域"理论，以及哲学上的"主体间"理论一起共同组成了完整封闭式的理想化传播理论体系。在具体的社会交往中，很多时候人们交往的目的并不是求取共识，更多的是为了实现主体本身的价值利益，并且很多时候是以损害交往对象利益为前提的。如此，哈贝马斯的理论从出发点上就背离了社会交往的客观实际。

> 张仪之楚，贫。舍人怒而归。张仪曰："子必以衣冠之敝，故欲归。子待我为子见楚王。"当是之时，南后、郑袖贵于楚。张子见楚王，楚王不说。张子曰："王无所用臣，奉朝请请北见晋君。"楚王曰："诺。"张子曰："王无求晋国乎？"王曰："黄金珠玑犀象出于楚，寡人无求于晋国。"张子曰："王徒不好色耳？"王曰："而也？"张子曰："彼郑、周之女，粉白墨黑，立于衢间，非知见之者，以为神。"楚王曰："楚，僻陋之国也，未尝见中国之女如此其美也。寡人之独何为不好色也？"乃资以珠玉。南后、郑袖闻之大恐。令人谓张子曰："妾闻将军之晋国，偶有金千斤，进之左右，以供刍秣。"郑袖亦以金五百斤。张子辞楚王曰："天下关闭不通，未知见日也，愿王赐之觞。"王曰："诺。"乃觞之。张子中饮，再拜而请曰："非有他人于此也，愿王召所便习而觞之。"王曰："诺。"乃召南后、郑袖而觞之。张子再拜而请曰："仪有死罪于大王。"王曰："何也？"曰："仪行天下遍矣，未尝见人如此其美也。而仪言得美人，是欺王也。"王曰："子释之。吾固以为天下莫若是两人也。"②

战国策士张仪靠三寸不烂之舌，游说诸侯，博取荣华富贵。其间多

---

① [德]哈贝马斯：《交往与社会进化》，张博树译，重庆出版社1989年版，第3页。
② （汉）刘向：《战国策·楚策》。

次欺蒙楚怀王,以致楚国在列国纷争中遭受损失,直至败亡。上文中,张仪利用楚怀王的虚荣、贪婪、好色等人格弱点,行欺骗、诈蒙之能事,博取财富。战国策士的行为也许在人格上是存在缺陷的,但其作为社会底层人物,利用语言技巧调动社会力量,制造纷争,从中渔利,也并非没有任何积极意义可言。另外,在人们的社会交往中,很多事情本身就不是那样的是非分明,使用适当的语言技巧,强化自身立场优势,促成问题的解决本来也是无可厚非的。

    孟尝君寄客于齐王,三年而不见用,故客反谓孟尝君曰:"君之寄臣也,三年而不见用,不知臣之罪也?君之过也?"孟尝君曰:"寡人闻之,缕因针而入,不因针而急,嫁女因媒而成,不因媒而亲。夫子之材必薄矣,尚何怨乎寡人哉?"客曰:"不然,臣闻周氏之瞿,韩氏之卢,天下疾狗也。见菟而指属,则无失菟矣;望见而放狗也,则累世不能得菟矣!狗非不能,属之者罪也。"孟尝君曰:"不然,昔华舟杞梁战而死,其妻悲之,向城而哭,隅为之崩,城为之坠,君子诚能刑于内,则物应于外矣。夫土壤且可为忠,况有食谷之君乎?"客曰:"不然,臣见鹪鹩巢于苇苕,着之发毛,建之女工不能为也,可谓完坚矣。大风至,则苕折卵破子死者,何也?其所托者使然也。且夫狐者人之所攻也,鼠者人之所熏也。臣未尝见稷狐见攻,社鼠见熏也,何则?所托者然也。"于是孟尝君复属之齐,齐王使为相。①

孟尝君推荐门客求官失败,二者就失败原因展开辩驳。孟尝君认为推荐失败是门客才德不具,又不努力所致。门客认为孟尝君在推荐方法和诚意,乃至孟尝君在齐王面前的影响力均不尽如人意才是导致自己失败的原因。尽管对话双方均巧舌如簧,但很难看出此次推荐失败的真正原因所在。在这里,语义和事实真相的关系被立场、利益、言辞等多重

---

① (汉)刘向:《说苑·善说》。

人为障碍遮蔽,人们无法看清事实的本来面目。纵横家认为使用语言进行利益博弈,语言不再是表述真相的媒介,而仅仅是达成利益的工具,而这种工具在传递相关事实信息的同时,必然负载着更多的人为的缘于利益立场的"意愿"因素。个体意愿源自主体的利益需求,当利益对立的双方利益无法实现平衡时,纵横家的话语调和有时可以实现多方利益的"双赢"。

东周欲为稻,西周不下水,东周患之。苏子谓东周君曰:"臣请使西周下水,可乎?"乃往见西周之君曰:"君之谋过矣!今不下水,所以富东周也。今其民皆种麦,无他种矣。君若欲害之,不若一为下水,以病其所种。下水,东周必复种稻;种稻而复夺之。若是,则东周之民可令一仰西周,而受命于君矣。"西周君曰:"善。"遂下水,苏子亦得两国之金也。①

东周和西周的利益争端发展到农田水利的互相刁难。没有西周的水,东周的农业将遭受重大损失,西周也很难获取丝毫的好处,矛盾僵持还可能引发更大的危机。苏秦分析了双方利益实现条件,发展了二者共同利益所在:相互依存方可共同发展。苏秦话语调解的结果是东周得到了种稻必需的水源,西周获得了对东周的控制权,苏秦得到了自己的物质利益,即原来博弈双方的酬金。某种意义上,苏秦无须背负任何的道德责任,他发挥自身智慧居中调停,化解矛盾,在维护双方根本利益的前提下实现了自己的价值。纵横家审时度势,简练揣摩,透视本质,利用利益调动各方社会力量进行博弈,实现优胜劣汰,其促进社会发展的积极意义也是无法随意主观抹灭的。由于语言交际各方利益交错的复杂性,语义呈现扑朔迷离的特征,古代先哲鬼谷子曾在著作中强调面对交际语言,倾听者应该通过多种方式考察交际对象语言传达的真实意义和实际情况。"变象比必有反辞以远听之。欲闻其声,

---

① (汉)刘向:《战国策·东周策》。

反默；欲张，反敛；欲高，反下；欲取，反与。欲开情者，象而比之，以牧其辞。同声相呼，实理同归。或因此，或因彼，或以事上，或以牧下。此听真伪，知同异，得其情诈也。"[①] 鬼谷子强调要想在语言交际中掌握对方的真实想法，就必须结合交际情境和对方客观情况掌握对方真实的交际意图。同时，通过适当的语言技巧调动对方，为自身交际意图的实现服务。

根据意义交流对象的差异，语境可以分为以静态文本理解为对象的语言语境和表现主体间动态言语交流的交际语境。语言语境又可分为体现语言系统内词语构成环境的言内语境和表示上下文意义关系的言外语境。言内语境属于微观语境，词为词素的言内语境，词组为词的言内语境，句子是词组的言内语境。句子是语言系统的最高层次，句子上下文语境属于言外语境。交际语境指动态言语交际双方所处的心理世界、社交世界、物理世界等物质因素，交际语境通过话语交流与语言语境相互联结。交际语境涉及交际双方所处的具体社会情境，以及双方的信念背景，直至交际活动进行所处的宏观社会文化环境。也有学者将其概括为语言语境（上下文语境）、情景语境（场景语境）和背景语境。语言语境指具体语句的前言后语，情景语境指言语交际的具体时空环境，背景语境指交际双方的社会文化背景和个人背景。话语意义表现为交际双方在具体言语交际过程中的个体话语意义"表达"，以及交际双方通过话语交流所达成的主体间意义"建构"。其中，主体间意义的建构属于言语交际行为的终极目的，而交际双方为达到主体间意义共建所进行的个体语言表述则属于寻求共识，实现交际目的的过程和手段。同时，交际双方从特定的交际意图出发选择特定的话语形式，在具体语言交际中促成共同意义的生成，选择过程中的认知加工本身也是一种创造性的建构活动。交际主体间的关系状况决定双方对话的选择与理解，这种关系体现为双方的社会关系、情感关系和话语关系。言语交际行为是主体的互动行为，共同意义的建构也是在这种互动中动态进行的。个体话语意义

---

① 鬼谷子：《鬼谷子·反应》。

是主体以交际意图为核心的认知建构，体现为主体交际过程中通过认知加工形成的主观话语符号建构，此过程需要调动话语主体知识储备的激活、连接和重组。主体间话语意义是由交际双方共同建构的，在言语交际主体间的认知互动中实现。

  高乃谓丞相斯曰："上崩，赐长子书，与丧会咸阳而立为嗣。书未行，今上崩，未有知者也。所赐长子书及符玺皆在胡亥所，定太子在君侯与高之口耳。事将何如？"斯曰："安得亡国之言！此非人臣所当议也！"高曰："君侯自料能孰与蒙恬？功高孰与蒙恬？谋远不失孰与蒙恬？无怨于天下孰与蒙恬？长子旧而信之孰与蒙恬？"斯曰："此五者皆不及蒙恬，而君责之何深也？"高曰："高固内官之厮役也，幸得以刀笔之文进入秦宫，管事二十余年，未尝见秦免罢丞相功臣有封及二世者也，卒皆以诛亡。皇帝二十余子，皆君之所知。长子刚毅而武勇，信人而奋士，继位必用蒙恬为丞相，君侯终不怀通侯之印归于乡里，明矣。高受诏教习胡亥，使学以法事数年矣，未尝见过失。慈仁笃厚，轻财重士，辩于心而讷于口，尽礼敬士，秦之诸子未有及此者，可以为嗣。君计而定之。"斯曰："君其反位！斯奉主之诏，听天之命，何虑之可定也？"高曰："安可危也，危可安也。安危不定，何以贵圣？"斯曰："斯，上蔡闾巷布衣也，上幸擢为丞相，封为通侯，子孙皆至尊位重禄者，故将以存亡安危属臣也。岂可负哉！夫忠臣不避死而庶几，孝子不勤劳而见危，人臣各守其职而已矣。君其勿复言，将斯得罪。高曰："盖闻圣人迁徙无常，就变而从时，见末而知本，观指而睹归。物固有之，安得常法哉！方今天下之权命悬于胡亥，高能得志焉。且夫从外制中谓之惑，从下制上谓之贼。故秋霜降者草花落，水摇动者万物作，此必然之效也。君何见之晚？"斯曰："吾闻晋易太子，三世不安；齐桓兄弟争位，身死为戮；纣杀亲戚，不听谏者，国为丘墟，遂危社稷：三者逆天，宗庙不血食。斯其犹人哉，安足为谋！"高曰："上下合同，可以长久；中外若一，事无表里。

君听臣之计,即长有封侯,世世称孤,必有乔松之寿,孔、墨之智。今释此而不从,祸及子孙,足以为寒心。善者因祸为福,君何处焉?"斯乃仰天而叹,垂泪太息曰:"嗟乎!独遭乱世,既以不能死,安托命哉!"于是斯乃听高。[①]

引文秦宦官赵高想借始皇帝驾崩之机,通过"废长(秦始皇长子扶苏)立幼(始皇第十八子胡亥)"实现自己篡权谋位的目的,游说丞相李斯与之同谋。二者言语交际过程形象地展现主体间意义的建构过程。赵高意欲谋朝篡位,李斯意在忠于始皇,二者交际意图并不相同。赵高通过创造性的话语建构一步步威逼李斯屈服,放弃忠君爱国想法与之同流合污。赵高通过当时政治形势的分析,指出扶苏继位对李斯的不利情景:扶苏继位,必用蒙恬为相,而李斯失去相位后必将身家不保。李斯以"政治正确"和阴谋危机相反驳,但终究抵不过"失位亡身"的危机,以及"保相位,永富贵"的诱惑,不得以与赵高合作。其间,赵高语言华丽、锋利、凛冽,李斯反驳义正词严。但最终还是二者共同的意义建构——"保富贵"在激烈语言交锋中达成,二人之间的此次言语交际最终改变了历史的走向。

相对于依附于具体文化话语情境存在的交际语境而言,静态文本,尤其是历史文本的意义解读显得更为复杂。汉语"意义"所指复杂,既包括语言文字字面含义,也包括语言符号表述事物所具有的意义,包括事物的影响、作用、价值等。现代汉语中,作为认知客体存在的文字符号相对于认知主体的意义一般包括四层意思。①作为意义承载者的表述内容(含语言、文字、作品、表演等);②作为意义表述者(说话人、作者、演员、表演等)的原意;③意义呈现内容(枯藤、桃花、长河、落日等)所显现的相关情境;④作为意义具有者(历史事件、理论等)具有的影响、作用和价值。对作为静态文本存在的历史文献的解读与意义获取涉及文本作者的原意,作者原意符号化表述形成的作

[①] (汉)司马迁:《史记·李斯列传》。

者意蕴，解读者具备的"前理解"①意义结构，以及三者共同作用下形成的关于解读者对于符号化历史作品的意义建构。传统解释学派认为意蕴就是作者赋予作品的原意，作品的意蕴是作品产生及其时代全部关系的产物，既与作者的创作意图相关，又不全是作者的原意。作者创作意图与其文字表述的意义也不尽相同，作者使用语言符号表情达意的水准使得其表述语言与创作意图之间或多或少的存在差距，"言不尽意""辞不达意"的情形就会出现。当代"新批判学派"认为"作者的意蕴只潜伏在作品文字和语言结构中。它既与作者的意图无关，也与产生的时代毫无联系"。②利奥·斯特劳斯③认为意义首先直接与作者使用的语言时的意义相关，是作者意识到的意义，同时也包括作者使用语言时没有意识到的意义。英国哲学家赫尔施记述了英国宗教改革时的一位匿名者撰写了一本名为《对付反对派的捷径》的小册子，文字表面在替英格兰教会中宗教改革的反对派辩护，要求对改革派施以残酷严厉的迫害。起初该小册子在反对宗教改革派中广为流传，后来发现作者竟是改革派的成员，其明褒暗贬笔调意在揭露教会对改革派的迫害。此后，这本宣传册又被解释为对教会中反对派迫害改革派的抗议和嘲讽。赫尔施撷取例证的本意在于证明作者的创作意图对于确定作品意蕴的重要性。笔者认为本例证恰恰证明了文本意义的不确定性，作品意蕴受具体解读情境影响，往往可以形成截然相反的意义建构。

　　赫尔施认为作者在创制符号文本时寄托了所谓"原意"，但是受解读者个体历史条件限制，从认知到理解和解释，作为人的历史存在方式，语言、前理解、个体经验等都对解读个体形成限制，制约着认知主体对作者原意的再现，哲学解释学提出解释与理解永远不可能发现及完全重现作者的原意。所谓作者的原意包括三层内涵：意蕴在作品本身；作品意蕴先于理解作品而在；作品重要性依时代而变化，但作品自身的

---

① 所谓前理解，就是相对于某种理解以前的理解，或者是在具体的理解开始之前已有的某种观点、看法或信息，它主要表现为成见或偏见。
② 刘安刚：《意义哲学纲要》，吉林教育出版社1989年版，第40页。
③ 利奥·斯特劳斯，德国犹太人，当代著名政治哲学家和政治思想史家。1932年离开德国，最终定居美国，芝加哥大学政治学教授。

意蕴不变。哲学解释学相对应地提出三种解释：作品意蕴只出现在作品与解释者的对话之中；作品意蕴不能脱离主体理解独立存在；作品的重要性和意蕴均随时代变化而变化。作品有自己的意义世界，认知主体也有自己的精神世界，二者在主体间理解过程中接触融合为一个新的意义世界，真正的理解和解释是作品世界和解释者世界两个不同历史存在的对话。认知主体的意义在于在认知过程中激励创造性思维，重新思考和获得对象中的观念和直觉，理解也就是重新认识和意义重构的过程。对于历史文本意义的重构既包括过去历史的观念内容，也包括解释者基于当下社会情境对历史文本的感悟。两种视域交融的过程，也就是认知主体基于历史文本重新构造文本意义的过程，也是视域融合的过程。这种视域融合产生的全新视域，超出原有文本作者和解释者自身的意义视界，创造出更高更新的意义层次，并为进一步理解提供可能。传统诠释学认为理解者和历史文本间存在历史差距，理解不可避免地存在理解者的主观偏见和误解。因此，也无所谓历史的真实面目，一切历史都是当代史。理解过去意味着理解现在和把握未来，理解总是带有认知主体的偏见。偏见构成人们的理解，但理解的目的在于摒除偏见，获取真知灼见，所以理解永远在整体的前人理解和部分的个体理解间循环往复。文本意义与认知主体处于不断的生成过程，理解是文本意义和认知者前判断和偏见间"游戏"。[①] 每一次理解，都是一个意义生成的过程。文本意义在"游戏"中展现出无限可能性，所谓正确的理解也不过是不同的理解而已。诠释学的本意在于克服历史间距造成的成见和误解，超越"现在"的障碍到达客观的历史真实，把握作者或者文本的原意。真正的理解是通过文本和读者之间的"视域融合"，产生历史的真实和历史理解的真实，达到理解的历史有效性。

历史与文本并不自证意义，历史的意义需要认知主体的解读方能显现。历史存活于现实，脱离现实的历史解读可能蜕化为丧失历史本意的物理性存在，但历史文本本身并不是任由现实随意解读的玩偶，历史也

---

① 张天勇：《文本的意义是作者赋予的》，《新疆师范大学学报》（哲学社会科学版）2004年第2期。

不是任人装扮的嫁娘。关于历史文本内涵与后来者解读的意义赋予间的关系，美国学者赫施在《解释的有效性》书中区分了"含义"（meaning）和"意义"（significance）不同。认为"含义存在于作者用一系列符号所要表达的事物中，因此，这个含义也就能被符号所复现。意义则是指含义与某个人、某个系统、某个情景或与某个完全任意的事物之间的关系。解释学理论中所出现的巨大混乱，其根源之一就是没有做出这个简单的然而是重要的区分"。[①]

[①] ［美］赫施：《解释的有效性》，王才勇译，生活·读书·新知三联书店1991年版，第17页。

第三章 宏观意义系统分析

第一节 野蛮与文明

一 作为主体行为特质与方式的"野蛮"与"文明"

"文明"的现代词义形成于 18 世纪中叶的西方社会，著名学者费弗尔（Lucien Febvre，1878—1956）认为文明意味着人的行为举止的文雅，以及社会发展从低级的野蛮状态到有教化的高级阶段的演变。政治思想领域的文明意味着"理性不仅在宪法和政府行政领域，而且也在道德和思想领域扩散并取得支配地位情况"。[1]《牛津高级词典》阐释的文明观念内涵具体化为个体和群体两个层面，个体层面指个人行为带有文雅特征的状态；群体层面指于人类脱离蒙昧和野蛮阶段后，演化出与城市生活相联系的、讲究礼仪的生活方式。作为学术研究意义上的"文明"概念指人类社会形成复杂社会结构、技术、行政体制、思想、审美诸方面高水平发展的过程和阶段性特征。

伴随自然科学发展进化的西方近现代社会科学理论体系，理论建构凸显技术理性特征。以改造、征服自然为目的的"主客"对立的自然科学思维实践成果使得西方哲学的"二元"思维在人文社会科学领域也大行其道。基于科学技术发展肇始的地理大发现，以及随后的资本主义殖民扩张，西方社会的自然科技优势使得西方社会认为自己所代表的

---

[1] 何平：《文明的观念和教化：中国与欧洲》，《史学理论研究》2007 年第 4 期。

思维模式，乃至社会价值观念体系也是"优越"，或者是"优秀"的，甚或也就是"文明"的。与之相对应的殖民地原住民，以及广阔的东方世界的文化生活方式乃至思维模式则是"野蛮"的。西方社会科学界定的"文明与野蛮"带有强烈的欧洲中心论的精英主义色彩，阿瑟·施莱辛格认为欧洲是"个人自由、政治民主、法制、人权和文化自由思想的发源地，是唯一的源泉"。[1] 与之相对的东方社会则意味着专制暴虐、愚昧野蛮、停滞落后。在此基础上形成"美化"西方殖民扩张的所谓"文明征服野蛮"话语，以"现代性"的意蕴论证西方现代殖民帝国主义扩张的合法性。英国自由主义代表人物密尔（John Stuart Mill，1806—1873）甚至认为"野蛮社会自身不存在从野蛮社会进步到文明社会的动力，要促使野蛮社会进步，需要文明社会对它实施殖民统治或专制统治"。[2]

"二元"对立的西方学术思维使得西方学界将作为人类行为特征表述的"文明/野蛮"机械割裂成为相互对立的文化观念体系。在地域上，以欧洲为中心的西方世界是文明、先进的；与之相对应，以中国为代表的东亚传统国家则是落后、野蛮的，并且形成一系列相关文化观念的对立表述。比如，西方在政治上是民主的，东方世界则是专制的；在国家治理理念上西方国家是崇尚平等"契约"精神的法治国家，东方帝国则是建立在人身依附关系上的等级特权"人治"社会；在个体行为社会规范方面，西方世界是尊重个体思想言论自由，依法享有行为自由的国度；东方社会则充满思想行为禁锢，言论与行为均受到国家的严格管控、约束。客观而言，东西方社会囿于迥异的社会文化背景，在现实社会政治层面确实存在诸多差异，但并不像西方学者描述的那样极端对立。何平认为"文明"表现为人类的自我教化，是人类行为向着美、善、理性、优雅和秩序的发展，欧洲和亚洲社会都经历了从粗俗野蛮到

---

[1] [美]亨廷顿：《文明的冲突与世界秩序的重建》，周琪等译，新华出版社1998年版，第360页。

[2] 张继亮：《野蛮、文明与自由帝国》，《政治思想史》2014年第4期。

文明的演变过程。① 所谓欧洲文明也是从茹毛饮血而来，进化期间也经历过漫长的蒙昧野蛮时期。即使以近现代文明相标榜的西方资本主义文明的建立，也离不开对本国无产阶级的压榨，以及对广大殖民地原住民的血腥屠戮与掠夺，以至于马克思认为资本从它诞生之日起，每个毛孔里都滴着鲜血和肮脏的东西。

作为主体意义行为特质与方式描述的"野蛮/文明"，在不同时空或者不同的行为主体（个体、群体、种族、国家、社会）间，并不存在截然分明的界限。主体行为的意义在于通过社会实践实现主体的主观能动需求，其行为特质和具体行为方式取决于具体的行为对象形态和自身可供实施的工具性条件，以及应激心理特征。管仲有言"仓廪实而知礼节，衣食足而知荣辱"，② 意味着主体行为特征取决于其自身所处社会环境优渥，还是困窘。更进一步，优越的物质条件也并不必然造就主体行为的文明，所谓"饱暖思淫欲，饥寒起盗心"则无疑表明主体修养对于行为自律的重要作用。囿于社会文化背景的差异，西方社会标榜的"自由、理性、契约"等相关文明社会的内容并不具有普适性意义，甚或于其所定义的文明着装也会给他们所认为的"野蛮"群体带来莫名的灾难。西方殖民者认为，生活在热带地区的早期原始部落赤身裸体的生活方式不够"文明"，但给这些原住民穿上衣服的后果则是文明人的衣服阻碍了原住民身体湿热潮气的挥发，进而引发大规模的疾病。卡尔文·马丁认为欧洲殖民者对印第安人的"文明"传播，直接导致了原住民社会结构的解体与毁灭。印第安人本来与动物之间保持着一种契约关系，欧洲殖民者的入侵，把疾病传染给了动物，导致动物大量消失，或病死，并把疾病传染给印第安人。欧洲人的传教活动破坏了原住民的自然神崇拜，印第安人不再受宗教禁令的约束，于是转而向动物发起了一场导致物种灭绝和生态灾难的神圣的复仇战争。③

---

① 何平：《文明的观念和教化：中国与欧洲》，《史学理论研究》2007年第4期。
② 管仲：《管子·牧民》。
③ 叶舒宪：《文明/野蛮——人类学关键词与现代性反思》，《文艺理论与批评》2002年第6期。

生活于不同时空分布的族群可能会有文明发展水平的差异，但并不可以简单地冠以"文明"或者"野蛮"。"文明/野蛮"更多地表现为主体面对环境变异，或者处置不同社会实践对象表现的应激反射性行为特质，这种行为特质既表现为个体的心理特征，同时也反映着个体所属族群的整体性文化心理模式，只不过群体文化心理相对于个体应激心理反应较为稳定而已。每一个意义行为个体或者族群本身都同时具备"文明/野蛮"心理特质，并在具体的意义行为实践中体现为具体的或者"野蛮"，或者"文明"的应激反应行为。奥地利精神分析学家弗洛伊德认为个体的心理结构由"本我、自我、超我"组成。"本我"是生理上的、本能的、无意识的东西，缺乏逻辑性，只是追求满足，无视社会价值；"自我"是理性的、通达事理，与激情的本我相对，是可以控制的；"超我"负有监督自我的使命，有道德良心、负罪感，具有自我观察、自我规划理想的功能。①"本我"是个体应激反应的生理基础，"超我"可以看作由无数行为个体组合形成的族群整体的文化心理模式，由一系列反映本族群价值观念的逻辑、道德、信条组成，体现为该族群及其中个体的行为理性特征。作为体现"本我""超我"对立统一的"自我"则指个体实践情境应激行为的心理背景，基于具体情境特征或者趋于"野蛮"，或者趋于"文明"，但这并不否定相对稳定的族群文化心理模式对其间个体具体应激行为的巨大影响。文明程度较高族群的意义行为相对更为强调礼仪程序，文明欠发达族群个体意义行为更显纯朴自然。就人类行为而言，文明人的性行为与野蛮人性交，乃至动物交媾并无本质的区别。不同的是文明人将这种基于生殖与愉悦的生理运动赋予了更多的罗曼蒂克的情感文化意蕴。鲁迅先生说过婚礼"也不过当作性交的广告看"。② 20 世纪 30 年代张季鸾先生在《蒋介石之人生观》也曾论及蒋宋姻缘的动物本性。"男女，人之大欲也，其事属于本能的发动，动物皆然，不止人类。"③

---

① ［奥］弗洛伊德：《弗洛伊德的智慧》，刘烨编译，中国电影出版社 2005 年版，第 47 页。
② 鲁迅：《朝花夕拾 狗·猫·鼠》。
③ 张季鸾：《蒋介石的人生观》。

第三章 宏观意义系统分析

中国古代阴阳学说既承认世间万事万物都可以根据其不同的"阴/阳"属性进行相互对立的分类，同时又认为"阴/阳"之间存在相互转化、变更的途径。所谓"阴在阳之内，不在阳之对"，意在说明即使相互对立，以"阴/阳"分类的万事万物都存在相互沟通，甚至发生本质转变的可能和途径。阴阳理论认为阴阳并非绝对的矛盾对立，而是"阴中有阳，阳中有阴"，只不过二者在具体个体中所占的比例不同而已。"文明"与"野蛮"的关系也并非欧洲中心主义者界定的那样泾渭分明，并非其所认为的所谓"野蛮"世界的改变，必须通过西方文明世界的武力入侵或者殖民才能实现。其实，文明/野蛮仅仅存在社会发展水平的阶段性差异，并不存在相互矛盾的本质性对立。从某种意义说，所有的文明都起源于野蛮，而文明社会如果无法继续保有促进族群继续发展的理性秩序也会引发文明没落，重坠蒙昧。法国政治社会学奠基人托克维尔（Alexisde Tocqueville，1805—1859）认为族群文明的发展是一种族群成员努力的内源性发展，"一般说来，野蛮民族都是依靠自己的努力，逐渐地自行文明起来"。[①] 有时野蛮种族也通过入侵、殖民文明社会从而提升自身的文明程度。托克维尔提到当年罗马帝国被北方民族入侵的结果就是提升了北方蛮族的文明水准。同样的事实也存在于世界的东方，辽灭北宋，元灭南宋，以及满洲亡明，在某种意义上都是野蛮势力对文明世界的践踏，但这种践踏却使得胜利者在失败的文明世界汲取营养，从而提高了自身的文明程度。托克维尔在论及野蛮对文明践踏的同时，也提到文明与野蛮的竞争。

> 胜利赋予蛮族的权力足以使他们达到文明人的水平，并能把他们的平等地位保持到文明人变成他们的对手的时候。一个凭借武力，另一个依靠智力。前者钦佩被征服者的学识和技术，后者羡慕征服者的权势。最后，野蛮人把开化人请进他们的宫殿，而开化人则对野蛮人开放他们的学校。但是，当拥有物质力量的一方也同时

[①] [法] 托克维尔：《论美国的民主》，董果良译，商务印书馆1988年版，第385页。

具有智力的优势时,则被征服的一方很少能够走向文明,他们不是后退便是灭亡。①

托克维尔认为文明族群在物质上被野蛮灭亡后,被征服者仍然可以和征服者展开竞争,凭借智力成为"征服者"的对手。否则,最终的结局不是后退便是灭亡。托克维尔提到了文明的衰落、衰亡问题,文明也是有其局限性的。如果文明秩序的开放性不足以保有和促进族群野蛮生机因素发生、发展的话,那么,其最终的结局必然是没落与衰亡。亨廷顿(Huntington Samuel P.,1927—2008)认为所有的文明都经历了形成、上升和衰落的过程。"西方文明与其他文明的不同之处,不在于发展方式的不同,而在于它的价值观和体制的独特性。"② 与近现代西方文明崛起相对应的则是诸如古埃及文明、古印度文明的灭亡,以及中华文明的周期性劫难。如果探讨文明衰落的原因,与现代西方文明相比,已经灭亡的文明都不同程度地存在文明族群价值理念固化导致的制度设计的竞争空间狭小或者缺失,进而诱发族群内部新生力量发展乏力,甚至无法生存,或者被戕杀。制衡力量的缺失引发族群上层的腐化、堕落,最终引发族群内源性危机,如果遭遇其他文明力量的外部攻击,则其灭亡就会变得不可避免。奎格利(Carroll Quigley,1910—1977)1961年提出,"文明之所以能够发展,是因为它具有一个'扩张的工具',即一个军事的、宗教的、政治的或经济的组织,它将盈余积累起来,并将其投入建设性的创新。当文明停止'将盈余勇于创新,用现代的说法就是投资率下降'之时,文明变衰落了"。③ 当社会控制集团将社会盈余仅用于满足给生产性的个人消费与享受时,创新性生产就会陷于停顿,文明便不可避免地走向衰落。

---

① [法]托克维尔:《论美国的民主》,董果良译,商务印书馆1988年版,第385页。
② [美]亨廷顿:《文明的冲突与世界秩序的重建》,周琪等译,新华出版社1998年版,第360页。
③ 同上书,第349页。

二 文明的进步与衰落

尽管欧洲中心主义精英们鼓吹近现代西方文明的进步意义，早期的殖民者甚至制造神话[①]为暴力侵略与野蛮殖民行为辩护。美国人类学家斯坦利·戴蒙德（Stanley Diamond）甚至认为文明起源于对外的征服与对内的压迫，文明总是征服，带有原罪：侵略与政治压迫。每一个古文明都自以为是天下中心，代表了人类的最高成就，要求强行推行自己的价值观。[②] 然而，就本质而言，文明却是"一个相对中性的词语，指涉任何确立的社会秩序和生活方式"。[③] 文明本身并无优劣之分，具体表现为特定族群在地域历史生活过程中积淀形成的，体现族群价值取向和行为方式特征的一系列秩序性规则条例。以高科技武装的近现代西方文明以其强大的科技优势，实现了对世界其他文明的物质性超越，进而将其价值观念向全世界推广，但这并不能改变文明通过秩序性行为规范，实现个体、族群、族群间发展壮大的价值诉求。文明需要秩序和公正，"要求所有的人都必须受到制约"，[④] 世俗的法律、宗教和道德戒律成为调节文明社会关系的基本法则。体现欧洲中心价值观念的西方文明内容源自其古典遗产，包括希腊哲学和理性主义、罗马法、拉丁语和基督教，天主教和新教成为西方文明的重要内容。亨廷顿认为宗教、文明和种族在互相承载，三位一体，互相塑造。古典时期，文明以宗教教义为基础，人类社会的维持以对教义的信仰为基础。"摩西十诫"就是基督教教义制约人类行为的基本戒律，中华文明中的纲常伦理也是中国古代社会文明赖以维持的伦理规范。

文明以一系列体现"公平、正义和理性"的秩序性行为规范形式

[①] 叶舒宪《文明/野蛮——人类学关键词与现代性反思》认为，殖民者逐渐制造出这样一个神话：人类的一半是文明的，另一半是原始的。这种神话观念同显示侵略者人种优越的那些基本发明一起，导致了对被殖民者的残酷行为。《文艺理论与批评》2002年第6期。

[②] 叶舒宪：《文明/野蛮——人类学关键词与现代性反思》，《文艺理论与批评》2002年第6期。

[③] 何平：《文明的观念和教化：中国与欧洲》，《史学理论研究》2007年第4期。

[④] [奥] 弗洛伊德：《论文明》，转引自何平《文明的观念和教化：中国与欧洲》，《史学理论研究》2007年第4期。

存在，具体表现为宗教戒律、国家法律、道德伦理，文化风俗等内容。这些行为规范在文明发展的不同阶段，对于文明族群乃至整个人类社会的意义大不相同。在文明的上升期，体现"公平、正义"的规约制度激励族群个体奋发图强，此时族群处于扩张发展阶段，扩张过程的掠夺性收益成为激发族群个体奉献族群整体的物质动力。反之，族群文明衰落阶段，文明主体扩张的停滞，甚至于文明势力范围收缩，造成文明族群物质收益减少。此时，文明发展期形成的规约制度扭曲成为族群个体发展，乃至族群整体发展的桎梏。由于扩张的停滞，族群掠夺性物质收益减少，个体对族群整体的奉献无法获取更多的物质收益。这样直接导致文明族群个体上进心和奉献动力的消减，并进一步加剧族群整体物质收益的匮乏。此时，文明发展期形成的行为秩序就可能转化为制造族群内部"非公平、非正义"利益分配的制度性缘由，形成族群内部的相对剥夺，激发内部矛盾冲突，直至文明的衰亡。以秦国为例，秦孝公任用商鞅实现变法。在其他各国固守世袭世禄封建农奴制的时候，在本国实行"奖励耕战"的个体激励制度，极大地调动了国民发展生产，实施军事扩张的积极性，最终统一六国。但是，秦统一六国之后，扩张停止，也就意味着文明扩张的掠夺性收益趋于结束。此时，秦国继续施行带有野蛮强制性质的律法制度，律法调整物质收益来源由战争掠夺转为国家政权对国民的剥夺，最终激化矛盾，二世而亡。

《周易》有云："天行健，君子以自强不息；地势坤，君子以厚德载物。"从阴阳相互依存关系揭示了人类文明存在的两种状态形式。所谓"天行健，君子自强不息"指人类族群文明发展形成阶段。此时期的族群人民强悍、粗野、生机勃勃，具有流动性和扩张性。源自个体人格结构"本我"的原始冲动操控着个体，乃至整个族群，劫掠如火，疯狂地占有财富，乃至女人。相对中华文明而言，汉唐社会属于文明的发展形成期。汉唐时期人们思想相对解放，帝国处于制度完善过程，对国民个体的制度性束缚相对较少，个体行动较为自由。作为国家整体则表现为基于国民豪放之气的文明扩散与疆域扩张。个体方面的自由首先表现为个性自由和社会阶层意识的淡化，坊间所谓"脏唐臭汉"表明汉唐政治制度给予两性关家庭关系的自由与开放。出身骑奴的卫青可以成为汉武帝的姐夫，而卫子夫的歌姬出身也并不影响其跻身皇后尊位；唐太宗的公主可以爱上辩机和尚，太平公主甚至可以和母亲武周皇帝共享面首。社会风气的开化、自由，极大地激发了族群个体的自我实现的强烈欲望，为国建功成为文明上升时期人们的强烈向往和行为动机。"封狼居胥"和"匈奴未灭，何以家为？"成为中原文明扩张时期的主流话语。

随着文明的演进，族群间、族群内部竞争减少，文明发展到成熟阶段，达到最高水平的"黄金时代"。此时期，文明族群的政治、军事和经济达到鼎盛。文明进入成熟平台期后，秩序行为的规范作用体现为调整族群内部物质利益，主要服务于社会上层统治阶级垄断利益实现。文明发展期形构的激励个体发奋的国家规章制度日益完善，但是这些体现文明秩序的规章制度在文明成熟期的作用已经发生重大转变。文明发展期，行为规范强调对内诚实、守信，对外野蛮掳掠，强化族群整体利益的实现。文明成熟时期，作为体现上层建筑的文明规范转为调节族群内部等级间物质利益关系。文明规范不再具有激发外向型侵略作用，而转为内向制约，乃至束缚与阶级压迫。囿于社会地位，以及社会财富占有权的不同，族群整体开始划分为界限分明的阶级、阶层，文明的主旨不在于激发个体为整体族群发展承担责任与义务，而在于限制族群内部中下层群体欲望发展，从而为统治上层穷奢极欲服务。源于宗教教义的文明主旨首先在于限制"自我"，服务集体，奉献尊上。宗教教义中普遍倡导的"禁欲主义"，在中华文明中演化为儒教的"克己复礼"，影响中国社会三千年。所谓"克己"首先就是通过"限制，甚至灭绝"自身欲求，遵从礼法，为实现统治阶级利益服务，但"禁欲"本身却是违背人性的。弗洛伊德认为多数人不适于禁欲，即使是轻微的禁欲也会让人随时患病。"并且禁欲不可能造就充满活力的人，也难以产生创造性的思想家、勇敢的解放者或改革者，倒是容易造就一批'行为规矩'的弱者，他们在芸芸众生中失去了自我，并不情愿地听任一些强者的摆布。"[1] 此时期，某些源于蒙昧时代，利于专制统治的价值观念得到强化。汉武帝时期，董仲舒提出"天人合一"思想，进而提出强化君主垄断统治利益合法化的"君权神授"观念，为帝国专制统治合法性提供法理依据。

所谓"地势坤，君子以厚德载物"，主要指文明发展成熟期的族群内部管理的理性特征，强调通过统治阶级的"德治教化"协调族群内部各阶级、阶层间的利益关系，文明本身表现出强烈的"雌化"特征。"雌化"表现在社会文化的"精致、内敛"。宋明中后期，中华文明趋于没落、衰亡。封建君主在使用源自先秦商鞅的严刑峻法统治民众的同时，还从礼法文化上施行思想控制，麻痹民众，使得个体在"大一统"集体主义意识中迷失自我，牺牲自我，成为心甘情愿的暴政牺牲品。体现中华文明主体精神的儒家思想在宋明两朝受到阉割，失却其所秉承的"君视民如草芥，民则视君如日寇仇"的主体间设想。在日常行为规范方面完全蜕变为体现统治者主体思想的"仁、义、礼、智、信"价值理念，以及"温、良、恭、谦、让"的"雌化"行为准则。作为儒学发展的宋明"理学、心学"思想见证了中华文明的收缩与内敛。宋明两代尽管经济、艺术、学术、科技发达，但在思想行为上却极端封闭、保守，族群生机和活力被限制或被扼杀，在自我衰败中为外族所灭。理学思想体现了两宋文化的内敛倾向，族群整体无力通过外向性扩张转嫁危机，转而内向性地期盼通过克制自我找寻解决问题的方法。为了掩饰统治者的腐败无能，在约束社会被统治个体上下功夫。"忠孝节烈"观念备受推崇，"贞节"观念在两宋尤其得到强化。面对异族的入侵，不是激发民众抗争意志，而是要求作为弱势群体的妇女通过"夹紧裤裆"的方式来保持血统的纯正，乃至于文明的延续。

文明衰落期，由于对外扩张的停止，作为族群统治者的上层不得不通过针对族群内部的压榨和盘剥实现统治利益。此时，族群内部矛盾激

---

[1] [奥]弗洛伊德：《弗洛伊德的智慧》，刘烨编译，中国电影出版社2005年版，第176—178页。

化，所谓"文明"上升期的，体现群内"公平、正义"的导引性行为规范失却群体整合作用，转而通过雌性化的"理性"制衡平息族群内部的矛盾纷争。文明的"雌性化"成为文明衰落的必然趋势和选择。文明雌性化一方面表现为族群整体进取心消退，苟安思想在族群上层占据主流地位。同时，体现雌化特质的女性领导人开始走向历史舞台。女性心性缜密、细腻，适于处理族群内部错综复杂的利益关系，做事温婉、和顺，在一定程度上也可以化解内源性的统治危机，女性行为的隐秘形式也便于更多族群内部非公平协议的达成和实施。"女主天下"一般可以看作文明衰落时雌性化社会出现的标志，中国历史上的武则天、辽国萧太后、慈禧的出现，往往标志着以野蛮、扩张为特征的阳性文明的终结，即文明雌性化的开始。当代西方世界也出现广泛的"女主天下"的局面，如英国前首相撒切尔夫人，现任首相特蕾莎梅，韩国总统朴槿惠，德国总理默克尔等。资本主义世界女性领导人的普遍出现，某种意义上，可能预示着资本主义社会矛盾激化导致社会发展的停滞与困顿，更重要的是从中人们可以看出以资本主义相标榜的西方现代文明的雌化与没落。如果雌性化的统治不足以维持文明延续的话，文明本身也将陷于没落。此时，文明族群上层为了维持文明衰落中自身的垄断利益将不可避免地走向文明的反面，即文明的"流氓野蛮化"。文明衰落，"专制"与"虚伪"往往成为文明衰亡的早期特征。统治者，在无法经由对外劫掠获取超额利益的情况下，对内剥夺成为其满足自我的主要方式。在内部压榨、侵吞无法得到族群认可的情况下，以麻痹、欺骗为目的的"虚伪"政治便粉墨登场了。此时，"德治"往往成为统治者公开制约他人，私下放纵自我的说辞。此时"专制政体往往把自己表现为受苦受难人的救济者，表现它修正过去的弊端，支持正当的权力，保护被压迫者和争端秩序"。[①]

随着文明的进一步衰亡，当"虚伪、狡诈"无法掩盖专制的丑恶时，社会行为凸显为"文明流氓化"特征。所谓"天下纷错，上无明

---

① ［法］托克维尔：《论美国的民主》，董果良译，商务印书馆1988年版，第274页。

主，公侯无道德，则小人谗贼，贤人不用，圣人鼠匿，贪利诈伪者作，君臣相惑，土崩瓦解而相伐射。"① 社会规约失范，社会行为堕落为普遍性的"欺骗、谎言、骄横和暴力"，普遍性的"不作为""伪作为""逆淘汰"族群自毁性内耗成为社会的常态。托克维尔在论及法国大革命前期即将与王权一同倾覆的贵族阶级的特征时写道：贵族们即使放弃旧权力，却极端蔑视严格意义上的行政当局。他们仍保持着他们先辈的骄傲，既仇视奴役，也仇视法律。面对国王，态度比即将推翻王权的第三等级还要激烈。② 同样，作为中国贵族精英统治衰亡期的民国时代，"流氓化"成为中华文明的显著特征。阿Q们固然可恶，但攻击国民政府最为激烈的往往不是作为无产阶级利益代表的共产党人，反而是国民政府专制统治的受益者，即所谓国府大员，抑或是当时备受政府尊崇的所谓"民主人士"。作为没落贵族的"骄横"人格，无疑导致其自身的灭亡。抗战名将陈明仁在东北与林彪对峙，囿于自身"高贵"身份的骄横，使得他拒绝接受出身卑贱、名声不堪的土匪的投诚。林彪则无条件收编了东北地区众多土匪，壮大了自身力量，甚至于诸多日本关东军的技术兵种也在四野军中成为对抗陈明仁的力量。文明的衰亡不但源于外部的压力，更多时候源自内部的堕落、涣散、骄横和无知。文明衰亡期的专制统治者大都面对民心离散、上层腐化堕落的困境，对下通过加重盘剥，甚至实施诸如"缠足"的人身摧残方式"弱民"，强化思想专制"愚民"；统治阶层内部成员的"相互猜忌"也就成为文明自毁的最终手段。黎世留③在他的政治遗嘱中写道："人民一旦富裕，就很难遵章守法"，穷苦是防止懒惰的唯一保障，④ 与商鞅所谓"弱民"思想颇有异曲同工之处。与"弱民"相类，商鞅还提出过"愚民、辱民"思想，与"文字狱"相伴的严刑峻法往往成为文明衰亡期统治者驾驭民众的不二法宝，但"愚民、弱民、辱民最终致使族群整体的贫弱、愚

---

① 鬼谷子：《鬼谷子·抵巇》。
② [法] 托克维尔：《旧制度与大革命》，冯棠译，商务印书馆1997年版，第148页。
③ 黎世留，又译黎塞留（1585—1642），法国宰相，枢机主教，政治家。
④ [法] 托克维尔：《旧制度与大革命》，冯棠译，商务印书馆1997年版，第164页。

昧，统治者自己挖空了自身的统治基础。文明衰亡的不可阻挡力量也源于统治者为维护垄断利益实施的精神"自宫"和物质方面的自毁长城。专制统治上层内部的相互猜忌往往成为压死衰亡文明最后的稻草。宋高宗以"莫须有"罪名诛杀岳飞，崇祯帝因猜忌误信皇太极反间计诛杀袁崇焕都是在自毁江山。"如果它还没有从世界舞台上消逝，那只是因为周围的国家与它类似或者还不如它，它还有一种无法下定义的爱国本能，或一种对昔日声望的盲目自豪感，或一种对过去荣誉的模糊回忆，但这些东西实际上无补于事，只能使它在受压迫的时候产生自我保存的冲动。"① 国家到达如此地步，统治者必须改造自己的法律和民情，否则就将灭亡，因为它的公共道德源泉已经枯竭。

三 野蛮的生机与劫数

作为人类行为特质呈现的野蛮/文明本质属于主体的社会行为展现，面对不同的社会境遇，具备不同行为修养的个体对于作为"本我、超我"对立统一体"自我"的把握，或者在相对宽松、平和的境遇中表现得文明、儒雅，或者面对现实危机做出应激的野蛮行动，所有这些都无可厚非。现代西方意义上的"文明"，挟西方近现代科技发展创造的物质实力，融合文艺复兴的主体理性观念，主张"民主、自由、理性、法制、平等"，贬低其他文明的存在价值，自诩西方文明开化、进步，其他文明蒙昧、落后，并进一步论证西方殖民扩张的合理性。文明源于人类调节自身社会关系和人际关系的尝试，意在通过自我教化走向理性和秩序，体现为人类个体之间、族群内部，以及族群间、人类整体与自然的和谐相处，并在此基础上形构族群行为的优雅和价值理念的"真、善、美"。

西方文明的本质是西方社会，在其近现代自然科学技术发展过程中，形成的关于人与自然、人与社会，以及人类个体间关系的价值观念体系，并不具备人类整体意义上的普适性。西方文明对其他地区人类族

---

① ［法］托克维尔：《论美国的民主》，董果良译，商务印书馆1988年版，第104页。

群的文明歧视主要源自二者生产力发展的相对差距，表现为基于科技领先性造就的技术武力征服。某种意义上，西方所谓文明扩张本身，非但其技术性暴力征服本身是野蛮的，并且其文明征服的结果也是"非文明"的，因为西方文明扩张既没有带动殖民地地区生产力的发展，甚或也没有改善人们的生活。更为重要的是西方所谓文明扩张破坏了原住民原有的人与人、人与自然环境的和谐关系。托克维尔认为身份悬殊造成的恶果绝不见于野蛮人的社会，印第安人虽然无知贫困，但大家都是平等和自由的。欧洲人初到北美的时候，那里土著居民的举止并不粗野，反而习惯于谦让持重，表现出一种贵族式的彬彬有礼风度。① 美国国际政治理论家亨廷顿把当代世界的纷争归结为文明的冲突，认为"文明间最引人注目和最重要的交往是来自一个文明的人战胜、消灭或者征服来自另一个文明的人"。② 他还列举了自7世纪开始的伊斯兰和西方文明，以及印度之间的冲突与交往。但同时亨廷顿也不得不承认人类社会冲突并不局限于文明族群之间，更多时候发生在文明族群的内部。源于文明族群内部商业、文化和军事矛盾导致的冲突更加多见，"虽然印度和中国偶尔受到外族（莫卧尔人、蒙古人）的入侵和奴役，但这两个文明在自己的文明内部都有漫长的'战国时代'"，③ 同样，发生在希腊人内部的战争远多于其与波斯人或其他非希腊人的战争，在亚洲中国朝代更迭时期发生的国内战争的规模与破坏性也远远大于中原政权与匈奴人、蒙古人、日本人，乃至西方列强之间的冲突战争。

一般而言，一个文明程度低下的蒙昧族群，如美洲的印第安人、非洲的黑人部落，尽管生产力低下，人民生活困苦，源于长久历史时期积累的生存经验，他们也具备独特的、维持或者调解本部族生存与生活的文明秩序，在"天人合一"的自然神崇拜统治下过着自给自足的生活。

---

① ［法］托克维尔：《论美国的民主》，董果良译，商务印书馆1988年版，第27页。
② ［美］亨廷顿：《文明的冲突与世界秩序的重建》，周琪等译，新华出版社1998年版，第35页。
③ 同上。

第三章 宏观意义系统分析

即使在当代社会，文明落后的偏远山区仍然保留有某些原始部落生活的痕迹，诸如维持部族种群的延续与发展的带有群婚形态性质的"走婚"也还时有发现。野蛮与文明的冲突一般发生在文明发达族群对文明相对落后族群的扩张性征服，或者文明发达族群内部源于物质利益分配矛盾导致的阶级冲突。文明族群间，以及文明族群内部冲突的本质未必就是文明的冲突，或者是文明与野蛮的冲突，因为冲突的原因和目的都在于通过暴力手段掠夺物质财富。从某种意义上说，并不是蒙昧、落后导致了冲突，恰恰是文明发展本身导致了物质财富的"非正义性"暴力占有引发了族群之间，乃至族群内不同阶层间的无休止的冲突与战争。在此种意义上，老子所谓"绝圣弃智，大盗乃止"，所言不虚。麦哲在分析了亨廷顿的文明冲突论后得出结论："冲突的真正原因是社会经济，而不是文明。虽然文明差异确实助长、促成了许多讨厌的冲突，但它们与一些并无必然的关联而只是作为诸多因素中的一个其作用，或许在有些情况下，文明的差异甚至有助于避免战争。"[①]

就中国的历史经验而言，野蛮与文明的冲突在不同的历史语境中往往呈现为千差万别的形式，往往也形构了镜像迥异的结果。在中原农耕文明处于社会结构形塑的文明上升时期，战争多为相对发达的中原政权针对相对落后的游牧民族发起的文明扩张。汉唐时期，中原政权拥有相对发达的社会生产力为扩张战争提供了强有力的物质支撑，处于文明上升期的政治制度体系确保了政权内部利益竞争体现"公平、正义"。此时，在中原政权在与北方游牧政权之间的战争中，一般中原政权强势扩张，游牧政权规避退让。体现了文明发达族群对野蛮落后族群的征服，汉唐两代也是中华民族主体价值观确立和中国疆域轮廓的奠定时期。两宋、晚明，中原文明趋于雌性化和流氓化，统治阶层进取意志退化，中央集权专制在日趋完备的同时也呈现保守、封闭、扭曲的特征。中原文明的雌性化意味着国家利益格局的固化，社会利益分配针对社会中下层群体残忍剥夺，社会矛盾激化，社会上层统治集团在作为"皇帝新装"

[①] 潘忠岐：《文明的冲突与世界秩序的重建·导读》，[美]亨廷顿《文明的冲突与世界秩序的重建》，周琪等译，新华出版社1998年版，第420页。

的儒教温情遮盖下日趋腐朽、没落。此时的中原政权尽管控制着相对游牧政权占据绝对优势的物质资源，却再没能够以"公平、正义"激发士气，内耗导致的对外竞争力缺失使得中原文明面对游牧政权的野蛮攻势望风而逃。文明高度发达带来优渥的物质享受软化、腐蚀了中原政权上层的斗争意志，社会腐化导致的阶级矛盾从根本上削弱或者瓦解了中原文明政权的抗争力量。孟子有云"生于忧患，死于安乐"，在某种意义上阐释了专制集权主义文明政权的宿命悖论。两宋的灭亡都是外族入侵与国内农民起义内外夹击的结果，晚明政权更是在满洲人入关之前已经亡于国内的农民起义。发达文明被蛮族灭绝也许是雌性化、精致化的中原文明政权面对强悍的野蛮游牧文明，在冷兵器时代无法避免的宿命。但高度发达的中原文明在雌性化、流氓化过程中表现的针对族群内部新生，或者异己力量的野蛮化虐杀则尤其令人触目惊心。文明雌性化时期的社会上层在进取心退化的同时，满足自我的私欲膨胀成为社会政治的主题。文明衰落期，以"公平、公正、正义"相标榜的价值理念日益虚化，所谓文明理念成为制约"他者"，满足"自我"，强加于社会中下层的魔咒。"满嘴仁义道德，一肚子男盗女娼"成为文明衰落期社会景象的真实写照。

两宋以来，中原政权虽经多次外族入侵引发的"亡国灭种"，中华文明屡遭劫难而顽强延续，唐宋以来的科举制度在维护以儒家为核心的文明传承方面起着不可或缺的作用。马克斯·韦伯认为"唐王朝是中国的版图和文化的真正奠基者，在建树了这一彪炳千秋的业绩后，首次确立了要'士'的地位，设置了培养人才的国子监和翰林院，即所谓的'研究院'"。[①] 借助隋唐时期成熟的科举制度形成的中国"士"阶层，作为国家官员和民间乡绅的主体成为协调专制统治上下层矛盾冲突的，相当于西方"公共领域"存在的中间阶层。文明雌性化时期，社会上层放弃公益，专注于统治上层私利，使得体现公共利益的公开、公正的游戏规则失范，取而代之的是便宜统治者私人利益输送的"潜规

---

① ［德］马克斯·韦伯：《儒教与道教》，王容芬译，商务印书馆1995年版，第169页。

则"成为全社会公认的行为准则。秉承开明政治,时刻以"天下兴亡"为己任的"士"往往成为救亡图存的呼吁者和身体力行的践行者。马克斯·韦伯认为"儒家只有一个始终存在的大敌,这就是独裁制和为其撑腰的宦官政治:这是后宫影响所至,正因为如此,儒家对后宫极不信任,深为关注"。① 专制是成就最高统治者个人私益的制度保障,而"去势"的宦官因为"无后"而备受帝王宠信,自然成为皇家实现家族私利的忠实执行者。身为统治阶层构成部分的"士"阶层,或者出于"天下兴亡,匹夫有责"的道义理想,或者为了维护自身既得利益,都把宦官作为实现政治理想的大敌。秦汉均亡于宦官作祟,明朝的"东林党"案,贯穿明清两代的"文字狱"多与宦官政治相关。托克维尔认为"人之所以变坏,绝不是由于执政者行使权力或被治者习惯于服从,而是由于前者行使了被认为是非法的暴力和后者服从于他们认为是侵夺和压迫的强权"。② 文明雌性化时期,专制社会上层实施的强权侵夺和压迫由外向扩张转为群体内部的残忍剥夺,此时无力抗争的族群内部民众则趋向于人格扭曲和变坏。"在专制国家,人们的命运没有保障,官员的命运并不比私人的命运有保障。君主掌握着他所雇佣的人们的生命财产,有时还有他们的荣誉。"③ 希莱尔·贝洛克(Hilaire Belloc,1870—1953)认为"对财富生产的控制,就是对人类生活本身的控制"。④ 所有专制政权的共同特征就是由国家垄断文明族群的全部资源,国家公权力无微不至地扩散和操控着族群成员的日常社会生活,国人个体成为强权政治炙烤下的可怜虫,时刻面临毁灭的运命。托克维尔在论及腐败王权政治下的宫廷卑劣行径时写到"值得害怕的倒不是大人物的缺德,而是缺德使人成了大人物"。⑤ 这句话形象地刻画了文明雌性化和流氓化时期的扭曲政治伦理,雌性化文明专制制度中的大人物"不缺德"就无法通过对下的欺诈剥夺以实现逢迎上级的目的。社会上

---

① [德]马克斯·韦伯:《儒教与道教》,王容芬译,商务印书馆1995年版,第189页。
② [法]托克维尔:《论美国的民主·绪论》,董果良译,商务印书馆1988年版,第10页。
③ [法]托克维尔:《论美国的民主》,董果良译,商务印书馆1988年版,第233页。
④ [英]哈耶克:《通往奴役之路》,王明毅译,中国社会科学出版社1997年版,第87页。
⑤ [法]托克维尔:《论美国的民主》,董果良译,商务印书馆1988年版,第252页。

层"大人物"的缺德行为则必然败坏整个社会的良好风俗,所谓"上有所好,下必甚焉",大人物的缺德必然导致全社会范围的道德败坏。全民性的"假、恶、丑"审美取向则使得崇尚"真、善、美"的德行无法存身,也就最终形成文明流氓化时期的"崇恶"社会行为准则,个体只有通过"缺德"才能进身社会上层,文明"逆淘汰"成为社会运行的主流。

文明没落的雌性化与流氓化实施的对内野蛮必然激发社会中下层的激烈反抗,逆淘汰社会伦理也必然诱发文明上层的相互倾轧,二者的共同作用直接导致文明族群的整体衰落,间接制造了域外蛮族入侵的可乘之机,并且族群内部底层野蛮势力和域外蛮族对没落文明的毁灭并不必然导致文明的回归。族群内部底层野蛮势力对族群上层没落文明的毁灭在中国历史上更多地表现为周期性的农民起义推翻专制王朝统治,但是翻身的底层野蛮群体的建政并没有比被推翻者更加文明,更多时候反而是更加的野蛮。因为底层的反抗者多是因为饥饿存亡而抗争,本就不是高级文明对低级文明的扩张性征服,既不代表先进的生产力,更不具备文明创新的素养。一旦获取政权带来的垄断收益,便会重蹈被推翻者的覆辙。"推翻贵族制度的那些人都曾经生活在贵族制度的法治下,亲眼看见过他的盛况,并且不知不觉地沾染了贵族的情感和思想。"[①] 刘邦和项羽看到秦始皇的豪华车队,刘邦认为"大丈夫生当如此!"项羽则说"彼可取而代之也"。从二人的话语中很难看出有什么"替天行道"的"革命"动机,更多的是破落户对暴发户的无限艳羡和向往。这种思想从当年陈胜的"王侯将相,宁有种乎?"直到阿Q的"手执钢鞭将你打!"以暴制暴,只有更为暴戾者才可以最终胜出。暴力"革命"胜利者为了维护和巩固暴力收益,出于害怕自己也被新的暴力革命者革命,以及对被自己革命摧残者报复的恐惧,往往会采取较之被推翻者更为暴力,甚至带有自我毁灭性质的极端暴力统治。因为暴力革命胜利者对于失去政权,重坠炼狱的恐惧远远大于被其所推翻的专制贵族。"贵

---

① [法] 托克维尔:《论美国的民主》,董果良译,商务印书馆1988年版,第790页。

族虽然身在物质享乐之中，但又对这种享乐持有一种傲慢的轻视态度，并在不得不放弃享乐的时候能够表现出惊人的毅力。推翻或打倒贵族制度的历次革命都曾证明，过惯了舒适安逸生活的人可以容易忍受清苦；而经过千辛万苦过上好日子的人，在失去幸福之后，反而难于生活下去。"① 相对于底层革命者的暴力，原有统治阶层分化建立的新政权造成的暴力破坏相对较小，有时还会延续或者提升整个社会的文明程度。唐和宋都是由旧有贵族统治集团分化建立的封建王朝，唐高祖李渊原为隋朝贵族集团成员，封唐国公，与隋朝宗室存在姻亲关系。李渊于隋末乱世起兵，建立统一的唐帝国。其后，唐太宗、玄宗各代君主均曾施行开明统治，励精图治，推动社会物质文明和精神文明的进步、发展。宋太祖赵匡胤黄袍加身靠政变夺取政权，在中华文明雌化衰落时期，采取"重文抑武"和"庸人政治"的统治策略。两宋时期，尽管封建文明整体趋于没落，但其开明专制创造的经济繁荣和文化盛世却远非后世可及。

域外蛮族内侵对政权文明的灭绝与延续大概有两种形式：一种是灭亡衰落文明后继续保持野蛮性质，最后由于内乱或者人民反抗而暴亡；另一种是主动接受被灭亡政权的积极文明因素，建立和延续自身的统治。第一种以"五胡乱华"和蒙元帝国暴政最为典型。西晋末年，北疆胡人趁"八王之乱"之际，内侵中原，在北部建立起数十个野蛮政权。胡人对中原汉人实施残暴屠戮政策，且各胡人政权相互残杀，历经百年战乱，最终隋朝实现统一。蒙古帝国在13世纪先后灭亡金、宋，建立起野蛮种族压迫统治，扩张地域遍及欧亚，被欧洲人恐怖地称为"黄祸"。蒙元政权对中原地区实施种族压迫，蒙古人和宗教人士对中原及南方人民实施"初夜权"，残酷控制、压榨民众，激起人民反抗，在内部分裂的内忧外患中，政权不足百年而终。清国满洲属于内侵汉化较为成功的蛮族，顺治、康熙两代，满洲贵族积极接受汉文化文明成分，尊重士人，劝课农桑，国家经济得到恢复和发

---

① [法] 托克维尔：《论美国的民主》，董果良译，商务印书馆1988年版，第660页。

展。满洲贵族兴于积极汉化,也失之于汉文明中雌性因素的腐化。在国力强盛之时,走向保守,闭关锁国,最终败亡于西方近现代文明的坚船和利炮。

第二节 宗教与政治

一 宗教的社会形塑意义

一般认为,社会源于基于相互依存关系结成的超越个体的有机生活共同体。人类社会发展到今天,政治、经济、文化成为人们进行社会结构分析的基本维度。其中,政治制度对于特定社会国家的本质具有决定性意义,它决定着特定地域生活族群的价值倾向,相关的社会秩序以及相应的经济、文化关系的向度。社会的经济关系表现为特定国家族群的劳动组合方式,以及相应的劳动收益分配制度。狭义上的文化强调人类社会的精神内容,可以看作维系社会整体常态化运转的情感性因素。政治的本质是规范化的社会管理,社会管理权的源泉则可以追溯到宗教,以及人格神宗教产生之前的自然神崇拜。先民时期,人们由于对大自然茫然无知而产生恐惧,相信超自然的"神"力可以解脱自身的困境,于是就将自身的管理权授予了具备超常能力的诸多神祇。霍布斯(Thomas Hobbes,1588—1679)认为"神"最初是由人类的恐惧创造出来的,人们不知道这种幻影不过是自己幻想的产物,因而认为是真实和外在的实体,于是便称之为鬼神。[①] 人们在自身社会行为的始终,时刻遵从"神"的意旨,靠祈禳指导行动,预测吉凶。当自然神进化人格神时,宗教教旨就以"神"的启示方式行使社会行为规范管理权。"君权神授""受命于天"成为族群首领,或者国家领导政治权力的来源。部族首领、国家领导将自身和部族国家的利益关系联想为天国的神圣秩序,假借"天意、神旨"驾驭民众。在这个意义上,宗教和政治是同构的。霍布斯认为如果宗教的自然种子是经由人根据自

[①] 洪琼:《激情与宗教——霍布斯神学政治学新释》,《世界宗教研究》2014年第4期。

己的独创而加以栽培和整理，则宗教属于人的政治；如果宗教的自然终止是人根据上帝的命令和启示加以栽培和整理，宗教便属于神的政治。二者的目的都是让臣民对主权者更为服从、守法、平安相处、互爱和合群。①

宗教的社会形塑作用通过政治和习惯权力形式统帅社会生活的各个层面。或者以法律的形式规范人们的利益行为，或者以意识形态的方式塑造社会群体的价值观念体系，或者以文化伦理风俗的形式形构人们日常的情感世界，乃至于日常礼仪行为。宗教对于生活领域的调控作用，主要表现为个人或者集团追求终极价值的工具：第一，在关于来世的广阔视野之下，为现实生活中的不满和挫折提供意义；第二，为促进与来世的联系，提供一种仪式工具。②宗教与政治的互动主要作用于社会权力、利益分配，并波及社会生活的各个层面，直接影响人类社会生活的实质和历史进程的走向。政治通过行为规范和利益分配塑造基本的社会形态，政治权力的最早来源恰恰来源于宗教。现当代社会理论一般认为国家政治权力的来源有契约、神力和暴力三种说法。"契约说"是当代民主国家的社会权力形构法则；"暴力权力说"则于不同的社会境遇有着不同的展示形式，与其说暴力是权力的来源，毋宁说暴力也是权力的产物，"宗教权力来源说"则可同时解释"契约、暴力"权力来源的合法性问题。宗教权力本来就是从先民时期到公民时代，人们与神的一种约定，人遵从神的意旨，而神为人们的生活提供安全的保证。如果违背了神的旨意，违约的人将会受到神，抑或是神的人间代理人的暴力惩罚。"原始社会末期，最初的政治与宗教浑然一体。在阶级社会，宗教与政治关系的本质是宗教与阶级之间的关系。国家产生之后，政治的核心是国家，而国家政权是国家的具体化身，宗教与政治关系的核心是宗教与国家政权的关系。"③宗教与政治的结合方式大约经历了政教合一、

---

① 洪琼：《激情与宗教——霍布斯神学政治学新释》，《世界宗教研究》2014 年第 4 期。
② 何其敏：《论宗教与政治的互动关系》，《世界宗教研究》2001 年第 4 期。
③ 宋明军：《浅析宗教与政治的关系》，国家宗教事务局网站，http://www.sara.gov.cn，2011 年 11 月 22 日/2016 年 11 月 24 日。

政教主从和政教分离三种形式。

政教合一，也称神权政治。"所谓神权政治，指的是一个国家或一个政治群体按照某种宗教的组织制度、律法戒令和思想意识形态实施世俗的统治。"[①] 涵盖中世纪的欧洲各王国，新中国成立前的西藏和第二次世界大战前的伊斯兰教国家等。政教合一的政权形式包括宗教和政治合一体型，以及官方宗教管控国家政权和国家政权控制宗教等多种形式。欧洲中世纪的政教合一国家，存在国家政权与天主教会两个权力体系，宗教以"君权神授"理念为国家权力提供社会管理权来源的合法性，世俗王权为宗教提供物质保障，国家政权依靠官方宗教进行意识形态控制。社会服务内容方面，宗教服务于人的灵魂，国家政治通过调动人们的物欲服务于肉体，处理世俗事务。事实上，"政教合一"从开始就存在教会神权与世俗王权的博弈，从来就没有完全重合过，但是政教的完全分离也从没有成功过。中世纪的查士丁尼皇帝[②]是第一个鼓吹"君权神授"的人，奥古斯丁[③]根据基督教的伦理学标准将社会分为"上帝之城"和"世俗之城"。上帝之城居住着上帝的选民，世俗之城居住的是上帝的弃民，二者都受上帝主宰。上帝的意志决定世俗之城的统治者，统治者和其他基督徒都应服从上帝的意志，以上帝之城为目标。当统治者是异教徒时，基督徒则遵循"恺撒之物归恺撒，上帝之物归上帝"，在遵守异教政权统治的同时，坚守自己的信念。"米兰敕令"[④] 的颁布与实施本身意味着教权与世俗政权，以及不同教派之间的

---

① 高全喜：《法律、政治与宗教》，《太平洋学报》2007年第5期。

② 查士丁尼一世：Justinian I（482—565），拜占庭皇帝（527—565年在位），杰出的罗马皇帝，以收复失地、编辑法典和在位的大瘟疫而闻名。

③ 圣·奥勒留·奥古斯丁（Saint Aurelius Augustinus，354年11月13日—430年8月28日），古罗马帝国时期天主教思想家，欧洲中世纪基督教神学、教父哲学的重要代表人物。在罗马天主教系统，他被封为圣人和圣师，并且是奥斯定会的发起人。对于新教教会，特别是加尔文主义，他的理论是宗教改革的救赎和恩典思想的源头。

④ 米兰敕令（拉丁文：Edictum Mediolanense，英文：Edict of Milan），又译作米兰诏令或米兰诏书，是罗马帝国皇帝君士坦丁一世和李锡尼在313年于意大利的米兰颁发的一个宽容天主教的敕令。此诏书宣布罗马帝国境内有信仰天主教的自由，并且发还了已经没收的教会财产，亦承认了基督教的合法地位。米兰敕令是天主教历史上的转折点，标志着罗马帝国的统治者对天主教从镇压和宽容相结合的政策转为保护和利用的政策、从被迫害的"地下宗教"成为被承认的宗教。

矛盾升级与调和。从罗马帝国时代到路德、加尔文新教的改革，西方关于政教关系的问题仍然没有得到有效的解决，围绕着授职权问题，格列高利七世教皇的革命和"巴比伦的监禁"就是著名的插曲，反映了欧洲中世界社会神权与王权之间的对立状况。①

马基雅维利（Machiavelli，1469—1527）开始从人的立场解释国家主权问题，开启现代主权论。让·博丹（Jean Bodin，1530—1596）认为主权是"不受法律约束的、对公民和臣民进行统治的最高权力"。②主权不是源于上帝或自然法，而是以君主的意志为基础。格劳秀斯③认为"政教合一"必然导致战争和冲突，只有将政治和法律奠基于自然法的基础之上才能实现真正的和平。霍布斯认为任何人所担负的义务都是由他自己的行为中产生的。在按约建立的国家中，主权的权威根源于人们因相互恐惧而订立的契约；在以力取得的国家中，主权者的权威或根源于子女以明确的方式所表示的同意（宗法的管辖权）或根源于被征服者与征服者所订立的信约（专制管辖权），④从而实现了从"君权神授"到"君权人授"的转变。当代社会政教分离实践最为成功的国家当属美国。美国宪法第一修正案规定，不论州政府还是联邦政府，都不得将一个宗教确立为州教或者国教；不得通过援助一种宗教，或所有宗教，或偏护某一宗教而歧视另一宗教的法律；不得强迫或影响某人违背本人意志加入或不加入一个教会，或强迫他宣布信奉或不信奉任何一种宗教。⑤第一修正案在人类历史上第一次以明文宪法形式确立了政教分离的政治原则，并取得了良好的社会实践效果。托克维尔在美国考察时发现，美国的宗教人士自觉远离政治，以确保宗教精神向导和世俗政权利益向导各自的独立性。政教分离成为美国民主的保障，托克维尔发现美国的神职人员"自愿不搞政治，而把这一行的荣誉让给别人……

---

① 高全喜：《法律、政治与宗教》，《太平洋学报》2007年第5期。
② 乔治·萨拜因、托马斯·所尔森：《政治哲学史》下卷，邓正来译，上海人民出版社2010年版，第82页。
③ 胡果·格劳秀斯（Hugo Grotius，1583—1645），荷兰人，世界近代国际法学的奠基人。
④ 洪琼：《激情与宗教——霍布斯神学政治学新释》，《世界宗教研究》2014年第4期。
⑤ 高全喜：《法律、政治与宗教》，《太平洋学报》2007年第5期。

他们小心翼翼地躲开一切党派，唯恐损害自己利益地极力避免同它们接触"。①"在美国，宗教从来不直接参加社会的管理，但却被视为政治设施中的最主要设施，因为他虽然没有向美国人提倡爱好自由，但他却使美国人能够极其容易地享用自由。"② 宗教对政治的远离不但没有失却其对人民的影响，反而赢得了人们更多的尊重。"无论在美国，还是在别国，我拦住遇到的第一个美国人，问他是否认为宗教对法律稳定和社会良好秩序有益；他毫不犹豫第回答我，没有宗教，文明社会，特别是自由社会，便无法生存。"③

　　托克维尔在《论美国的民主》中如此记录自己在美国考察到的事实。当时的美国已经是一个政教分离的国家，并且美国的自由资本主义制度从来就是一个公开倡导追逐财富、名利的社会。托克维尔看到无论人们平日是如何的繁忙，一旦是礼拜日，喧嚣和繁华悄然消退，无论男女老幼，大家都去教堂参加祈祷。托克维尔的见闻表明在政教分离的国家中宗教存在的重要性。近代政治哲学把人从传统的有机共同体中分解出来，成为一个个孤立的个体，再根据契约理性原则重新组织起来。如果一个社会没有核心的信仰，整个社会就会解体。卢梭（Jean Jacques Rousseau，1712—1778）认为"一旦人们进入政治社会而生活时，他们就必须有一个宗教，把宗教维系在其中，没有一个民主曾经是，或者将会是没有宗教而持续下去的。假如他不曾被赋予一个宗教，他也会为自己制造出一个宗教来，否则它很快就会灭亡"。④ 孔德（Auguste François Xavier Comte，1798—1857）视宗教为社会秩序的基础，人类行动的指南，宗教有助于人们建立社会情感方面的联系，有效克服源于个人私欲造成的对于社会的离心倾向。卢梭在批驳"民族宗教"的前提下提出了"公民宗教"的理念。卢梭认为民族宗教直接写在国家典册，规定国家的神祇和民族守护者，并以国家典章制度的形式规定宗教教仪和教

---

① 陆峰明：《托克维尔论近代政治与宗教》，《兰州大学学报》（社会科学版）2011年第6期。
② [法]托克维尔：《论美国的民主》，董果良译，商务印书馆1988年版，第339页。
③ 同上书，第188页。
④ [法]卢梭：《日内瓦手稿》，转引自孙向晨《公民宗教：现代政治的秘密保障》，《复旦学报》（社会科学版）2012年第6期。

义。这样将宗教尊崇和国家效忠结合起来，尽管可以解决个体主义现代政治导致的认同感缺失，但这种为政治服务的宗教就其本身而言是偏狭危险的，容易导致愚民和嗜血。由此，卢梭提出"公民宗教"概念。公民宗教把政治从神学的控制下解放出来，使政治信仰脱离浓重的宗教气息，强化公民对于民族国家的政治忠诚。"公民宗教"涉及"普适性"和"社会性"两个层面，普适性层面公民宗教与"人的宗教"完全一致，强调对于神的信仰以及对于道德神圣的朴实信仰；社会性层面附加两个特定的社会条件，其一是对特定社会契约与法律的神圣性信仰，其二强调"公民宗教"的宽容性。① 在卢梭看来公民宗教教条应该简单，条款很少：全能的、睿智的、仁慈的、先知而又圣明的神明之存在，未来的生命，正直者的幸福，对坏人的惩罚，社会契约与法律的神圣性，宗教宽容。② 公民宗教是现代社会多元化发展促成的一种民族性、国家级、政治化的新型宗教，具备凝聚高差异社会的宗教功能，超越地域、种族和教派界限而成为一个国家的内聚力象征。公民宗教将对上帝的信仰和对国家的忠诚融为一体。国家政治被神圣化，国家价值被宗教化，民族英雄被神格化，国家历史被描述为具备神圣意义的民族救赎史，并成为爱国群体的集体意识。公民宗教以共同的宗教信仰为基础，通过强有力的凝聚象征为实现社会共同目标激发个体深层心理动机，从而起到动员民众、整合群体、维系秩序的社会功能。

美国的公民宗教表现为具备超验意义的信仰体系，充当国民生活一体化与信仰多样性之间的桥梁，是美国政治意识形态的一种特殊表达方式。西德尼·E. 米德认为美国宗教受欧洲启蒙运动思想影响，存在一种包括公民主权、上帝存在、上帝恩赐等信仰在内的"共和国宗教"，是一种超越教派宗教的信仰系统。③ 美国公民宗教没有教堂、没有教徒，教义抽象简单，通过从传统教派选定诸如基督教新教个人主义、实

---

① 孙向晨：《公民宗教：现代政治的秘密保障》，《复旦学报》（社会科学版）2012年第6期。
② 孙尚阳：《现代社会中的意义共契与公民宗教问题》，《世界宗教研究》2015年第5期。
③ 聂应聘、傅安洲：《论美国公民宗教的内涵》，《理论月刊》2011年第5期。

用主义等因素，赋予其超越教派的内涵，易于被不同教派、种族和阶级背景的群体接受，发挥联结国民生活一体化与信仰多样性的桥梁作用。"上帝"是美国公民宗教的核心意符，超越宗教意义，深入民众日常生活，成为美国民族的精神食粮和价值尺度。美国公民宗教把国家和美国社会作为膜拜对象，使个人与国家联系起来，强调国家神圣。通过对美国社会发展历史和国家体制的崇拜，激发人们的爱国主义情怀，倡导国家价值至上理念，实施社会整合。威尔·赫伯格认为美国存在"一种精神结构，一种思想、理想、追求、价值、信仰和准则的结构；它综合了所有那些对美国人来说在现实生活中的真、善和正义的东西。它为广大美国人共同拥有，并且确实在他们的生活中起作用"。① 在文化多样化，信仰多元化的美国社会，公民宗教将人们不同的精神结构、生活方式和文化情感整合在一起，将人们生活中共同的价值观上升为国家精神，使得多元文化的美国社会能够在精神上团结一致，有序运行。

二 儒教与君主专制

法国著名社会学家孔德视宗教为社会的基础，认为宗教在克服个人私欲对社会离心作用的同时，有助于建构共同的社会情感。长久以来，宗教维系着人们的情感联系，倡导利他主义，推进个体道德趋于完善，传统社会的整合与协调很大程度上有赖于宗教。② 维系中国传统社会绵延生息，乃至中华文明历经劫难而终未灭绝的精神支柱就是中国的儒教传统。儒教和皇权或者王权紧密地结合在一起，从精神荣誉和世俗权益两方面牢牢地控制着中国社会的精神资源和物质资源，维持着传统社会的正常运转。即使在亡国灭种的危急时刻，以儒教道德观念为核心的礼俗伦理往往也会征服、同化来自域外文明的征服者。德国社会学家马克斯·韦伯认为中国传统社会是以皇帝为大祭司的政教合一政权，儒教在

---

① [美]威尔·赫伯格：《新教、天主教和犹太教、关于美国宗教社会学的论文》，转引自聂应聘、傅安洲《论美国公民宗教的内涵》，《理论月刊》2011年第5期。
② 张强：《宗教的秩序意蕴——从"人性宗教"到"公民宗教"》，《武陵学刊》2013年1月。

传统社会的意义在于：一方面同封建主斗争协调社会物质利益分配，另一方面残酷、系统地镇压异端邪说。中国人的灵魂从来没有被哪位先知革过命，中国没有私人"祈祷"：司礼仪、典籍之官，特别是皇帝，无所不管。① 1980 年，任继愈发表《论儒教的形成》认为从汉武帝独尊儒术起，儒术便具备了宗教的雏形，宋明理学的建立则标志着儒教的形成。作为宗教的儒教具备如下特征：一是认定人有类似于原罪的自私之心；二是宣扬禁欲主义；三是宣传天是至上的神灵；四是以修心为特色的修行方式具有僧侣主义色彩。尽管儒教不主张出世，但它是不具宗教之名而有宗教之实的儒教。② 在中国古典时期，儒教与礼俗社会水乳交融，有如古典中国的"公民"宗教，但当时并不存在所谓主张民主的公民身份。礼俗信仰为国家权威提供了整套的符号、象征和仪式，这些符号和象征也对国家政权进行约束，起到促进国家认同的规范作用。李申认为儒教以上帝信仰为核心，有相应的祭祀制度，以国家为组织，③皇帝被授予至高无上的神圣教旨，凌驾于民间诸神之上。汉武帝独尊儒术之后，儒教成为体现官方意识形态的国教。皇帝亲自主持祭天和祭拜皇族祖先的仪式；宋明时期，理学与禅宗修行方法相近，深化了儒教传统的宗教性。儒教以传统经典教育为基础，强调世俗理性主义的俸禄等级伦理观念，进而与传统宗法观念相结合，以礼俗生活伦理的方式将这种等级观念超越阶层本身，在全社会范围内规定了人们的生活方式。

马克斯·韦伯认为儒教并不是被中国官方唯一承认的哲学，战国时期各种哲学流派公开竞争，即使是在后来的统一帝国中，这种竞争也依然持续，儒教的最后胜利大约是在公元 8 世纪。④ 以儒家思想相传承的儒教之所以能够在中华文明社会力挫百家，以国民宗教的形式影响中国两千年，源自其与中国传统社会的情境适应性特征。作为儒教思想来源的儒家思想，并不像西方宗教一样具备作为人格神存在的"上帝、真

---

① ［德］马克斯·韦伯：《儒教与道教》，王容芬译，商务印书馆1995年版。
② 张荣明：《儒教、国民宗教与政治神学》，《天津师范大学学报》（社会科学版）2010年第3期。
③ 同上。
④ ［德］马克斯·韦伯：《儒教与道教》，王容芬译，商务印书馆1995年版，第217页。

主或者安拉";儒家所尊崇的所谓"天、天意"更具有虚无缥缈特征,这就为儒教与传统宗法统治,家国同构理念的合流打下了基础。在诸如欧洲基督教,或者其他宗教势力的发展过程中,都曾存在过注重精神统辖的教权和体现物质利益操控的世俗王权的斗争。儒教,或者儒家思想从源头上就与世俗物质操控权力同根同源,从其开创的目的而言就是为世俗权力服务。儒教,没有统一的精神领袖,其先圣孔子也不过是后世君王的封爵。① 其后,更有诸如荀子、孟子,以至于朱熹、王阳明这样的大宗师出现。但这些宗师并不具备西方宗教创世纪意义上的诠释宇宙世界的意蕴,更多的是针对不同社会发展阶段主要矛盾,从思想上提出解决方法的儒教学者。从这个意义而言,儒教,尽管在传统社会国家政权推崇下,对社会民众产生过近似于宗教,甚至是超越宗教的影响;但就其思想独立性而言,还很难说是一种具备独立精神诉求的宗教形式。

根据刘志伟观点,儒"圣"同源。儒的原初含义为初民时代的巫师,兼有早期宗教、文化与政治领袖的身份。传说中的圣王如伏羲和黄帝都是群巫之首,商王有时也被称为群巫之长。在他们身上帝王与巫师,王统与教统合一。② 中国的"自然神"崇拜没有如欧洲一样进化精神神圣的人格神宗教崇拜,从世俗权力中分离出来,拯救人的灵魂。儒教与其说是一种宗教,更像是一种为世俗权力统治服务的社会伦理体系。儒教注重社会实际效用,在其协调族群内部利益关系的过程中,逐渐形构了相关维护族群整体利益的"公共理性"原则,使得其与中国传统的宗法专制统治具备了某种意义上的契合性。作为封建宗法伦理的首要任务就是论证"君权神圣"原则,董仲舒所倡"天人感应""君权神圣"的核心旨趣在于社会秩序和政治权威的神圣化,这是中国"大一统"君主专制统治的必需,也是儒家社会秩序维护的核心。儒家认

---

① 汉武帝罢黜百家,独尊儒术后,包括入主中原的少数民族在内,历代统治者不断加封孔子及其后人。唐代开元年间,孔子被谥为"文宣王",宋仁宗至和二年(1055)改封"衍圣公",宋徽宗时又加封孔氏长子长孙为世袭"衍圣公",负责主持每年的国家祭孔大典。
② 王鸿生:《中国的王官文化与儒教的起源》,《文史哲》2008年第5期。

为"唯天子受命于天，天下受命于天子，一国则受命于君"。① 人民要服从君主，君主要奉承天意。儒教认为君主专制符合大一统的天道，"天王者，与天地参，故德配天地，兼利万物；与日月并明，明昭四海，而不遗微小"。② 董仲舒论证了君主专制和中央集权的正当性，认为君权是人间唯一、至高无上，神圣不可侵犯的主权。君权是唯一的，同时也是不可替代的，君主的言行决定着国家兴衰治乱。儒家认为"君"是立法制度的根源，是本源和权威，是温润万物和谐众生的根本。实行君主专制是天道使然，普施王道是仁政的必然选择。君王是圣贤，以德配天，敬天保民，君王为民众的福祉而行王道仁政。

儒家认为臣民对君主专制的服从是以君主的贤德和仁政为前提的。"其身正，不令而行；其身不正，虽令不从。"③ 这种互为条件的论述体现了某种程度的公共管理的主体间存在。亚圣孟子更是从被统治者"民"的角度，论述了儒家政治伦理体系的原点，认为"民为重，社稷次之，君为轻"。④ 儒家思想的君主专制合法性建立在德的基础上，君主行使的绝对权力是为了成就绝对的善，是从内在的善向外在的善的转化，是"内圣外王"的过程。为确保君主内在的善对其私欲"恶"的绝对压制，儒教还通过外在的"天意"对专制统治的有害言行进行制约。董仲舒认为君主应该顺天应人，实行王道仁政。作为大一统帝国的皇帝也需遵从依照儒家思想塑造出来的"天意"。政治上统一于皇帝，思想上统一于儒家。儒家强调君主专制必须建立在"王道、仁政"的基础上，同时受制于天道、民意，以及政权和治权分离的制衡。在这种儒教与王权既相互配合，又相互制衡的过程中，儒家出身的"士"阶层成为维护君主专制政治和儒教道统思想的中坚力量。韦伯认为中国战国时期，诸侯国君就开始使用具备较高文化水准的"士"帮助自己管理行政事务；汉灭秦后，新王朝的胜利果实最终还是落到士手中。"他

---

① 董仲舒：《春秋繁露·王道》。
② 佚名：《礼记·经解》。
③ 孔子：《论语·子路》。
④ 孟子：《孟子·尽心章句下》。

们的经济与行政管理政策又一次对皇权的建立起了决定性的作用，并且在当时比他们一直与之斗争的宠幸和宦官行政高出一筹。"① 隋唐时期，科举制的成熟与发展使得中国儒教，虽然没有西方宗教的礼拜场所及教堂，却把国家的朝堂、乡野的学校统统变成了儒教思想的传承机关，乃至将相百官也都成了儒教的忠实信徒。科举制使得中国政治摆脱世族大家对国家行政权力的垄断，给民间才智人士提供了发挥"指点江山，激扬文字"的机会。"科举制根据文凭授予职务，不看出身及世袭地位。"② 这项措施对于形成中国的行政与文化特点具有决定意义，也造就了中国隋唐后一千多年绵延不绝的"才子佳人"文化。

唐朝首次确立"士"的地位，设置培养人才的国子监和翰林院。儒家教育通过考试选拔人才，考试确定你是否满腹经纶，是否具有一个高雅的人所具有的思维方式。中国的教育为俸禄利益服务，受经典束缚，但又是地地道道的俗人教育，一半打上了礼仪的烙印，一半打上了传统伦理的烙印。士在地位巩固之后，就享有特殊的等级制特权。士阶层由于其在传统社会的特殊利益，本能地成为专制等级社会秩序的维护者。在通过"天意"制衡最高统治者，通过维护家国整体利益维护个人私利的同时，也和传统社会的政权腐蚀成分产生利益纷争。中国士大夫阶层的政敌，主要表现为君主的独裁专制和宦官集团对国家政治的腐蚀。封建士大夫出于家国公益，指斥国家政治的阙失。独裁者和宦官集团的主要诉求在于满足私欲，从而损害国家的整体利益。强悍果敢的统治者自然总是试图借助宦官和草莽暴发户来摆脱受过教育的高雅的士大夫阶层的束缚。许多反对这种绝对主义形式的士大夫，不得不为了他们等级的权力而抛头颅、洒热血。但是，从长远的角度看，士大夫总是一再获胜。③ 宋明两代，中华文明趋于雌化、没落，从宋太祖赵匡胤开始抑制武力，敬重尊崇和平主义的文雅儒士。随着士大夫社会地位的提高，其对于封建皇权的平衡、制约作用却在日益削

---

① [德] 马克斯·韦伯：《儒教与道教》，王容芬译，商务印书馆1995年版，第96页。
② 同上书，第102页。
③ 同上书，第188—191页。

减。士大夫更愿意通过与皇权妥协的方式确保自身的固有利益，这也应该是作为儒教思想此时期趋于保守、内敛的原因。随着宋、明两代中国传统社会日益走向狭隘、保守、内敛，儒家思想迎合专制统治需求的"自宫"行为也如影随形。"理学""心学"的出现与流行意味着儒家思想丧失原初社会治理设想的"公共理性"存在，蜕变为维护专制统治利益、专崇礼仪政治、桎梏社会生机与活力的枷锁。理学以儒家学说为中心，兼容佛道两家哲学理论，论证了封建纲常名教的合理性和永恒性，至南宋被采纳为官方哲学。朱熹主张"存天理、灭人欲"，意在规劝统治者"克己复礼"。客观上，仅仅为统治者的"愚民、苛政"提供了理论依据。两宋三百年，民间辛苦，上层昏庸，最终为异族所灭。心学，最早可推溯自孟子，北宋程颢开端，南宋陆九渊与朱熹的理学分庭抗礼。至明朝，由王守仁提出"心学"概念，心学的宗旨在于"致良知"。陆九渊主张"宇宙便是吾心，吾心便是宇宙"。其"心即理"说认为天理、人理、物理只在吾心之中。主观唯心地回避矛盾，其理论虽可"掩耳盗铃"式地起到"愚民"作用，但面对异族铁骑和农民起义却是不堪一击的。

清末民初，五四运动以来，随着封建专制制度在中国逐渐没落、败亡，儒教首当其冲地成为思想界攻击的对象。五四运动提出"打倒孔家店"的口号，似乎儒学思想必须为中华文明的没落衰亡埋单。儒教思想，本质上不过是适应统治秩序，教育俗人社会礼仪规则的大法典。儒家礼仪文化，也只不过是专制统治者用来实现和掩盖私欲的遮羞布，并不应该成为家国苦难的替罪羊。20世纪80年代，中国政府开始对儒教感兴趣，李冠耀也热衷儒教，将之看成新加坡经济成功的原因，并积极地向世界炫耀其儒教价值观。90年代，台湾宣称其为"儒教思想的继承者"。[①] 改革开放以来，大陆学者也有呼吁振兴国学，设想将儒教设为"公民宗教"。但是，这种想法颇受质疑。首先，美国式的公民宗教的前提是"主权在民"，政教分离。当代中国还不存在这样的条件，

---

① [美]亨廷顿：《文明的冲突与世界秩序的重建》，周琪等译，新华出版社1998年版，第107页。

"强调权威、秩序、等级制和集体高于个人的中国儒教传统对民主化形成了障碍"。① 再有,儒教本身也缺乏一个能够传唤国家与民意的超验人格上神。作为儒教价值共识的"敬天爱人"也无法作为公民宗教构成要素,唤起作为社会情感存在的"爱信畏惧"。当代的社会教育系统,已经摆脱传统儒教学识主体,儒教在中国缺乏作为社会基础存在的专门的学校和信徒。公民宗教只有依托宪政制度,才有可能真正建构成塑造公民情感的新兴宗教形式。儒教中国将不得不应对政治与教化分离的秩序挑战,这种挑战不单单表现在精神秩序上,更表现在人们的日常生活层面。国家宪政制度赋予公民宗教以合法的形式,宪政国家成为公民宗教致力维护的对象。适宜的宪政制度安排是公民宗教勃兴与发展的制度条件,否则公民宗教就会演化为扭曲的形式,成为敌对性很强的、毫不宽容的社会建制。②

三 基督教与民主政治

正如儒教并不直接导致专制产生一样,基督教也并不导致民主社会的必然发生。与其说是儒教塑造了专制制度,不如说是中国传统的专制统治造就了儒教备受尊崇的社会地位。作为儒教起源的巫师祈禳本身就是政教合一的人类早期巫术政治的主体。汉武帝后,儒学具备了国家宗教——儒教的形式。某种意义上,儒教产生本身就是为专制统治服务的。秉承儒学经典的士大夫或者本身就具有行政职务的各级官员,或者是想通过儒学谋求一官半职的"求职、求聘者";他们本身就是,或者是急于进入专制体制的人,所以其崇尚专制、服务专制,意在通过专制政体谋求利益也就是无可厚非的事。儒学尽管也有诸如后来的"程、朱、陆、王"③ 等著名学者出现,但他们也和自己先师孔子、孟子一样,本身就是在职官员,或者意在求官。如此,就很难说其学术求索可

---

① [美] 亨廷顿:《文明的冲突与世界秩序的重建》,周琪等译,新华出版社 1998 年版,第 265 页。
② 任剑涛:《公民宗教与政治制度——作为公民宗教的儒教建构之制度条件》,《天津社会科学》2013 年第 4 期。
③ "程、朱、陆、王"分别是指二程(程颢、程颐)、朱熹、陆九渊、王阳明。

能有什么独立的见解,其根本目的在于"求用",为专制统治的巩固和强化服务。相对而言,基督教的发生、发展和统治者行政权属并不具备本质上的联系。在其发生之时,创立者和教徒是作为国家行政范围之外的平民阶层,甚至是流亡者存在的,他们并不肩负为国家政治服务的义务。在其强盛之时,或者驯服作为世俗权力最高形式存在的"王权"或者"皇权"。即使在政教分离的当代社会,基督教作为普通民众的精神寄托和情感维系,其对普通民众日常生活的影响甚或超过其对国家行政的影响。

基督教的创立者犹太人本身属于阿拉伯半岛的游牧民族,其后裔受人歧视,[①] 只能从事被认为是"下贱"的商业贸易。犹太人拿撒勒人于公元1世纪在今天的以色列、巴勒斯坦和约旦地区创立基督教,继承了犹太教《圣经》教义和许多文化传统。《旧约》《新约》成熟时间跨越千年,作者也极为复杂,所处时代、职业、身份、写作环境迥异。

> 摩西是政治领袖,约书亚是军事领袖,大卫和所罗门是君王,但以理是宰相,保罗是犹太律法家,路加是医生,彼得、约翰是渔夫,阿摩斯是牧羊人,马太是税吏。有的写于皇宫之中,有的则在牢狱或流放岛上;有的写于戎马战时,有的却完成于和平盛世;有的写于喜乐的高潮,有的则写于悲恸、失望的低谷。[②]

基督教义的作者源自各行各业,而非儒教的当政者或者为政治服务者。相对而言,基督教精神包含了更多源自社会行业的规约成分,也就包含了更多的调剂人们日常社会生产和生活情感的相关内容。基督教义

[①] 欧洲人排斥犹太人是极度自卑的心理在作祟,也可以说是自作自受,古代欧洲人和中国人一样视商业为低贱的行业,按规定犹太人不得当官不得拥有自己的土地,只能从事商业。结果就造成了很多国家除了贵族最有钱的就是犹太富商,而统治者每当遇到统治危机的时候就会把所有矛盾转移在犹太人身上,就会向穷困的底层人民宣扬:你们之所以穷困不是贵族不好不是皇帝不好,是奸诈的犹太商人偷走了你们的钱,去恨犹太人吧,去抢他们的钱吧。百度百科。

[②] 圣经作者:百度知道,https://zhidao.baidu.com/question/1882302474636362468.html,2016年10月25日。

的根本精神大概可以归纳为平等与博爱、契约与法治、人权与民主等内容。基督教义本身并不必然导致民主制度的产生,美国民主制度的繁荣与昌盛与许多美国独具的自然条件和社会条件相关。

法国社会学家托克维尔在考察美国民主制度时发现,与法国相比,民主制度之所以能够在美国建设成功原因有三:自然环境、法制和民情。进一步研究则会发现在这三种原因里,"自然环境不如法制,而法制又不如民情"。① 首先托克维尔发现美国的前身——新英格兰各州由清教徒②建立,这些清教徒以教义严格出名。他们在祖国遭受政府迫害,认为所处社会日常生活有损自身教义的严肃性,自愿寻找人迹罕至的不毛之地,以便按照自愿的生活方式和自由崇拜上帝。这部分州成为后来美国建国的主体,其思想成为美国社会学说的基础。可见,美国建国之关键因素在于宗教,托克维尔甚至认为没有信仰就不可能养成民情。其次,基督教教义、实践与美国民主精神相契合,有助于美国民主社会建设。美国的乡镇源自清教徒在北美大陆建立的教区共同体,共同体中的民众人人平等,共同参与治理,践行自由平等理念,自然形成托克维尔所谓自由民主的社情民意。再次,基督教教义有助于抑制近代个体渔利政治原则带来的弊端。近代政治的原则是理性主义和个人主义,相对于传统集体主义政治原则,近代政治更加向往社会解放、身份平等和公民自由。理性主义本身是一种进步,但更容易带来政治激进主义。美国的政治行为受到宗教道德约束,政治家不得以人民的利益为借口做出有违社会公德与法律的激进政治行为。其行政行为履行责任伦理③原则,从政者必须具备务实的态度,为自己言论行为的后果承担责任。托

---

① [法] 托克维尔:《论美国的民主》,董果良译,商务印书馆1988年版,第358页。
② 清教徒(Puritan),指要求清除英国国教中天主教残余的改革派。其字词于16世纪60年代开始使用,源于拉丁文的Purus,意为清洁。清教徒信奉加尔文主义(Calvinism),认为《圣经》才是唯一最高权威,任何教会或个人都不能成为传统权威的解释者和维护者。清教徒的先驱者产生于玛丽一世统治后期,流亡于欧洲大陆的英国新教团体中。及后,部分移居至美洲。
③ 责任伦理:指从政者必须具备务实的态度,为自己言论行为的后果承担责任。"责任伦理"概念最初由德国著名哲学社会学家马克斯·韦伯于20世纪初提出。而责任伦理学的兴起则源于德国学者汉斯·约纳斯(1903—1993)于1979年出版的《责任原理:技术文明时代的伦理学探索》一书。

克维尔认为美国存在的大量教派成为公民通过结社方式实施政治参与的重要途径。最后,托克维尔认为政教分离是确保美国民主制度存在的重要保障;他认为法国近代历史之所以变乱不断的主要原因是政教不分,宗教因通由政治限制人民的自由而遭排斥,政治进步本身也由此而步履维艰。"宗教与各种政治权力结盟时,只会使自己担起沉重的盟约义务。宗教不需要依靠政治权力的帮助而生存,而如果给予政治权力以帮助,则会导致自己灭亡。"[①] 法国革命的最初措施之一是攻击教会,在大革命所产生的激情中,首先燃起最后熄灭的是反宗教的激情。即使在人们被迫忍受奴役以换取安宁,对自由的热情烟消云散之时,他们仍在反抗宗教的权威。拿破仑能够镇压法国革命,却无法制服其反宗教天性。甚至在当代人们抛弃了大革命信条中最自由、最高贵、最自豪的一切,却以忠于大革命的精神自矜,因为他们仍旧不信上帝。[②]

尽管基督教并不直接造就英美国家的民主政治,却为民主制度的建立提供了开放性的思想原则"平等与博爱、契约与法治、人权与民主"。作为专制统治维护者的儒教本身并不直接产生专制政治,但其为专制所造就,并且在与专制政治的相互"依赖和成全"过程中,长久以来也形成自身的封闭性特征"等级与依附、暴力与人治、主权与君主"。儒教伦理思想的形成源自传统中国社会特有的文化情境。首先,儒士业者可以追溯到殷商时期的巫祝;祭禳祈祷本身就是先民部族时期,部族首领假借天意实施群体控制的手段,其中很多部族首领本身就是巫师。某种意义上而言,儒教自发源时期起,就承担有实施蒙昧统治的职能。在其后长时期历史沿革中,春秋战国时期发展为较为系统的理论体系,直至两宋明清,受中国传统社会没落、文明衰亡影响,理论创新乏力,理论体系日益封闭,最终走向主观唯心,但其服务政治,维护专制统治的理念却从未改变。儒家学术受中国传统学术思维影响,缺乏逻辑思维的理性思考,单纯依靠主观冥思,通过向自然法则的机械摹写,提炼相关社会治理思想,这也使得儒学思想兼具朴素性和狭隘性特

---

① [法]托克维尔:《论美国的民主》,董果良译,商务印书馆1988年版,第345页。
② [法]托克维尔:《旧制度与大革命》,冯棠译,商务印书馆1997年版,第45页。

征。从实用主义立场出发，儒家主张"天人合一"，通过对自然界弱肉强食"丛林法则"的摹写建构起源自宗法社会形态的社会等级伦理法则。儒家从基于血缘关系的家庭伦理出发，推而至国，建构起严格的等级观念体系。所谓"君为臣纲、父为子纲，夫为妻纲"，主张"父子有情，夫妇有别，长幼有序"和"仁、义、礼、智、信"等一系列体现等级特权关系的行为规范。相应儒家所谓"仁者，爱人"也表现为条件性的因果报应特征。孟子云："仁者爱人，有礼者敬人。爱人者，人恒爱之；敬人者，人恒敬之。"① "恩爱夫妻"意味着丈夫施恩，妻子以情爱为回报；"父慈"与"子孝"互为条件，儒家之"爱"是建立在人身依附关系上的"施恩图报"。相对而言，基督教作为民间受压迫者和穷苦人的宗教，倡导"平等与博爱"。基督教教导的爱有"圣爱"性质，上帝对世人的爱是一种普遍的、平等的爱。每个人在上帝的眼中都是无限价值的、平等的，人与人之间的爱也是平等的。基督教主张上帝面前人人平等，《圣经》和基督理解的"平等"是基于人人在上帝面前属灵②的平等。摩西告诉以色列人，神在属灵上"不以貌取人"（申命记10：17）。保罗告诉罗马人"因为世人都犯了罪，亏缺了神的荣耀"（罗马书3：23）。③ 也意味着所有人都平等地作为堕落的、有罪的受造物，而且当有罪的个体信靠于上帝的儿子时，他们就获得了灵性上的平等。早期基督的平等限于教会成员在信神和团契④上的互动，表现在男女关系、相互扶持、团契和敬拜，甚至奴隶也能平等地参加教会仪式。英国内战时期（1642—1645），国会内的清教徒，特别是独立教派信徒扩大了平等观，他们坚信"既为基督徒，所有基督徒都是自由平等的，

---

① 孟子：《孟子·离娄章句下》。
② "属灵"：指一个人可以尊主为大，思想、言语、行为都不违反上帝的心意；而"不属灵"就是以自我为中心，与自己的欲望妥协。一位基督徒应该是"属灵"的，活出上帝的形象，而不是"属肉体"，虽然相信上帝，却向自我的罪性屈服。
③ 顾肃：《基督教在西方政治民主中的作用》，《厦门大学学报》（哲学社会科学版）2008年第6期。
④ 团契：常用作基督教（新教）特定聚会的名称，其旨在增进基督徒和慕道友共同追求信仰的信心和相互分享、帮助的集体情谊。因而广义的团契也可指教会和其他形式的基督徒聚会。团契生活是基督徒最基本的和非常重要的教会生活，所以团契也被称为基督徒团契。

因此有权在一个基督教国家事务上发表言论"。① 相对于儒教基于自然摹写的家庭血缘伦理观念,基督教的伦理是以超验的神人关系为主的。耶稣贬低个体血亲之父地位,主张认同天父。"不要称呼地上的人为父,因为只有一位是你们的父,就是在天上的父。"(《马太福音》23:9)基督教强调用"神的家"取代血亲的家,意在取代基于血缘关系的伦理律法权威。血亲家庭给予人和人的关系,将人和人分割,限定为私利家庭单元。血亲家庭伦理从条件性的,对"最亲近的"人施爱开始,由近及远,推己及人。孟子主张"老吾老以及人之老,幼吾幼以及人之幼"。视墨家"兼爱"为"禽兽"之爱。基督教超越血亲伦理通过爱"最远的人"(耶稣)博爱一切人,并在此基础上加深对"最近的人的爱"。②

"契约与法治"既是"人权与民主"的结果,也是"人权与民主"的保障。基督教源自受歧视、受压迫的犹太民族,起因于社会底层面对共同的困难障碍,谋取生存与生活的盟约。基督教本身的契约精神及其超验的"上帝"崇拜与西方法治社会的建构不无渊源。基督教教义本身就是上帝和人类的约定,《旧约》为上帝和人类订立的第一次契约,《新约》为上帝和人类订立的第二次契约。《旧约》为犹太教教义,集中当时人类对于宇宙万物的认知和哲学思考。《新约》主要记载耶稣的经历,及其门徒的书信,以及耶稣改造犹太教、创立基督教的基本思想。"摩西十诫",作为"圣经"约定的基本行为准则,影响深远,成为以色列人的立法基础,也是西方世界道德文明的核心。基督教教义并非现代法治的直接缔造者,但其从道义和信仰上对世俗君王权力的制约,为现代法治精神的确立提供信仰保障。在中世纪的欧洲,国王是世俗的统治者,但是必须服从于教会的精神权威,教皇比国王更具权威性。教会僧侣属于第一等级,国王与贵族属于第二等级。③ 390年,部

---

① 顾肃:《基督教在西方政治民主中的作用》,《厦门大学学报》(哲学社会科学版)2008年第6期。

② 尤西林:《基督教超血亲伦理及其起源——从〈旧约〉到〈新约〉》,《江苏社会科学》2007年第2期。

③ 张中胜:《洛克君主立宪制历史线索探析》,《前沿》2013年第22期。

分民众在萨罗尼加发动暴乱,基督徒皇帝狄奥多西大帝屠杀了7000人。米兰主教安布罗斯要求皇帝对其残杀行为做出忏悔。皇帝拒绝,主教便将皇帝逐出教会。一个月后,皇帝最终匍匐在安布罗斯的教堂前忏悔。① 在法治基本观念上,《圣经》要求"无人凌驾于法律之上"。基督教对"自然法"②的推崇成就了希腊、罗马法律的成熟,也成为后来西方宪法"平等、民主"观念的法理依据。17世纪,基督徒英国哲学家洛克(John Locke,1632—1704)系统论述了自然法学说,认为政府存在的意义在于支持自然律,暴政则是对自然人权的侵犯。自然权利不由国王或政府赐予,而是人民天生所有,统治者的合法性应该建立在被统治者的同意基础上。托马斯·杰斐逊(Thomas Jefferson,1743—1826)起草的《独立宣言》引用了基督教教义的"自然法则和自然神明"。认为人人生而平等,每个人都从"造物主"那里获赠了不可让渡的"生命、自由和追求幸福"的权利。为了保障这些权利,人们成立政府。任何一种损害这些目的的政府,人民都有权利改变或者废除,以建立新的政府。

第三节 "格栅"与"群体"

一 作为结构社会形态维度的"格栅"与"群体"

"格栅"和"群体"原为英国人类学家玛丽·道格拉斯分析人类社会结构的两个维度。其中,"格栅"指通过自我中心的网络把人们相互联系起来的规则,控制着人们行为的流变。"群体"指涉有限社会单元的经验,"群"用来表示"压力向度",及社会中"群体"对"个体"的影响强度,强"群"代表了个体的思想、行为受他人的压力较

---

① 顾肃:《基督教在西方政治民主中的作用》,《厦门大学学报》(哲学社会科学版)2008年第6期。

② 自然法:萌发于古希腊哲学,指宇宙秩序本身中作为一切制定法制基础的关于正义的基本和终极的原则的集合。智者学派将"自然"和"法"区分开来,认为"自然"是明智的,永恒的,而法则是专断的,仅出于权宜之计。自然法主张天赋人权,人人平等,公正至上。自然法是整个科学的思想基础和各种具体法规的指导原则,它高于一切人定法和人为权利。这种人类自然平等的思想是对罗马法律实践的理论概括与升华,标志着罗马法学的高度成熟。百度百科。

大；低"群"表示脱离了压力的个人化社会。道格拉斯的社会分析呈现静态结构特征，根据"群体"与"格栅"的二维分割将人类社会情境划分为四种结构类型：强群体/强格栅社会、强群体/弱格栅社会、弱群体/弱格栅社会和弱群体/强格栅社会。

强群体/强格栅社会，也称"仪式化社会"。作为社会个体行为规则总和的"格栅"对个体实施强有力的社会控制，以权利和义务为核心的公共行政体系为每个人都做了严格的安排，任何社会仪式都有严格的规定。"强群"意味着较强的群体认同，群体内部意见被大多数成员所采纳，即使存在少数成员的异议也会被强大的群体意见淹没。"强格"表明该种社会严格的秩序、等级和分类控制，群体内部成员各有所归。该类型社会成员被结构成组织严密的整体，成员趋向于根据秩序和等级习惯性服从权威惯例；虔诚成为社会生活的秩序，严格的戒律和禁忌约束着个体的每个行为。社会成员习惯于服从统治者权威，通过惩戒维护信仰的唯一性和权威性，类似于军事社会。道格拉斯从社会文化方面解析"强群体/弱格栅"社会的结构特征，认为该种社会分类体系并不十分明晰，类似于人类孩童时期的状态。父母通过对孩子所谓关爱进行控制，随着孩子们年龄的增长，逐渐形成自己的分类体系。该种社会结构，群体内部压力大，个体思想意见易被忽视，成员间认同感强。个体成员不参与主流社会分类体系，成员之间彼此平等熟悉，群体包容性强；属于平等的集体社会模式，易于形成基于共同信仰的二元世界观。群体成员反对统治权威，认为所谓权威是一种"邪恶的力量"。在"弱群/强格"社会中，秩序和分类被推上至高位置，有严格的等级限制。作为社会领袖的大人物凭借等级优势，成为一种遥远的权力存在。大人物凭借个人魅力划分"势力范围"，他将自己的追随者集结起来，形成自己的网络，并建立起自己的"势力中心"。大人物的成功具有示范效应，该种社会中的每个成员都热衷于对成功的追求，人们通过竞争寻求自己的位置。竞争成为该种社会类型的主要精神气质，鼓励个人奋斗，充满权力争夺。"弱群体/弱格栅"社会属于个人主义至上的社会类型，人们的认同感较弱，没有来自团体内部的高压，也没有高度分化的秩序，团体的组成具有伸缩性，社会结构相对松散。族群成员不承担任何压力，也没有明晰的个人角色规范，大家都以"自我"为中心，注重内在情感，忽视外在仪式符号，是一个纯粹自我中心的社会类型。

玛丽·道格拉斯从人类学角度分析了原始宗教的禁忌行为，进而提出人类社会结构的四种类型。单就其理论建构的"格栅"与"群体"维度机械静态存在就可以看出其理论的狭隘性，但其"格栅/群体"分野的提出却可以为人们分析人类社会结构的建构与嬗变提供更为清晰的思路。其实，道格拉斯的"格栅"不但包含其所研究的原始宗教的诸多以"禁忌"形式存在的行为规范，而且可以扩展为现当代社会对社会个体、群体起规制作用的所有行为规范。这些"格栅"即可包括强制性的宗教、政治、法律等强制性行为规范，也可包括道德、礼仪、风俗习惯等非强制性行为规范。在道格拉斯的理论体系中，没有对人类社会的群体类型进行细分。其实，人类社会群体是可以根据具体团体或者个人的社会等级、财富、社会荣誉度等指标分为很多所谓"团体"的。按照马克思阶级学说，社会人可以根据其对社会生产资料的占有和生活资料的分配权力不同分为统治阶级和被统治阶级，或者是剥削阶级和被剥削阶级。根据不同社会群体在社会结构中的存在状态，也可以分为王侯贵族群体、专业精英群体、社会平民群体，以及贫民和流氓无产者群体。各社会群体在具体社会行为过程中，与具体的作为格栅形式存在的行为规范发生互动，或者循规蹈矩，强化具体社会架构的稳定性；或者叛逆犯险，突破格栅限制，以自身的独有价值创建新的行为规范，这往往意味着群体/格栅关系的"涅槃"重生，新的社会制度的创建。或者社会群体之间互动，在不改变格栅内容的前提下，实现具体群体社会结构位置的改变，这种变化在中国的历次改朝换代的轮回"革命"中表现得最为明显。道格拉斯的群体/格栅理论分析了作为一般性存在的社会形态结构特征，其理论既可凸显共时性存在的人类典型社会形态的结构特点，也可历时性地阐释具体文明社会的兴衰演变。相对而言，君主专制政体往往表现出较为强烈的"强格栅"特征；民主共和政体则明显表现出"强群体"特点。并且在具体的社会发展阶段，表现出"格栅"与"群体"的互动与兴衰轮转。

贵族专制社会于人类文明历史存在最为悠久,历经数千年各代贵族统治集团的调节、完善,形成迄今为止最为完美的格栅体系,同时也是最为封闭、落后的格栅规范体系。尽管随着个体理性意识的觉醒,贵族专制体制已经为绝大多数民族国家所遗弃,但同时在当今世界仍然保有其"顽强"的生命力,以各种形式继续存在。传统贵族专制时代形成的"公序良俗"也不时影响着人们的现实生活和心理趣味,即便如海德格尔这样的哲学大家晚年也开始艳羡"诗意栖居"的生活。海德格尔应该是在"主客"二元对立的西方哲学困扰中,选择个体心灵朝向自然的回归。贵族专制社会一般主张"君权神授,天人合一",尽管蒙昧色彩浓厚,但当人类面对自然规律,出现认知局限之时,回归蒙昧往往既是"不得以",同时也是"真心"的皈依。伟大如牛顿这样的科学巨匠,晚年也在向"神"寻求宇宙第一推动力。近代以来,全球范围内的绝大多数顶尖级科学家大都相信神的存在。[1] 贵族专制社会伦理格栅的认知优势在于,通过对自然界秩序的直接"摹写",嫁接于人类社会伦理格栅体系的建构。比如用人类头脑与四肢的关系比喻族群首领与民众的社会分工,以及领导与被领导的关系。这种"比附譬喻"得来的认知内容尽管荒诞不经,却具有认知上的直接现实意义,易于被普通民众接受。同时,传统贵族专制社会的社会分工、社会伦理、公共秩序,以及资源分配,囿于其源自对自然界的机械临摹,尽管进行制度设计者未必真正理解自然秩序存在与运转的本质原因和逻辑规律,但这种嫁接式运用虽则不够"科学",却在某种程度上实现了主观社会实践和客观规律的某种"耦合",[2] 也形成过某些"积极性"的成果。

---

[1] 据联合国统计,近3个世纪以来,全球300位杰出的科学家中,有242位明确自己信神,不信的只有20位。世界上最著名的十大科学家,其中包括细菌学创始人巴斯德、发现无线电的马可尼、发明电报的莫尔斯、波动力学的创始人薛定谔,以及举世闻名的科学家牛顿、爱因斯坦等,全都是"有神论"者。

[2] 耦合:指两个或两个以上的电路元件或电网络等的输入与输出之间存在紧密配合与相互影响,并通过相互作用从一侧向另一侧传输能量的现象。这里指人们的社会实践在无意识状态下与客观规律的自然符合。

中国具备贵族专制统治时间最长，格栅建构最为"完善"的社会结构形态。所谓贵族专制统治，最早可以上溯到石器时代晚期。大约在西周时期，中国形成基于血缘关系的宗法贵族专制统治体系。春秋战国时期，以封建世袭为标志的世袭世卿世禄制度无法维持，各国开始具有平民社会性质的变法。其中，尤以秦国的商鞅变法最为彻底，也最为成功。商鞅在秦孝公时期，废除秦国贵族的世袭世禄制度，通过奖励耕战、军功授爵的方式极大地调动了下层民众的积极性，从制度先进性方面，确保了秦国统一战争的顺利实施和最后成功。嬴政建政，首创皇帝世袭制度，自称"始皇帝"；废除贵族特权，依照商鞅变法精神在全国实行"郡县制"。[1] 废除世卿世禄、奖励耕战的平民社会制度，在赢得底层民众拥护的同时，也使得秦国中央统治集团失去源自贵族专制利益维系的宗族情感。这使得秦政权在遭受大规模农民起义冲击的情况下，得不到必要的军事救援，快速灭亡。其间，秦国大将赵佗在岭南地区建立南越国，自立为王。汉帝国建立后，吸取秦帝国灭亡教训，既继承了利于提高国家行政效率的郡县制，同时也部分恢复商周封建制度。汉朝建国之初，曾分封韩信、彭越等异姓王，建国后也曾大封同姓王。事实证明，分封制确实有害帝国统治秩序的正常运作，但因其具备维护封建贵族统治阶层专制利益，尤其是危急时刻的危机情感救援意义，封建因素一直在帝国统治秩序内保留到清朝末年。在封建贵族统治格栅秩序完备方面，科举制[2]在隋、唐两代的创制与完善具备重大意义。科举制成为社会底层人士向社会上层合法流动的制度性途径，进而形成了具备初

---

[1] 郡县制，中国古代继宗法血缘分封制度之后出现的以郡统县的两级地方行政制度。起源于春秋时期的楚国，楚王熊通；盛行于秦汉。郡县制是古代中央集权制在地方政权上的体现，它形成于春秋战国时期。唐乾元元年（758），改郡为州，郡县制废。百度百科。

[2] 科举制极大程度地改善了之前的用人制度，彻底打破血缘世袭关系和世族的垄断；"朝为田舍郎，暮登天子堂"，部分社会中下层有能力的读书人进入社会上层，获得施展才智的机会。但后期从内容到形式严重束缚了应考者，使许多知识分子不讲求实际学问，束缚思想。科举制从隋朝（一说唐朝）开始实行，直至清光绪卅一年（1905）举行最后一科进士考试为止，前后经历一千三百余年，成为世界延续时间最长的选拔人才的制度。对中国在内的汉文化圈诸多国家，以及西欧国家启蒙影响深远。

步西方"代议制"[①]性质的国家行政精英阶层。至此,中国传统社会的四大阶层,或者说四种具备社会等级秩序特征的群体正式形成。它们是以帝国皇族宗室为主体的专制贵族集团,以科举入仕的儒家政治精英集团,以具体职业业主为主体的平民阶层,以及出身贫贱或者上述三大群体中的没落分子构成的贫民和流氓无产者阶层。正常社会发展时期,儒家政治精英集团,作为维系社会正常运作的中坚力量,对于社会秩序的维护,以及社会和谐、发展意义重大。儒家政治精英,虽则属于封建统治集团的具体组成部分,但作为儒教教徒,具备自身独立的家国情怀和精神追求。作为社会结构的中坚势力,承担着国家行政的主体任务;既有义务通过天意召唤匡正最高统治者的厥失,也肩负通过儒家经典教化民众的重责。儒家,作为社会行政管理群体,在行政过程中实现君王意志和民间疾苦的上通下达;同时从儒家家国伦理角度进行是非评判,以公共理性的方式,实现社会不同群体间的利益和理性的主体间存在。正常情况下,封建专制贵族通过以儒士为主体的行政体系操控职业平民团体推动社会进步与发展,贫民和流氓无产者群体则被压制处于边缘化状态。流氓无产者的发迹,多发生在社会危机时刻。此时,贵族、精英、平民三大阶层极速堕入贫民、流氓无产者阶层,该阶层人数急剧增加,快速具备摧毁原有统治集团的物质和精神力量。

贵族专制统治施行"人治",专制统治的诚信建立在基于宗法血缘关系利益分割的人身依附体系。施行人治的前提是"德治",否则统治秩序无法维持,统治集团群体专制利益也无法得到长久维持。"德行"也符合亚圣孟子所谓"恻隐之心,人皆有之"[②]的儒教伦理观念。"道德"在传统语境中具有多重含义,道家的"德"强调"法道而有所得",意在强调德行个体具有独特的"贤能",通过符合客观规律的个人作为造福群体社会。儒家的"道德"主张"克己复礼为仁",意在劝

---

① 代议制:指公民通过选举代表,组成代议机关行使国家权力的制度,是间接民主的形式。现代国家普遍实行代议制。民主国家的代议机关是议会,所以代议制又称议会制。中国的人民代表大会制度是代议制,人民选举代表组成人民代表大会统一行使国家权力。
② 孟子:《孟子·告子上》。

诫贵族统治者克制私欲，爱惜民力。西方道德强调作为贵族的担当，也即贵族阶层对于社会大众所应肩负的"责任和义务"。理想的贵族专制统治体现在作为统治最高层的"开明、仁义"；具备专业技能的，包括政治精英在内的职业精英受到最高统治者的信任与重用，贵族群体与职业精英群体共同担负起天下兴亡的责任。贵族专制时代，"贵族拥有令人痛苦的特权，拥有令人难以忍受的权力；但是贵族确保公共秩序，主持公正，执行法律，赈济贫弱，处理公务。当贵族不再负责这些事情，贵族特权的分量便显得沉重，甚至贵族本身的存在也成为问题"。[①] 从某种意义上而言，贵族专制似乎更为符合作为高级动物存在的"人"的本性。尽管上帝面前众生平等，但不同个体的智识和个人后天努力程度差异所造成个体德能往往大相径庭。具备高尚道德和个人才识的个体就应该成为社会管理者或者治理者，而才识不具的芸芸众生就应该恪守个体社会秩序定位，积极配合，各司其职，各尽所能，各得其所。托克维尔在考察美国南北战争爆发前奴隶制和资本主义制度下的经济发展状况时发现，尽管北方地区工厂林立，一片繁盛，南部地区一片萧条。但奴隶制统治下的工作效率要高于北方自由资本主义地区，专制贵族在拥有极大权利的同时，也肩负着重大的责任。1795年的普鲁士法典规定：领主应监督穷苦农民受教育。应该在可能范围内，使其附庸中无土地者获得生存手段。如果他们中有人陷于贫困，领主有义务来救助。[②]

贵族专制统治败亡的原因在于"德治"的虚化，以及与之相随的社会管理的政治庸俗化。某种意义而言，贵族专制仅适用于小范围的，生产力落后地区的小国寡民状态。贵族专制以封建贵族在全社会范围内，对生产生活资料的全面占有为特征；在无限发达的广阔地域内，财富的积累必然会诱发统治者的贪欲，一旦崇尚"德治"的贵族统治集团丧失"自律"，社会内部无法形成对之行之有效的制约力量，就会造成全社会的腐化、没落，乃至崩溃。如果贵族统治国家控制手段的公共部分超过

---

① [法]托克维尔：《旧制度与大革命》，冯棠译，商务印书馆1997年版，第72页。
② 同上书，第81页。

一定比例，其决策对经济体的影响就会无限变大，几乎间接控制一切。贵族专制具备毁灭国家和自我毁灭的体制性支撑，统治阶层，乃至全社会的私欲泛滥也就成了社会破灭的物化动机。哈耶克（Hayek, Friedrich Augus, 1899—1992）认为集体主义哲学的内在矛盾是，它将自身建立在个人主义发展起来的人本主义道德基础之上，也就只能在较小的集团内行得通。① 贵族专制极权主义的悲剧在于它把理性推到至高无上的地位，却以毁灭理性告终，因为他误解了理性成长所依据的过程。②

与贵族专制制度的强格栅相反，西方政治"天然"地表现为民主、自由的强群体/弱格栅特征。与专制体制内贵族、精英、平民和贫民与流氓无产者四大界限分明的等级群体存在不同，自由民主体制社会由于缺失严格制度格栅，其源自社会格栅划分带来的社会群体特征也并不十分明显。基督教教义教导自由的民众在上帝面前人人平等，"天赋人权，人人平等"观念深入人心。1787年费城会议制定《美利坚合众国宪法》，明确规定"合众国不得授予贵族爵位"。从根本上否定了贵族特权的法理来源，从而为体现基督平等精神的法制社会的建构提供前提。西方资本主义世界认为"人性本恶"，需要外在的、主体间相互的"他律"规范人们的言行，以维持社会的秩序化可持续发展。基督教教义认为所有人都有"原罪"，所有人都应向上帝忏悔，以求得上帝的宽恕，从而获得自由。基督教倡导的平等意识成为人们经由契约，实现个体自由的思想来源。自由源自契约，只有遵守法律，才能获得最广泛意义上的自由。也只有在自由主义时代，法制才被有意识地加以发展；一个人只有服从法律，才可能拥有真正的自由。③ 法治的关键在于限制立法范围，排除直接针对特定人或者任何人为了差别待遇目的使用政府强制力的立法。政府强制力只能在法律限定情况下，并按照预先告知的方式行使。如果政府强制权力使用不再受事先规定的规则的限制和决定，法律所能做的也就是使那种实质上专断的行动合法化。另外，经济繁荣

---

① ［英］哈耶克：《通往奴役之路》，王明毅译，中国社会科学出版社1997年版，第135页。
② 同上书，第157页。
③ 同上书，第82页。

也为平等、法制、自由社会结构的实现与存在提供了基础。资本主义早期的殖民扩张和暴力掠夺，以及资本主义自身生产力的高度发展为当代资本主义国家高福利社会的建构提供了坚实的物质基础。

坚实的物质基础支撑的高福利社会并不能去除人们对于物欲的贪念，资本主义私有财产神圣不可侵犯原则有效防止了强权对个体经济权利的侵犯，同时也为经济自由化提供法理支撑。经济自由是政治自由的前提，并与政治自由相互依存。没有经济自由的政治自由是没有意义的。① 经济自由是人们选择经济活动的自由，也是其他自由的前提。哈耶克认为私有制是自由的最重要保障，生产资料只有掌握在许多独立行动的人手里，我们才能以个人的身份决定我们要做的事情。如果所有生产资料都落到一个人手里，不管它在名义上是属于整个"社会"的，还是属于独裁者的，谁行使这个管理权，谁就有权控制我们。② 把一切生产资料所有权移交给国家就是把国家置于其行动决定其他一切收入的地位。国家行使这种集权的前提是国家必须在充分了解所有这些影响条件下才可能有效地行使这种权力。但事实上，国家机器"完全充分了解"庞大社会化经济运作的细枝末节在理论上是不可行的，在实践中也并不存在成功的案例。一个中央政府，不管它如何精明强干，也不能明察秋毫，不能依靠自己去了解一个大国生活的一切细节。它办不到这一点，因为这样的工作超过了人力之所及。③ 并且必然造成政治权力对经济权力的侵犯，继而破坏整个社会的经济良性运转。因为政府一旦筹划经济任务，将不可避免地成为政治主体利益集团的代理人。一切的经济或者社会问题都要变成政治问题，谁行使国家强制权，谁的意见必将占据优势，并且在国家经济化中获取垄断利益，但这也并不意味着民主制的十全十美。托克维尔认为民主的法制趋向照顾大多数人的利益，贵族的法制倾向于维护少数人的财富和权力，所以有人认为民主立法的目的比贵族立法更有利于人类。但是贵族制度精于立法科学，贵族制度强

---

① ［英］哈耶克：《通往奴役之路》，王明毅译，中国社会科学出版社1997年版，第98页。
② 同上书，第101页。
③ ［法］托克维尔：《论美国的民主》，董果良译，商务印书馆1988年版，第100页。

调自我控制能力，并有着长远的计划，并能抓住实现的时机。相对而言，民主立法法则总也不够完善，甚至于总是不合时宜，①且行政效率低下。也许民主并不能给予人民最好的政府，却给予了社会洋溢的积极性和充沛的活力，这也许才是民主政治真正的意义所在。

二 文明兴衰与"格栅/群体"互动

道格拉斯在静态层面从格栅和群体维度划分社会结构类型，由特定格栅和群体构成的社会结构群体也可历时性地呈现道格拉斯所谓四类结构特征。伴随着文明群体或者民族国家的兴衰，其间格栅和群体的互动展现为具体的关系特征。群体成员通过特定格栅建构获取包括物质利益在内的精神意义，格栅有赖群体成员的支撑实现其作为精神内涵的物质形式。在不同的族群发展阶段，或者良性互动推动文明的发展；或者互为约束，甚至撕裂，直接导致文明族群的破灭。一般文明群体兴起之时，族群个体彪悍，粗犷，拥有蓬勃的生机活力，族群社会呈现强群体/弱格栅结构特征。此时的格栅一般表现为激励群体成员，凝聚力量，积极为群体发展献身的价值理念或者宗教信仰。族群发展到一定程度，占有一定的社会财富之后，此时群体的格栅则表现为相关资源分配的制度建设。处于上升时期的文明群体，表现为资源分配规则格栅内容倾向于按照族群整体利益准则分配资源，社会结构呈现强群体/强格栅特征。反之，处于文明败落阶段的族群资源分配准则倾向于体现族群领袖为主的人身依附或者血缘宗法关系，社会结构呈现强格栅/弱群体特征。处于群体社会崩溃边缘的社会结构则表现为弱格栅/弱群体的群体道德没落、行为失范、涣散特征。这种周期性的文明兴衰和王朝更迭在东方贵族专制社会的结构转换表现最为明显。

无论是王业兴起，还是文明初现，其最初无不表现为一个具有开拓精神的初创群体存在。这个初创群体，或者由于共同的创业雄心而结合，如刘关张桃园三结义；或者源于共同宗教信仰而结合成具备具体政

---

① [法] 托克维尔：《论美国的民主》，董果良译，商务印书馆1988年版，第264页。

治使命的"革命"团体，如以洪秀全为首的"拜上帝会"；或者源于共同的族群利益而结合，如铁木真和努尔哈赤的为生存而战。文明初创群体建构的族群社会结构大多表现出强群体/弱格栅特征，族群强调通过开放性条件吸纳尽量多的物质力量壮大自身，此时的格栅往往表现为激励性内容，少有限制性规范；多为群体的共同的奋斗目标昭示群体的光明前景，鼓动群体成员多做奉献。中山先生提出"三民主义"作为激励民众奋起推翻封建王朝的纲领，毛泽东提出"为人民服务"作为共产党人的行为宗旨；"替天行道，除霸安良"往往成为中国传统社会底层群体反政府的行动纲领。群体初创，格栅势弱，任用人才，不拘一格，鸡鸣狗盗之徒，只要有一技之长，认同群体行为目标，无不吸纳。这也是群体初创，文明初兴时期群体建构的共同特征。文明群体在经历一定时期的"筚路蓝缕，以启山林"阶段之后，族群占据的物质财富，人口资源都达到相当程度的积累。此时，文明初创时期的理想信念和行为规范逐渐形成系统化的理性格栅，成为规范群体，实现进一步发展的理性基础。相对于整个中华文明而言，以秦汉帝国的创建为标志，此后进入文明的繁荣和衰亡期。相对于某一具体的王朝而言，开国建政意味着文明初创阶段的完结和繁荣发展的开始，文明团体的群体/格栅关系进入强群体/强格栅阶段。群体/格栅关系表现为文明族群上层强烈的进取意识，族群文明从物质上和精神上进一步扩张。此时期对应于中国各个封建王朝的初始阶段，或者是中国传统社会整体的汉唐时期。文明扩张方面，汉唐两代积极扩充疆域，二者都曾发动大规模的针对异域文明的扩张战争，并取得相当的成果。某种意义上，汉唐两代通过扩张征战奠定了中国疆域版图的基本轮廓。表现在族群精神格栅建设方面，郡县制、科举制，以及汉代儒家思想"国教化"的"罢黜百家，独尊儒术"，从行政区划、人才选用和意识形态建构方面形构了适应中国封建贵族君主专制制度的系统化国家行政格栅组织体系。对应于各个封建王朝的具体发展情况，王业初建，族群统治阶层多实行开明专制。实行物质刺激类制度性格栅建设，激励族群进取意志；轻徭薄赋，反对奢靡浪费，积累社会财富；调整人才任用制度，选拔优秀人才为国服务；同时

第三章 宏观意义系统分析

实施"对内怀柔，对外扩张"策略，开拓疆土。激励族群进取意识方面，以秦国的"商鞅变法"最为典型。秦孝公任用商鞅为"大良造"[①]实施变法，废除老秦人世卿世禄制度，奖励耕战，军功授爵，为秦国统一天下奠定基础。轻徭薄赋方面，汉唐两代均有成功举措。汉朝"文景之治"积累的财富为汉武帝北伐匈奴打下了雄厚的物质基础，唐太宗时期的"租庸调制"使得遭受南北朝以来长期战乱损害的社会经济得到恢复。汉唐的"察举制"和"科举制"极大地冲击和平衡了传统社会基于族群血缘关系的世袭分封制度，为人才的社会流动建构了制度性程序，促进了中国传统社会的稳定和发展，甚或对于西方社会文官制度也不无启示。群体与格栅的良性互动，使得汉唐时期的社会经济发达，政治稳定，随着华夏文明在疆域方面的物质拓展，中华文明的精神影响也遍及东亚，乃至世界范围。

中国传统社会进入宋明两代，作为封建贵族君主专制的格栅建构臻于完美，社会结构呈现强格栅/弱群体特征，社会群体逐渐失去活力，社会利益格局整体唯上，文明趋于没落。相对于具体封建王朝，强格栅/弱群体结构社会类型一般出现于王朝统治的中后期，如汉朝的汉武帝、唐朝的天宝、清朝的乾隆之后。无论是这些具体王朝的中后期，还是中国传统社会的宋、明两代，这些时期社会的共同特征是经过文明族群建政后前期的励精图治，社会财富积累丰厚，政治经济稳定发展。客观上，为封建君主的穷奢极欲，个人放纵提供了物质条件。主观上，守成之君的进取心减退也成为文明衰败的内在动因。上层统治者的奢侈腐化必然造成社会中下阶层的生存危机，为了维护自身垄断利益，统治阶层通过完善社会格栅加强社会控制，一般中央集权的进一步加强成为文明衰落的主要征兆和维护专制利益的必然措施。宋太祖赵匡胤"黄袍加身"，窃国得位。执政后，防范军人政变成为完善格栅控制的首要任务。开国之初，通过"杯酒释兵权"的和平方式，解决了开国将领对政权的切实威胁。然后，通过制度性变更将"用兵权"和"掌兵权"分制，"枢密院

---

① 大良造，又称大上造。是秦孝公时期秦国国内最高官职，掌握军政大权。秦惠文王之后成为爵名，列二十等军功爵制第十六位。

与三衙分握发兵权和管兵权,互相牵制"。明太祖朱元璋出身卑微,建政后狐疑天下。胡惟庸案后,废丞相,设内阁,直接将国家权力系于皇帝一身。赵宋兵制变革使得有宋两代兵强将勇,但在对外战争中屡吃败仗。个中原因在于国君、将帅之间囿于互相牵制造成的互不信任,无法协调战争步伐,最终亡国异族。与赵宋强格栅/弱群体的超低效率相比,朱明王朝却出现了另一种怪现象。明代帝王大多荒诞、乖戾、慵懒,怠政成为朱明王朝统治的最明显特征。最为典型的是万历皇帝怠政28年,万历前后的朱明皇帝也不乏怠政行为,问题是皇帝的慵懒怠政为什么没有引发帝国的危机或者灭亡?某种意义上,明朝实施严苛的社会格栅和恶人政治对于王朝的延续起到重要作用。严谨的格栅设置,群体的社会分工严格限定,皇帝尽管不理政,但却可以通过六部官署控制国家的政治经济运作;无孔不入的厂卫制度无微不至地监视着个体一言一行,所有这一切都使得尽管天下心弃朱明,但朱明却通过密集的格栅锁链牢牢地捆绑着天下。这使得朱明亡国,大快人心,崇祯皇帝煤山自缢,孤苦伶仃。赵宋蹈海,浮尸十万,① 天灭赵宋,但宋人心怀故国。

　　强格栅/弱群体的社会建构最大限度地挤压了群体、个体的生存空间,而社会格栅建构的私利化进一步使得夹缝中生存的普通民众个体既无生存上进的物质空间,甚至由于格栅意义虚化造成个体生存价值的消亡。赵宋王朝为保皇权安定,军事方面实施兵/将分离,政治方面崇尚庸人政治,使得两宋时代尽管经济发展,国力强盛,却落得国破家亡。朱明王朝施行"恶人政治",宦官专权,尽管可以苟延残喘于一时,也难免孤家寡人,煤山自戕。崇祯皇帝的哥哥,木匠天才朱由校,临终嘱咐比自己小五岁的弟弟时说魏忠贤"可计大事"。魏忠贤肯定不是个好人,其人党同伐异,残忍恶毒。但魏忠贤对运营腐败的王朝体系,却不可或缺。魏忠贤曾经起用在辽阳战败后备受责难的熊廷弼,曾经抛开私怨推荐赵南星等能臣。魏忠贤主政期间,辽东的局势也能保持平稳。历

---

① 宋元崖门海战,宋军将数百艘战舰自行凿沉,超过十万众的南宋军民,包括皇帝、太后、丞相、官员、士兵、妇女、百姓,不愿服从残暴的蒙古政权,纷纷蹈海自尽……元朝所编的《宋史》客观地记载了这段史实:"七日之后,海上浮尸以十万计……"。

史上能掌控腐败体系的，都是恶人，绝对不可能是一个平庸的好人。①从衰败的封建专制的强格栅/弱群体向弱格栅/弱群体败亡趋向中，庸人、恶人、奸佞小人的势强不可逆转地促使专崇私利、私益的小朝廷走向灭亡。面对崇私格栅引发的危局，崇尚行政公共理性的封建士大夫企想通过变革具体的行政策略实现救亡图存，往往在既得利益群体的打击下以失败告终，甚至导致王朝整体的覆灭，最后的恶政成为行将覆灭的专制统治的不得以的选择。托克维尔认为"对于一个坏政府来说，最危险的时刻通常就是它开始改革的时刻。当封建制度的某些部分在法国已经废除时，人们对剩下的部分常常抱有百倍的仇恨，更加不能忍受，农民和领主、第三等级和特权阶级的矛盾越加尖锐。"② 王莽改制，颇有建设"古典社会主义"的善意，最后身首异地；王安石变革政治，却也徒劳无功；张居正生前搞改革风风火火，身亡后遭声讨，祸遗子孙。在格栅虚化、道德缺失的末世社会，虚伪、狡诈成为生存的必需，最高统治者的私利成为社会行为导向，公序良俗在个人生死存亡面前不值一文，潜规则盛行。"卑鄙是卑鄙者的通行证，高尚是高尚者的墓志铭"③成为末世时代的形象写照。善意既不被理解，也不被接受，"塔西佗陷阱"④成为弱群体/弱格栅社会走向灭亡的必然宿命。在这种社会中，人们之间无视种姓、阶级、家庭的任何联系，一心关注的只是自己的个人利益，他们只考虑自己，蜷缩于狭隘的个人主义之中，公益品德完全被窒息。专制制度夺走人们身上的共同情感，彼此孤立，冷若秋霜。⑤托克维尔在描述大革命前的法国社会情境时写到：在这类社会中，没有什么东西是固定不变的，每个人都苦心焦虑，生怕地位下降，并拼命向

---

① 蒋祖权：《大明是怎样亡国的》，www.360doc.com，2016年2月1日—10月8日。
② [法] 托克维尔：《旧制度与大革命·前言》，冯棠译，商务印书馆1997年版，第34页。
③ 北岛：《回答》。
④ "塔西佗陷阱"得名于古罗马时代的历史学家塔西佗，通俗地讲就是指当政府部门失去公信力时，无论说真话还是假话，做好事还是坏事，都会被认为是说假话、做坏事，这一定律在近年来的社会群体突发事件中有充分的体现。"塔西佗陷阱"得名于古罗马时代的历史学家塔西佗，就是指当公权力遭遇公信力危机时，无论发表什么言论，颁布什么样的政策，社会都会给以其负面评价。
⑤ [法] 托克维尔：《旧制度与大革命·前言》，冯棠译，商务印书馆1997年版，第34页。

上爬；金钱成为区分贵贱尊卑的主要标志。不惜一切代价发财致富的欲望、对商业的嗜好、对物质利益和享受的追求成为普遍的感情。并导致整个民族的萎靡堕落。① 明朝末代皇帝崇祯面对李自成兵围北京，手里却没有调吴三桂关宁铁骑入关的百万饷银，向朝臣借贷，无人应声；向国丈求贷，自己的老岳父自称囊中羞涩。崇祯自缢煤山，李自成入城之后，逼迫官卿，得银七千余万两。

于具备强格栅特征的君主专制社会与明显强群体的自由民主社会的中间，体现群体间相互制衡的君主立宪体制成为近代君主专制传统深厚国家由神权走向民主共和的阶段性选择和理想化模式。君主立宪，又称"虚君共和"，意在在保留君主制的前提下，通过立宪限制君主权力，实现事实上的共和政体。限制君主权力就意味着封建君主丧失了体现为立法和执法权力的格栅制定权力和实施权利，从而最大限度地解放社会群体的束缚，激发社会个体、群体活力。英、日等国君主立宪制的和平实现，意味着具备悠久历史传统的文明、道德、宗教、礼仪等非强制性格栅内容、相关物质机构、社会资源可以得到较好的保留和传承，从而避免了暴力革命引发的文明毁灭与精神情感幻灭。君主立宪后，王权成为象征性存在。法律赋予君主的权力必须通过议会和内阁行使，议会拥有立法权、财政权和对行政的监督权。英国议会施行两院制，上议院不经选举，由各类贵族组成也叫贵族院；下议院经由选举产生，贵族不得竞选下议院议员。上议院有议员 1156 人，下议院有议员 635 人（1980 年数据）。② 如此就使得国家性格栅制定可以兼顾贵族、精英、职业平民等大多数人的利益，从而最大限度地减少体现为社会两极的封建君主、职业贫民，以及流氓无产者对社会正常运行的干扰和破坏。社会主流群体贵族、精英、平民阶层的利益通过议会政治得到激发和制衡，为社会生产力的发展和阶层间利益均衡提供了制度性保障。同时，社会生产的稳定发展积累的物质和精神财富也为封建君主，尤其是贫民与流氓无产者的物质和精神提升提供保障，为从根本上去除贫民和流氓无产者等社会危

---

① [法] 托克维尔：《旧制度与大革命·前言》，冯棠译，商务印书馆 1997 年版，第 34 页。
② 陈升槐：《简析英国的君主立宪制》，《考试周刊》2011 年第 58 期。

机因素奠定基础。

世界上最早的君主立宪制国家是英国。1688年,英国爆发光荣革命,在确立议会主权的同时保留了君主。议会制君主立宪制为不少现代资本主义国家所采用,如英国、荷兰、比利时、丹麦、挪威、西班牙、卢森堡、瑞典、泰国、日本、柬埔寨等。立宪君主虽然是国家的最高领导人,但他们的权力和义务或多或少受到宪法的明确限定。有些君主的权力被限制到仅仅作为国家形象符号存在,但也有一些立宪君主拥有很大权力的,如日本天皇。君主权限的差异直接决定着国家的政治走向,英国宪法对君主权力的严格限制造就了现代文明社会的摇篮;封建君主专制传统深厚的日本帝国则凭借西方先进的社会制度激发社会活力,结合本国神龙教专制传统,发展军国主义。从某种意义说,先进的社会管理制度,如果没有相应的国体和政体配合,只能增强专制统治暴力实施的方式和强度。先进的、利于激发社会活力的社会变革,如果缺乏群体间制衡,被专制统治者利用,其结果只能是"助纣为虐"。1689年英议会通过《权利法案》,1889年日本天皇"御赐"《大日本帝国宪法》,确立君主立宪政体。《权利法案》从立法权、司法权、财政权、军事权等方面限制王权,使其处于"统而不治"地位。"御赐"帝国宪法则将天皇定位为"国家元首",统帅陆海军,拥有宣战、讲和、缔结条约权利。"天皇神圣不可侵犯",天皇不仅掌有最高权力,而且带有神权色彩。英国议会分别于1694年、1701年通过"三年法案"[①]和"嗣位法",[②] 确

[①] 17世纪末,英国议会在颁布《权利法案》后,为防止国王排斥议会而独断专行,保证国会能定期召开一次议会,又在1694年通过了《三年法案》。法案规定,每三年必须召开一次议会,每届议会任期不得超过3年,故称《三年法案》。

[②] 法案规定,威廉三世死后,王位应传给詹姆斯二世的第二个女儿安妮。由于安妮没有直接继承人,在她之后王位应传给斯图亚特王朝的远亲,德国的汉诺威选帝侯。这样就杜绝了斯图亚特王朝占有英国王位的野心。同时法案还规定英国王位不能传给天主教徒,凡英国国王必须参加英国国教会;直接依附于国王的人,不能担任下议院的议员;国王所作的一切决定和政府的命令,必须有同意该项决定的枢密院成员,即政府的大臣签署才能生效。此外法案还规定,以后法官的任免权不再属于国王而是属于议会;以后凡议会谴责、定罪的人,国王都不能任意赦免等。所有上述这些措施,都对王权作了具体的限制,并把包括国王继承权等重大问题掌握在议会手中,这就确立了议会高于王权,司法权独立于王权的原则,从而奠定了资产阶级所一向向往和追求的立宪君主制度的基础。

保议会权力高于王权，司法独立于王权原则。日本帝国宪法则规定议会的立法必须经由天皇批准才能生效，天皇可以令议会开会、闭会、停会及解散众议院。可见，天皇凌驾于议会之上，议会权力受到天皇的限制。同样，英国内阁只对议会负责，而日本内阁只对天皇负责。君主立宪制，作为传统贵族专制走向民主共和的中间途径，在自由、民主文明思想深厚的欧洲世界成为孕育现代民主文明的摇篮，而在封建专制思想根深蒂固的亚洲世界只不过是改变了封建君主愚弄民众的方法而已。

在格栅/群体的视域，极权主义恐怖组织堪称社会结构建构的奇葩。之所以如此定论，是因为在极权恐怖组织内部，不承认任何彰显社会公共理性的行为准则。一切以群体最高"首领"的好恶为评价标准，一切以激发群体成员动物本能，实施行为操控为原则。其组织理想就外在而言，艳若冰霜，以人类最美好的心理想望相标榜。由此，从"信念伦理"[①] 出发，在实现人类最美好社会理想的旗帜下，穷凶极恶，假造福万众之伪名，行中饱私欲之丑行。极权主义恐怖组织，作为学术概念出现于 20 世纪，德国政治理论家汉娜·阿伦特（Hannah Arendt, 1906—1975）认为极权主义意味着社会群体私人及公共生活的所有方面包摄在囊括一切的统治过程。极权主义以现代技术为支撑，将政治权力延伸到群体社会的每个个人和角落，并在程度上超越绝对统治和权威主义对社会领域的侵占与操控。极权主义独裁统治具有空前的强度、弥漫性和渗透性，把整个社会囚禁在国家机器之中，对人的非政治生活进行无孔不入的干预、操控。国家和社会的界限被取消，社会彻底政治化，没有任何东西存在于国家之外。集权统治者使用高级技术提供的强制手段把权力推到极限，把国家变成一个庞大的政治兵营。极权主义，借现代政治意识形态嗜好产生并合法化，在法国大革命中第一次露面，纳粹

---

① 1919 年，韦伯在《政治作为一种志业》的演讲中，对"信念伦理"与"责任伦理"进行了区分。"信念伦理"强调人们坚守内心某种抽象的信念，"责任伦理"则强调人们关注行为本身的可能后果。"信念伦理"以动机决定行为的正当性，"责任伦理"则以行为的后果来判断行为的正当性，既强调对目的和结果负责，也强调对手段负责。信奉责任伦理的人，考虑其行动后果的价值，从而将行动获得实现的机会以及结果一并列入考虑。接受信念伦理的人，关心的却只是信念本身，完全独立于一切关于后果的计算。

主义是其在当代的体现。

一般认为,君主专制统治的形成基于民族国家的内忧外患,民族国家的独立需要一个至高无上的精神首脑。但是,君主专制本身也在某种程度上一直在制造着自身和他者的忧患。首先,处于文明上升时期的专制政权不断对外发动战争,以开疆拓土为目的,这无疑给其他民族国家造成灾难;其次,文明衰落期的专制统治者对内的利益劫掠,在给本国人民制造灾难的同时,也会诱发异域族群,甚或是国内对立群体争夺权益的贪欲。君主专制已经被人们熟知为落后的政治制度,相较之君主专制极,极权主义对社会群体的操控、压榨有过之而无不及,堪称专制统治的"终极版"。个中原因在于,君主专制的实质为有着数千年文明积淀的贵族专制统治,贵族、君主、精英等社会群体间的制衡制度设计使得统治者在实现专制利益的同时,仍然兼顾社会阶层间的利益平衡,承担必要的社会责任,具备道德优越感和社会责任感。极权主义群体,尤其是极权组织统治集团的人员构成,并不具备贵族专制集团的道德品质和社会责任感。极权主义集团的建构以流氓无产者为主体,其中不乏破产的贵族、精英和职业平民,一般出现在社会遭遇重大灾难时刻。极权组织成员可以是在重大天灾或者人祸,如战争中流亡破产的贫民与贵族精英,也可是在文明没落时期不断扩大的流氓无产者阶层和坠落困境的精英人物,甚或是在资本主义扩张中制造的大量的"多余人"。"根据卡尔·弗里德里希和兹比格纽·布热津斯基的经典解释,极权主义是工业时代的特有的现象",[1] 最初用来描述墨索里尼的法西斯主义和希特勒的国家社会主义,第二次世界大战后则具有强烈的冷战色彩。杨阳认为极权主义概念完全可以用来描述中国传统专治政治,因为中国传统社会中意识形态与政治体系一体化结构所造成的"宗教人伦领域的政治化"——王权秩序向社会各阶层的充分弥散乃至一体性覆盖,与上述极权主义政治的所有特征是完全吻合的。但杨先生忽略了极权主义概念的两个重要条件,首先是现代科学技术支撑下的国家政治对个体生产、

---

[1] 杨阳:《极权政治的逻辑远点与价值基础》,《天津社会科学》2003年第2期。

生活无孔不入的全面操控；再有就是作为"国体"① 存在的族群或者民族国家统治集团的社会文化特征。抛开现代科技的支撑条件，中国传统的君主贵族专制也算不上是极权主义社会结构。从群体/格栅互动的角度而言，中国传统社会存在君主、贵族、精英、职业平民等各大阶层或者群体间的相互制衡，所以才有可能维持数千年的文明社会。同样，如果不考虑现代科学技术条件，单从社会结构的国体特征而言，只有由流氓无产者创立，并一直保有流氓无产者色彩的少数政权才算得上是西方政治学所谓的极权主义政治集团。如清朝末年的太平天国政权，以上帝的名义篡改社会道德伦理格栅以满足集团私益的最大化；又如明末活动于四川的流寇张献忠集团，以人肉充军粮；再有南北朝之五胡十六国，挑起民族矛盾，杀戮成性，极尽残暴。其暴政均短命而亡，其共同的执政特征为公然践踏人类文明之一切积极成果，以成全统治集团的私欲。这些政权均以其残暴而短命，所谓"胡虏不过百年"也即此意。反之，汉、明王朝，尽管刘邦、朱元璋本身为流氓无产阶级出身，建政后沿用了利于社会和平发展的文明统治秩序，虽则最后难逃专制灭亡运命，但毕竟成为延续中华文明的典范。

现代极权主义政治的理论渊源可以上溯到卢梭的社会契约论。洛厄尔认为卢梭理论暴露出一种为追求整体利益不惜牺牲个体自由和安全的倾向，这种倾向构成了极权主义的重要基础。卢梭通过"主权者""公意"等概念把一切社会等级简化为两个对立的极端——一般性的人民（积极存在者）和具体性的人民（消极存在者）。各个社会等级差别的消失，使得社会关系简单化为"主权者"和臣民之间的差别，在"主权者"面前人人平等。极权主义统治的目的在于把人变成毫无主动性的，像"螺丝钉、砖石"一样的原材料，变成自然和历史的铺路石。极权主义者"将人的合理性后置，否认个体凭借自身能力获得合理性的可能，在逻辑上推导出外在权威控制和操作个体精神世界的合理性，进而可以推导出外在权威全部或部分占有和支配社会主要稀缺资源的必

---

① 国体：通常把国家的性质称为国体，具体地说，就是社会各阶级在国家中所处的地位。统治阶级的性质决定着国家的性质。

要性"。① 极权主义在一切层面上消灭人的复数性和自发性，消灭一切人为和偶然的东西，把人变成人类动物的标本，变成仅仅是一样东西，一个低于动物的东西，一个不停反应和反映的集合。② 独裁者相信只有人类，而不是具体的人，才是法则的实际承担者，其他东西都是由它们决定的。为达到全社会范围内控制个体的目的，意识形态宣传和恐怖是独裁者必不可少的两大手段。极权主义的恐怖表现在无情地逼迫和挑拨个体相互对立，以实现最大限度压制个体自由行动空间，便于操控的目的。在极权主义国家宣传和恐怖是一个硬币的两面，为获取执政合法性，独裁者不惜抛弃过往的一切人伦道德信条，宣称自身就是自然或者历史的法则。其所谓"主体性思想""先军政治"等都被奉为"宇宙真理"。意识形态，作为解释生活和世界的系统，在极权主义者政府手里变成了政治行动的发动机。尽管其宣传与常识和事实相背离，但大众早已失去了辨别现实和想象的能力。极权主义政治存在的基础在于对大众的成功操控，大众是孤立的原子式的个人，没有共同的利益意识，也缺乏特殊的阶级关联，没有特定可以达到的目标，因而不可能在共同利益的基础上形成任何组织。处于茫然状态存在的庞大群体与堕落精英和流氓无产者暴徒在弱格栅/弱群体社会中的结合制造了极权主义政权出现的最初可能。没落精英和暴徒一样，在弱格栅/弱群体社会结构中同属被抛弃的分子，对现存秩序的本能的反感使他们具备毁灭现存事物的欲望和虚无主义倾向，以及对暴力革命的推崇。他们在实践中一拍即合，遂在极权主义运动初期成就暂时而密切的联盟。

第四节 文化与行为

一 文明进化与行为意义

文明表现在物质方面，主要基于生产力、生产方式以及具体产业形态的类型和形态。具体表现在特定族群身上可以历时性地分为渔猎游牧

---

① 杨阳：《极权政治的逻辑元点与价值基础》，《天津社会科学》2003 年第 2 期。
② 张汝伦：《极权主义和政治现代性》，《现代哲学》2005 年第 4 期。

文明、农耕文明、工业文明、信息文明，以及与各种文明形态相伴，在工业文明时期高度发达的商业文明。同时，由于区域生产力发展的不平衡，也可在同一时空内存在差距较大的地域文明状态，存在于同一时空下的不同文明形态有时也会发生不同程度的冲突和融合。表现在精神方面，指养成包括"举止优雅"或者"摆脱野蛮洪荒"状态的"文明行为规范"的精神道德境界。弗洛伊德认为两个层面的文明内涵是相互贯通的，是"人类抵御自然"和"调剂人际关系"的总和。① 随着人类文明发展阶段的迁跃，人类的思维与行为方式也会发生根本性的转变，表现为人类主导性需求的升华。作为地球动物界的种群，人类需求首先表现为维持生命体正常运转的生理需求，占有欲是人的动物性体现，也即基础人性。基于维护种群整体和谐发展的需要，个体人对他人、社会、自然环境承担责任与义务。此时人类需求超越简单的动物属性，形成区别于动物界的特征性人性，即人的社会性特征。使用工具、运用智慧创造性地解决问题是人类区别于动物的本质特征，也是人类实现主宰地球，开拓宇宙空间的独特所在。这可以看作人类独有的创造性属性，即高等人性。三大属性存在于人类文明的不同发展阶段，不过各种属性在具体文明发展阶段彰显程度有所差异。②

法国启蒙思想家孟德斯鸠在分析了生存环境与特定族群性格形成关系后认为：土地贫瘠，使人勤奋、俭朴、耐劳、勇敢和适于战争。土地肥沃则使人因生活宽裕而柔弱、怠惰、贪生怕死。③ 以渔猎为主要生产方式的游牧文明是人类最早的生产方式，主要适应生产力水平低下的氏族部落时代。其后，由于农耕文明的兴起与壮大，以游牧方式为主要产业方式的族群逐渐被驱逐到自然条件恶劣的荒原地带。游牧文明意味着族群精神蒙昧，直到近现代的中国边疆地区游牧民族仍然保有自然神崇拜。小说《狼图腾》④ 展示的曲折故事固然有宣扬环保观念的意蕴，但

---

① 肖锋：《"信息文明"的语义分析》，《中国人民大学学报》2015年第1期。
② 李习彬：《超越工业文明 开辟人类社会文明新纪元》，《新视野》2009年第6期。
③ 王保国：《地理环境、农耕文明与中原文化的基本趋向》，《殷都学刊》2006年第1期。
④ 《狼图腾》，2004年长江文艺出版社出版图书，作者姜戎。主要讲述了20世纪六七十年代一位知青在内蒙古草原插队时与草原狼、游牧民族相依相存的故事。

其中在艰苦环境中生存的牧民对于大自然的神秘莫测仍然保有其针对自然的神秘崇拜。游牧文明落后的生产力也为生长于残酷环境中的人们锻造了顽强的意志，粗犷彪悍的性格和强悍的体魄。与落后的生产力水平和桀骜不驯的族群性格相适应，游牧民族的生产关系极为落后。新中国成立前期，以游牧为主要生产方式的新疆、西藏、内蒙古地区仍然施行落后的封建农奴制。农奴主通过严苛的刑罚、蒙昧的神灵崇拜和错综复杂的人伦宗法关系对广大牧民实施封建农奴主统治。落后的生产力和社会制度，以及蒙昧的自然神崇拜，反向激发了游牧部落外向扩张的动力。艰苦的生存环境更是打造了游牧部族的顽强生命力和强悍战斗力。这也使得中国历史上，发生在内地农耕文明与游牧种族的征战中，以生产力落后相标示的游牧部落很多时候反向征服具备先进生产力和生产关系的内地封建帝国，尤其是在中原帝国处于文明衰落期的内耗与内乱时期。汉唐与强秦时期，中原帝国尚可抵御游牧部落于国门之外。五胡十六国时期，则是游牧部族内侵，险些造成中原文明灭亡的危机。蒙元和大清国则更是游牧部族对农耕文明帝国的屠戮，中原农耕士民惨遭亡国灭种之痛。蒙古铁骑横扫欧亚，建立起空前浩瀚的蒙古帝国，但终因统治阶层思想蒙昧，国家生产关系落后，蒙古帝国短命而亡。尽管在与农耕文明的交手中，游牧部落屡有不俗的胜迹；但其落后的生产力水平与生产关系系统，以及与之相伴的社会制度体系无法满足永久控制辽阔地域帝国的需求，游牧文明必将走向代表先进生产力和生产关系的农耕文明。

农耕文明意味着食物的来源超越游牧的偶然性获取和长期的贫乏短缺，通过季节时令的准确把握，农民们以自己的辛勤劳动换取相对稳定，同时也相对较为丰富的食物来源。但是食物的稳定给予也以严格遵守农时，依据自然规律劳作为条件。农耕时代的人们，相较游牧文明族群有着相对稳定统一的天地崇拜，因为影响农业收成的主要是自然界的风雨际会。农耕族群相对游牧部落对待生产生活更为严谨，也更为虔诚，因为人们面对的是人力难以左右的"天意"。在严格遵守农时季节变化规律，获取稳定食物来源得到保障的前提下，人们定居生活。生活环境的稳定、生产方式的规范化，在农业社会形成相对稳定，影响长远的人伦关系，体现为儒家学说内容的人伦关系成为农耕文明的精神核心。中国传统的人伦关系被称为"五伦"，即"父子有亲，君臣有义，夫妇有别，长幼有叙，朋友有信"。"五伦"概括了以农耕自然经济为基础的传统社会的主要伦理关系，标识以儒家伦理价值取向为核心的人伦关系的文明化和规范化倾向。① 生产方式决定饮食结构，饮食结构决定人种体格与性格，人种的体格与性格最终决定了文化的特征与面貌。动物性食物供给造就了游牧民族强健的体格，他们在与动物的周旋中形成了强悍的秉性，但他们疏于思虑和精密，所以由他们创造的是游移的、掠夺性的和粗疏的文化。农耕文明的植物性食品养育了纤巧灵活的体格，每日对柔弱庄稼的精心呵护造就的只能是细腻、温和、坚韧、内敛和中庸的行为品格。相对而言，农耕文明缺少游牧部族剽悍的体魄、强烈的开放心态和竞争精神；更多的是文化自觉的温和、精致和思辨。② 农耕生产方式的简单重复特征，使得人们形成循环往复、恒久不变的保守意识，悠久的农耕生活也使得人们形成消极悲观的"轮回"生命意识。农耕文明相对于游牧文明的生产力特征，为创建组织严密，社会分工合理的制度体系提供物质基础和"天人合一"的意识形态建构，进而形成稳固、执着的本位文化意识。中原文明虽屡遭异域种族侵入，却很难实现外来文化与本土文化的双向融合；来自北方的游牧文明多为中原农耕文明反向融合，农耕文化中的"消极、保守"因子最终腐蚀消弭游牧文明中的"强悍、扩征"特性，最终走向消亡。

工业文明以启蒙运动倡导的"人的理性觉醒"为伦理肇始，以现代性相标榜的人的主体性表现的"人定胜天"观念深入人心。物质基础方面，以瓦特蒸汽机开启工业技术革命支撑的机械化大生产为支撑，同时也与新航道的开发，以致世界市场的形成互为因果。工业文明凭借先进的技术，以对自然界的野蛮开发为手段，以满足人类无限欲望的实现为目的，在开创辉煌物质文明的同时，也造成了诸多的环境问题和社

---

① 周德全、海文卫：《中原农耕文明的人伦日用效应》，《中华文化论坛》2009年第2期。
② 王保国：《地理环境、农耕文明与中原文化的基本趋向》，《殷都学刊》2006年第1期。

会问题。人们认为，作为支撑经济增长的自然资源是无穷尽的，自然界的环境净化能力也是无限的，经济增长可以解决诸如贫穷、失业、污染、犯罪等问题，也理所当然地把环境"当成一个取之不尽、用之不竭的资源和垃圾场"。[1] 与片面追求经济增长相伴，传统社会勤俭、节约、谦虚、忍让成为过时的价值观念，取而代之的是消费、张扬和扩张，工业社会的的价值观念是消费更多的物质是好事。工业文明的核心价值观念是个人主义，认为从道德上讲，任何道德原则都要求社会本身尊重个人的自律和自由。一般地说，道德要求社会公平地对待个人。道德的产生有助于个人的好生活，道德为人而产生，但人并不为体现道德而存在。[2] 工业文明的价值理念表现为强烈的主体性色彩，缺少对全人类共同利益的关注，缺乏合作精神；国际关系中，大国沙文主义、霸权主义盛行。工业文明时代的人们，个性张扬，崇尚奢侈消费，但是以高科技创新为支撑的经济发展，也使得以工具理性为核心的科学主义理念在人们的生产、生活中不可或缺，并造就了工业时代人们的"科学、严谨、理性"的工作作风和生活态度。"科学主义"尽管是个贬义词，却是工业文明最重要的时代特征，其核心理念不断由生产领域向生活，乃至学术研究领域延伸。科学主义认为，唯有自然科学才是真正的科学，唯有自然科学的方法才能富有成效地解决人类面临的各种问题；认为自然科学研究方法在人文、社会科学研究领域的移植促进了其他学科的迅速发展。但是，科学主义追求工具理性、忽视价值理性，把自然科学的观念、方法不加限制地搬用，用来规范人文、社会科学也是违背科学精神的。工具理性是法兰克福学派批判理论的重要概念，源自德国社会学家马克斯·韦伯的"合理性"。韦伯将合理性分为价值理性和工具理性，价值理性强调动机的纯正和选择正确的手段去实现自己的目的；工具理性指行动者纯粹从效果最大化的角度考虑，漠视人的情感和精神价值；价值理性的实现，必须以工具理性为前提。由此推理，民主政治

---

[1] 大卫·雷·格里芬：《后现代精神》，王成兵译，中央编译出版社1998年版，第168页。
[2] 威廉·K.弗兰克纳：《善的求索——道德哲学引论》，黄伟合等译，辽宁人民出版社1987年版，第247页。

必须先有形式的民主，才能实现实质的民主。先有程序正义，才能走向实质正义，程序法先于实体法。只要有一种价值理性的存在，就必须有相应的工具理性来实现这种价值的预设。

　　基于20世纪50年代以来计算机技术的发展与成熟，信息文明时代的到来在千年之交成为人们的共识。特定的生产力水准和相应的生产方式形构了特定时代人们的生产、生活场景特征，同时也塑造了具体种群的社会形象特征。正如游牧文明造就了野蛮、彪悍的体魄，农业文明使人保守、纯朴，生活在工业文明时代的人们自信、张扬一样，信息文明正在改变着我们的生产与生活方式。与过往的文明交替不同，信息文明的到来不是增加了人们对于未来的信心；随着信息文明的深入发展，人们对自身发展前途的不确定性疑虑逐渐增加。与以往基于生产力发展的产业革命不同，信息文明带来的生产力发展，并不直接促进人类物质财富和精神财富总量的增加，反而加剧了源于信息技术差异带来的财富分割的不均和相应的社会两极分化的深化。信息技术带来的生产各环节的自动化与智能化给普通民众造就的危机，既表现在工业文明已有的由于生产力提高导致的劳动力剩余压力，还包含信息技术垄断导致的人们在发展基础，以及劳动技能差异等多方面的不平等，原有的社会矛盾进一步加深和激化。社会心理方面，信息文明时代的人们，伦理上更加自我，价值实现更加虚拟，社会行为更为荒诞，社会相对压迫感进一步加强。相较于信息文明给社会生产带来的收益而言，信息技术发展使得工业文明时代的社会问题更加明显和突出。个人主义是支撑工业文明伦理逻辑的起点，但是给工业文明时代的个人和社会带来巨大的危机。个人方面，个人主义主张个性解放，主张个体创新发展的价值；但是个性的过度发挥也成为吸毒、犯罪、同性恋情等非主流社会行为发生、发展的伦理源头。个人主义假现代传媒科技的威力，在社会操控方面，使得民族国家对社会个体的控制力相对加强。军事科技和个体野心的结合，使得极权主义政治在20世纪兴起，并在21世纪继续为虐。个人主义和现代高科技的配合使得个体或者民族国家改变自然和挑战社会的力量无限度加强，一方面加深了人类和自然环境的矛盾，另一方面也恶化了人类自己建构的整体社会环境。20世纪以来，自然环境危机愈演愈烈，世纪之交，各国环境灾难频发，末日流言不胫而走。国际上，霸权主义、大国沙文主义盛行；族群内部，人心不古，欺骗、掳掠、"潜规则"成为获取社会资源的常态。个人主义既可成就造福人类的宏伟理想，也可导致极端自私自利行为，工业革命使得个体力量无限强大，文明争端、世界大战此起彼伏。基于计算机技术的信息文明为每个人，哪怕是极度萎缩病态的个体提供了实现自我的虚拟空间。世纪之交，"电子海洛因"成为影响青少年健康成长，导致成年人道德败坏的罪魁祸首。成熟流畅的网络技术，给人们提供了宏大详尽的生活、生产信息流，但同时也为垃圾（非健康）信息的滋生流变提供了寄寓的温床。大众传媒时代众多高素质"把关人"的存在确保了媒介信息的健康有益，网络"自媒体"时代的虚拟世界则为个人低等级生理放纵大开方便之门。涉世未深的孩童，落魄失意的魂灵无不把网络虚拟空间作为发泄欲望和狂想的园地。过度的沉迷使得"网络瘾君子"们混淆了虚拟与现实，引发了诸多的心理疾病和社会极端案件，同时也导致有如吸食海洛因般的病态人格和社会心理，逃脱、回避、虚拟发泄成为信息文明时代失意落魄者的典型人格特征。现实世界矛盾冲突和虚拟世界的媾和造就了更多荒诞、无聊，现代极权政治造成的恐怖，民主政治的没落，都使得生活于信息文明时代的人们时刻面对着更大的心理危机和物质挑战。信息技术与工业技术的媾和直接导致国家权力对个体生产、生活，乃至隐私领域调控能力的无限强化。社会和个体有如生活在虚拟的透明世界之中，有如生活在无限迷茫的信息洪流之中。环境的不确定性和危急性存在，无时无刻不刺激着身在其中的个体、群体、民族国家和社会整体，相对压迫感和危机感的进一步增加成为信息文明时代最主要的负面特征。

与游牧文明、农耕文明、工业文明和信息文明的历时性嬗变和共时性存在不同，商业文明就本质而言并不能称其为一种独立的产业文明形态。商业文明并无独立的产品生产，商业运作的目的在于通过"渔利"动机实现商品在社会各部分的流动，从而实现产品实际应用效益的最大化。商业文明起始于人类社会生产的第二次社会大分工，当商业从农业和手工业中分离出来，商业文明进入加快发展阶段。由于东西方不同的社会文化环境，商业文明在东西方社会呈现出不同的发展特点和进化前景。以东亚为代表的传统东方国家采取"重农抑商"的产业政策，其社会政治上的专制"大一统"传统不允许商业活动侵占封建国家对社会财富的垄断占有权和分配权，商业活动时常遭受打压，一直以"从属产业形态"存在。以西欧为代表的欧洲地区具备希腊文明的自由、民主传统，与自由、民主传统相依存的商业契约精神在欧洲遭受国家政治干预较少。启蒙运动中，个体意识的萌发，新航道的开辟，工业革命的技术支撑，平等、契约意识的深厚传统造就了欧洲商业文明发展的大好良机，也直接导致了西方资本主义文明的出现与发展。商业文明的核心价值表现为以平等、自由为基础的诚信、契约和公正。商业文明的第一要求是自由，即劳动者可以自由地出卖劳动力，企业可以自由地雇用工人。自由是生产者自主生产，消费者自主消费，商品自由流通，形成最大统一市场的必有条件。商业文明建构的第二大基础理念在于平等，包括权利平等和义务平等。唯有具备自由权利的个体才可能在平等互利的条件下达成契约，实现商业活动的正常健康运转。商业文明的第三大特点在于诚信，诚信也是达成契约，实施商品流通的必要条件。诚信意味着诚实守信、守诺践约。商业文明的第四个要求就是公正，公正意味着等价交换，等价交换是商业活动正常进行的根本保证。以英国为首的资本主义国家，通过和平或者暴力的方式从封建君王手中获取自由、民主、契约等维护资本主义商业活动正常运行的必要权利，造就了辉煌的工业文明、商业文明，乃至于现当代方兴未艾的信息文明。封建专制传统深厚的东方世界，直至今日仍然无法建构起开放、统一的社会市场，专制特权在社会财富占有与分配中仍然占有绝对优势地位。平等、自由、契约等商业文明要素的缺失使商业活动在东方传统社会遭受压抑，甚至贬低。专制社会君权、王权的社会财富的绝对占有权和分配权使得统治集团时刻关注商业行为对社会财富权利等级化分配的影响，时刻不忘对商业行为，商业利益的提防和打击。专制强权的打压也使商业活动在东方社会变得扭曲变形,商业利益面对国家机器的打击和限制不得不采取权谋方式实现自己的利益,即商业活动通过与国家利益集团勾结,形成所谓"官商"集团,与国家统治阶层一起,使用商业手段和行政手段相结合的非公正、非契约、非自由方式掳掠民财。所以,工商业者在东方社会,一则由于统治集团的恶意诽谤,另一则由于自身的不得以的"恶"行,在民间多留下奸诈小人的形象特征。所谓"无商不奸"也就成为东方商人的典型写照。

商业文明与工业文明的结合造就了现代资本主义的辉煌。尽管资本主义数百年的发展超越了此前几千年人类财富积累的总和,但也制造了重重矛盾。马克思说资本主义从它来到世间,每个毛孔里都滴着肮脏和鲜血。契约、公正与自由主义相结合,在铸造文明和财富的同时,也会引发诸多社会问题。孟德斯鸠认为贸易的结果是富裕,随着富裕而来的是奢侈,随着奢侈而来的是精良。[①] 财富是商业扩张和物质繁荣的自然结果,也是技术改进的动因,技艺的改进进一步推动了商业扩张和财富的增加,卢梭却在富裕与自由的美景中看到了人的全面堕落。人的贪欲随着物质条件的改善而膨胀,并最终导致身体的衰弱。同时,人的纯朴本性也随之减少。由虚荣心构结的人为欲望永无止境地膨胀,并使所有人都产生一种"损害他人的阴险意图和一种隐蔽的嫉妒心"。[②] 商业文明使人摆脱粗鲁、偏狭,带来文雅、开明的社会风尚。贸易使每个地方的人都有机会了解其他社会的风俗,借此改变自身陋习,尊重他国传统。孟德斯鸠认为其所生活的时代由于商业的作用而变得日趋典雅和温厚。[③] 商业爱温和,喜欢妥协,竭力避免激怒人。它能忍耐,有柔性,委屈婉转,除非万不得已绝不采取极端手段。[④] 卢梭在承认商业文明可以将"野蛮人"改造得相对"讲求礼法、时髦合规矩"的同时,仍然认为商业文明并不造就美德。人们在商业文明表现的所谓彬彬有礼,只

[①] [法]孟德斯鸠:《论法的精神》(下),许明龙译,商务印书馆1997年版,第32页。
[②] [法]卢梭:《论人类不平等的起源和基础》,李常山译,商务印书馆1997年版,第125页。
[③] 杨芳、卢少鹏:《十八世纪思想家对商业文明的辩护与批判》,《社会科学家》2010年第7期。
[④] [法]托克维尔:《论美国的民主》,董果良译,商务印书馆1988年版,第801页。

不过是"崇尚奢侈和外表罢了"。并且在卢梭看来奢侈风靡并非富余和技艺进步的结果,而是所谓"大人物"的利益和虚荣使然。富人的奢侈被卢梭形容为"南方式热风,把无数的蝗虫引来,吃光了稻田的庄稼和穷人的粮食,导致无数的饥馑和死亡,即所有灾祸中最大的祸殃"。① 休谟（David Hume, 1711—1776）认为商业文明有助于打破传统的二元阶级对立,促进中等阶级的兴起。中等阶级的存在既是财富的主要创造者,也是维护国家自由的中坚力量,并成为公共自由最稳固、最坚实的基础。因为他们"既不像农民那样,由于经济上的贫困和精神上的自卑,而屈服于奴隶制统治的淫威；也不希望像贵族那样,骑到别人头上作威作福。他们渴望人人平等的法律,以保护自己的财产不受君主和贵族暴政的侵犯"。② 但弗格森（Adam Ferguson, 1723—1816）认为如果公民们满足于安享法律的安全,就会失去捍卫自由的热情和能力,并最终导致民族活力的衰微。认为自由需要公民自己的积极抗争和捍卫才能长久保有,但商业国家的制度却旨在维持环境的和平和安宁。弗格森沉痛提醒,如果人们太沉溺于自我私务和享受,"国民再也无法感受到社会的共同纽带,也不再热衷于国家事业"。国家即便不是走向衰亡也会变的消沉,与之相关之公民自由也将难以为继。③

二 专制文化的苦难逻辑与民主困境

中国文化典籍《礼记·礼运篇》开篇就为人们展现了一个"举贤任能"的美好社会图景：王位由选举产生,作为父母的不仅仅爱护自己的孩子,鳏寡孤独等弱势群体由公共资金养活。所有的男人有工作,妇女们做家务。有储蓄但不为私益,为了公共利益努力工作,没有盗贼和叛逆。也就是"所有的门都打开,国家不是权力国家",④ "行大道",致"大同"的理想政治图景。但睿智的西方哲人从"人性本恶"的角

---

① [法]卢梭：《论人类不平等的起源和基础》,李常山译,商务印书馆1997年版,第165页。
② [英]休谟：《休谟经济论文选》,陈玮译,商务印书馆1984年版,第26页。
③ [英]弗格森：《文明社会史论》,林本椿、王绍祥译,辽宁教育出版社1999年版,第248页。
④ [德]马克斯·韦伯：《儒教与道教》,王容芬译,商务印书馆1995年版,第262页。

度不止一次地告诫世人：过于美好的理想引发的过激行为，往往事与愿违：人们被自己的想望所奴役，甘愿把自己"出卖给魔鬼"，① 从而造成自身，乃至整个族群社会的悲剧。荷尔德林（Friedrich Hölderlin, 1770—1843）认为"总是使一个国家变成人间地狱的东西，恰恰是人们试图将其变成天堂"。② 托克维尔在反思法国大革命时曾提到一句格言：谁要求过大的独立自由，谁就是在寻求过大的奴役。③ 大同社会和共产主义确是全人类的理想社会模式，但是其与现实却存在巨大的差距，或者其所标榜的目标与人类最为基本的、动物性的、本能的自私、贪婪人性相悖。美好社会理想的实现，往往要面对巨大的现实阻碍，多数等级特权社会的统治阶层在具体范围内已经窃取、垄断着实现，或者超越美好社会理想的物质和精神资源。这些所谓的美好理想，也成为统治阶层实现利益榨取，激发社会活力，以美好的许诺虚化现实苦难的精神鸦片；抑或被意欲通过暴力手段取代现实统治的造反领袖，用来煽动底层民众卖命的催命符。专制统治永远是统治者的圭臬，权力与利益是专制的本质，所有的理想许诺只不过是美化专制、麻醉民众的鸦片。所有的专制统治都以统治阶层对社会资源的全面占有为条件和目的，国家政权成为唯一的产权所有人。所谓"普天之下，莫非王土；率土之滨，莫非王臣"④ 也即此意。莫洛托夫（Vyacheslav Mikhaylovich Molotov, 1890—1986）在描述斯大林建构的极权社会时写道：在一个政府是唯一的雇主的国家里，反抗就等于慢慢地饿死。"不劳者不得食"这个旧的原则，已由"不服从者不得食"这个新的原则所代替。⑤ 为了维护现实的既得利益，统治者不得不通过无法实证的美好社会理想，或者"天

---

① 浮士德为了寻求新生活，和魔鬼墨菲斯托签约，把自己的灵魂抵押给魔鬼，而魔鬼要满足浮士德的一切要求。如果有一天浮士德认为自己得到了满足，那么他的灵魂就将归魔鬼所有。浮士德的五大追求：追求知识，他满腹经纶，却于事无补；追求爱情，爱情要保守思想和封建礼法扼杀；政治追求，为封建王朝服务，却因爱上海伦而葬送自己的前程；追求艺术，追求古典美，也以幻灭告终；社会理想追求，围海造地，建造人间乐园，却在呐喊中倒地而死。

② ［英］哈耶克：《通往奴役之路》，王明毅译，中国社会科学出版社1997年版，第29页。

③ ［法］托克维尔：《旧制度与大革命》，冯棠译，商务印书馆1997年版，第179页。

④ 《诗经·小雅·谷风之什·北山》。

⑤ ［英］哈耶克：《通往奴役之路》，王明毅译，中国社会科学出版社1997年版，第116页。

堂、极乐世界"等精神麻醉方式配合权谋与暴力实施专制统治。如此卑劣用心的目的在于陷被统治者于孤立无援境地,使他们认同现实的苦难,把命运的改变寄予虚无缥缈的天国极乐世界。更为深层的原因在于统治者对自身罪孽的清醒,以及其对民众觉醒的发自内心的恐惧。

> 专制在本质上是害怕被治者的,所以他认为人与人之间的隔绝是使其长存的最可靠保障,并且总是倾其全力使人与人之间隔绝。只要被治者不互相爱护,专制者也容易原谅被统治者不爱他。只要被治者不想染指国家的领导工作,他就心满意足了。他颠倒黑白,把齐心协力创造社会繁荣的人称为乱民歹徒,把自顾自己的人名为善良公民。①

中国是个专制传统深厚的国家,专制实践的"名/实"背离分裂特征也更为明显。儒法合一,在中国专制伦理中互为表里,并行不悖。儒家学说以西周宗法礼制为蓝本,强调通过家国一体伦理体系维护贵族专制利益。汉武帝融儒法为一体,外儒内法,恩威兼施,进一步完善了君主专制统治伦理思想体系。儒家主张"仁者爱人",以基于人身依附的"恩怨渊源"结构"施恩图报"的封建伦理关系。法家主张使用"严刑峻法"惩罚违背统治者意志的"离经叛道"之徒,即使以"仁爱"著称的孔子也曾"诛杀少正牟"。② 表面的"仁爱和顺",内在利益竞争的"剑影血光"成为中国传统政治的本质特征。同时,社会政治环境的波密诡谲也使得日常社会交往的个体,甚或家庭等各类各级团体的内部关系打上人人自危的烙印。托克维尔认为"中国人彼此间典型的不信任已为所有观察者所证实"。③ 由于专制统治的暴戾和伪善,诚信成为专

---

① [法]托克维尔:《论美国的民主》,董果良译,商务印书馆1988年版,第630页。
② 《荀子·宥坐》:孔子为鲁摄相,朝七日,而诛少正卯。门人进问曰:'夫少正卯,鲁之闻人也,夫子为政而始诛之,得无失乎?'孔子曰:'居!吾语女其故。人有恶者五,而盗窃不与焉:一曰心达而险,二曰行辟而坚,三曰言伪而辩,四曰记丑而博,五曰顺非而泽。'此五者有一于人,则不免于君子之诛,而少正卯兼而有之……不可不诛也。"
③ [德]马克斯·韦伯:《儒教与道教》,王容芬译,商务印书馆1995年版,第284页。

制社会的稀缺资源。统治阶层不得不假借天意,使用"伪辞"愚弄民众,甚或使用"牧民""平衡"权术来维护集团利益,维持专制社会的正常运行。生死轮回、因果报应、天意神祇是专制统治者愚弄和操控社会民众的惯用伎俩。所谓"疾病"和"不幸"是因为得罪于天,这种巫术信仰的产物,使人面对苦难产生一种源自宗教救世共同体的奥妙感觉,并有力地控制民间伦理。"中国人能够非常冷酷地控制博爱之心,甚至对骨肉同胞的关系,这些同谨小慎微和对鬼神的自私的敬畏结合起来,就是结果。"① 如果说假借天意、神意愚弄民众显得过于蒙昧,假借民意、强奸民意也是专制统治者的惯用勾当。孟子有言"民为贵,社稷次之,君为轻",② 即使虚伪至极,却也被洪武太祖打了板子。③ 同时,打着民意的幌子,屠戮民众,奸人妻女,却又满口道德文章的民贼在专制时代却也并不少见。托克维尔认为"没有以人民的名义发号施令的政府更难抗拒的了,因为它可以假借大多数人的意志所形成的道义力量,坚定地、迅速地和顽固地去实现独夫的意志"。④

"牧民术"和"制衡术"是专制统治集团实施对下剥夺,以及维持集团内部正常运行的权谋手段。"牧民说"见于《说苑·政理》,管仲认为民众粗俗无知,根本就是无法理喻的群氓。"是故民不可稍而掌也,可并而牧也;不可暴而杀也,可麾而致也;众不可户说也,可举而示也。"⑤ 意思是说,对待老百姓不能轻易赞赏,只能像对待牲口一样归并在一起放养;不能残暴的诛杀,只能指挥招徕;民众不能够逐户宣谕,只能举出范例给他们看。在古代哲人管仲眼里,普通民众就如一群

---

① [德]马克斯·韦伯:《儒教与道教》,王容芬译,商务印书馆1995年版,第285页。
② 孟子:《孟子·尽心章句下》。
③ 据《明史·选举志》记载,朱元璋夺取天下后,十分注重学习,在圣贤书中寻求治国之道。当他翻自《孟子》卷四《离娄章》时,龙颜大怒曰:"这老儿要是活到今天,非严办不可。"孟子告齐宣王曰:"君之视臣如手足,则称视君如腹心,君之视臣如犬马,则称视君如国人;君之视臣如土芥,则称视君如寇仇。"在朱元璋看来,这有伤国君的尊严。特别是孟子的言论"民为贵,社稷次之,君为轻",让这位大明开国皇帝怒不可遏。
④ [法]亚历山大·德·托克维尔:《旧制度与大革命》,冯棠译,商务印书馆1997年版,第252页。
⑤ 汉·刘向:《说苑·政理》。

驯养的猪牛。控制猪牛的方法,只需为其设立作为行为标准的"楷模",也就是所谓的"头猪""头牛"。然后,对业绩突出的"头猪"或者"头牛"给予相对丰厚的物质或者精神的奖励,其他如猪牛般的群氓自然会为那个"统治者随意抛洒"的"骨头"拼命相搏,以千万个微贱的生命去实现统治阶层制定的所谓"天意""天命",乃至于所谓"民意"。为了确保被统治者的下贱、无知、蒙昧,法家商鞅提出"驭民"五术,使他的被车裂显得那样的罪有应得。商鞅主张"壹民、弱民、疲民,辱民,贫民"。所谓"壹民",就是加强思想控制,全天下人都得信奉统治者制定的所谓"天意、圣意"。稍有违背,或者另有主张则被认为是大逆不道,罪不容诛。所谓"弱民"指国家政权务必通过国家律法、政策削弱民间势力,包括强(豪)民,乃至所有国民群体;使得国民无法脱离政权独立存在,从政治、经济上消灭被统治者对国家政权的威胁。治国之道,务在弱民。所谓"疲民",就是统治者要不停地为民寻事,使得广大民众疲于奔命,无暇顾及他事。从而为统治者的穷奢极欲,为所欲为提供条件。所谓"辱民"就是公然"驱奸(贱)驭良"实施"小人政治""酷吏政治"。从精神上,侮辱、打压民间力量,使其丧失自我,既无自尊,也没自信,任由统治者欺凌。再有,就是挑唆民众之间相互检举揭发,令其时刻生活在身心俱疲的恐惧之中,惶恐不可终日。所谓"贫民"就是从物质财富方面剥夺民间,除却生存必须,剥夺余粮余财,使得民众人穷志短,既无对抗统治的物质基础,也没有反叛政府的精神志向。如果五种措施都无法奏效的话,最终的手段就是"屠戮"。专制统治者在愚弄底层民众的同时,对于自身垄断利益的保有也难于做到心安理得;既害怕源自社会底层的反叛导致作为利益依附实体政权的灰飞烟灭,也恐惧统治集团内部贵族、政治精英的觊觎,统治集团内部的制衡成为历代专制统治者协调内部利益分配,维护统治稳定的必须手段。这种专制君主的制衡策略包括"文与武"的制衡,"内与外"的制衡,"贤与庸"的制衡,以及"上与下"的制衡。宋太祖赵匡胤黄袍加身,以军事强人夺权,窃取后周柴氏天下。建政后,宋太祖害怕自身政权重蹈覆辙,加强对军事强人的打压控制，重用文人，甚或于启用文人控制军将。宋设枢密院与"中书"分掌军政大权，号称"二府"。武将有管、练权，却没有用兵权。用兵权则掌握在文官，甚或是宦官（比如镇压方腊起义的童贯）手里。整个宋朝尽管没有发生由于军人叛乱酿成的大祸，也因为军事行动效率低下，两宋均亡国灭种于军事失败。"内与外"的制衡是专制政治的常见现象，"内"即宫廷宦官，或者是外戚专权；所谓"外"指矗立庙堂之上的文武大臣。处于文明衰落期的专制君主，一般不再相信注重国家公益的文武权臣，而专崇能够满足自身私欲的内廷宦官。从秦之赵高、唐之高力士到明、清两代，宦官专权成为亡家灭国的主要原因。外戚专权，汉、唐尤甚，虽未造成亡国的后果，但也都引发过巨大的政治动荡和统治危机。"贤与庸"的制衡，一般表现为统治集团内部专业精英与宦官和外戚间的制衡。专业人士，或文臣，或武将，大都心高气傲，不服约束。两宋武将如岳飞、杨业，文人如范仲淹、苏轼，多不识时务，有违圣意。此时，专制君主就会任用庸人，或者予以制约，或者令其死于非命。汉唐多酷吏，而酷吏多为没有专业技能的庸才，但他们却可以以"进谗、陷害"方式实现专制统治者想做而无法做，或者想做而不能公开做的微妙功用。"上与下"的制衡，多为最高统治者出于对专业队伍的猜忌，在等级森严的金字塔式统治结构中跨越等级，直接与被猜忌者的下级联系，以实施对被猜忌者的监视、制衡、打击甚至谋杀。

　　长期生活在严酷的思想控制和无所不在的行为束缚中的个体被形塑为普遍的奴性心理。奴性，基于生存欲望，根据个人认知力在现实中的有限理性选择，完全服从，是暴力恐吓、利益诱惑和思想禁锢的产物，并由此衍生出诸多的社会性病态心理。专制统治者唯我独尊的极权，让每个人都顺从并依附于它；其唯我独尊的思想，让每个人都变成服从于这个思想的低级动物。病态的"从众"意识成为引导专制社会人们最主要的行为心理。从众，指群体成员在真实的，或现象的群体压力下，其行为或信念上的改变。从众心理本来是一种正常的心理现象，西方传播理论的"沉默的螺旋"也从某种角度证明从众心理在舆论传播中的普遍存在。但长期生活在专制体制中的人们会形成几近丧失理性的病态从众行为,既畏服于统治者的淫威,即使利益受损,也多会苟且隐忍;一旦得势,就会罔顾理性,肆意恣肆。所谓"法不责众"观念就极端错误,因为法律是针对社会所有成员的行为规范体系,立法的本意就在于"责众"。日常行为中,人们可以无视交通规则,集体闯红灯,不惜牺牲生命安全,也要成就其"从众"行为。西哲认为群体不渴求真理,它们需要的是幻觉,没有幻觉便不能行事。它们总是赋予不真实的东西优越于真实的东西;它们几乎被不真实的东西像真实的东西一样如此强烈地受其影响。① 极端从众心理有时会在具体环境条件影响下,导致病态"排异"心理的出现,排异心理一般指个体对和自己不同或差别很大的人比较排斥,专制族群中表现为更为强烈的"群体排异"。专制统治的"壹民"② 伦理要求民众恪守"本职、本业、本分",长时间的意识灌输在民众中形成一种本能的"苟安"心态,拒绝变化,尤其拒绝承认群体内部成员异于群体整体的言行和作为。所谓"枪打出头鸟","出头的椽子先烂"所表达的也就是这个道理。就本质而言,群体排异心理既源于专制统治的恐怖管理,也在于恐怖管理下深入民众内心的源自恐惧的猜忌心理。管仲认为"民知十己,则尚与之争,曰不如吾也,百己则疵其过,千己则谁而不信"。③ 专制统治下的民众群体默认能给自身乃至群体带来最大威胁的莫过于官府,所以人们深恶痛绝的是为群体出头对抗暴政的"志士仁人",宽大容忍的倒是骚扰地方,没有政治色彩的地痞流氓,从而形成专制暴政统治下极端病态的"自虐与施虐"心理。"自虐"是一种专制暴政下普遍性社会心理,其逻辑根源在于将自身作为实现专制统治"目的"的"手段",④ 以期苟安自存。所谓

---

① [德] 弗洛伊德:《弗洛伊德的智慧》,刘烨编译,中国电影出版社2005年版,第54页。
② 《商君书》"驭民"五术之一。即在统治者眼里,天下的百姓都是只有一个功能(生产工具战争机器)。
③ (汉) 刘向:《说苑·政理》。
④ 目的与手段,人类自觉的对象性活动中两个互相联系的因素。目的是活动主体在观念上事先建立的活动的未来结果,它必须通过主体运用手段改造客体的对象性活动来实现。手段是实现目的的方法、途径,是在有目的的对象性活动中介于主体和客体之间的一切中介的总和,尤指实现目的的工具和运用工具的操作方式、活动方式。

"吃得苦中苦，方为人上人"比较典型地表达了底层个体只有通过"克己复礼"等"自虐"手法实现统治者的"目的"，从而得到认可和提拔，以期跻身上层社会，自我实现的社会心理。其中，太监的出现又是通过"自虐、自害，乃至自残"满足统治阶级目的需求，以求取"进身"的极端形式。北宋理学家朱熹所谓"存天理，灭人欲"，"饿死事小，失节事大"意在规劝统治阶层戒除奢侈，志存高远，却被当作约束民间小民百姓的名言雅训。"施虐"则更多地表现为对"失势、失败者"的群体性攻击，所谓"墙倒众人推"即指弱小者对更为弱势者的集体性欺凌，发泄者在对更为弱势的他者发泄过程中转移着更多的人生不幸与愤慨，只不过其发泄对象大多不是自身灾难的制造者；发泄者不知为何对其发泄，只是确认现实的他者的确缺失反抗的勇气和能力；而受害者也不知道自己如何触犯了发泄者，因为他们本来就素不相识，素昧平生。就像阿Q被王胡和小D暴打之后，却去欺负小尼姑，这是多么滑稽的人生景象。自虐的极端病态形式表现为"伥鬼"[①]心理，西方心理学称之为"斯德哥尔摩综合症"。斯德哥尔摩综合症，又称斯德哥尔摩症候群或者"人质情结"或"人质综合症"，指犯罪的被害者对于犯罪者产生情感，甚至反过来帮助犯罪者的一种情结。此种情感造成被害人对加害人产生好感、依赖心甚至协助加害人。人质对劫持者产生一种心理上的依赖感，与劫持者共命运，把劫持者的前途当成自己的前途，把劫持者的安危视为自己的安危，甚至把解救者当成敌人。苏联时期，斯大林为了发泄对莫洛托夫的不满，授意贝利亚罗织罪名，将莫洛托夫的妻子波林娜·谢苗诺夫娜·热姆丘任娜抓进了监狱。斯大林知道，莫洛托夫对妻子波林娜的感情非常深厚，所以才想出这个办法折磨他。1953年3月，斯大林去世。莫洛托夫是当时政治局委员中唯一发自内心感到深切悲痛的人，是在斯大林灵柩前发表讲话的人里唯一噙着眼泪的人。莫洛托夫对斯大林的这种态度，一直保持到生命的最后几年，终生认为斯大林是个伟人。无独有偶，这一幕也曾发生在乾隆时期

[①] 吴趼人：《趼廛笔记》记载，被老虎吃掉而成为老虎的仆役的鬼魂，品行卑劣，常引诱人使其被老虎吃掉。

的大清帝国，一位到中国公干的英国公使斥责太监制度的非人道，却受到乾隆身旁太监的厉声呵斥。① 专制统治下群体的奴性心理造成统治精英的心理病态，与奴性群体相应，专制领导阶层普遍存在"杀熟"心理。所谓"杀熟"心理即统治内部源于相互猜忌而导致的相互戕害，其主要诱因应该是源于专制统治利益的不可平等分享性。专制文明进入平和、成熟期间，由于统治阶层内部利益纷争诱发相互猜忌与杀戮。所谓"鸟尽弓藏、兔死狗烹"，历朝专制统治者在统治地位巩固之后，多会发起针对群体内部，有可能对自身统治利益存在威胁的同伴，甚至是兄弟的杀戮。相反，倒是民主社会有时表现出对于竞争对手应有的尊重与宽容。

长久的专制统治造就了国民愚昧、麻木、落后，以至于伟大如毛泽东那样的领袖，也要通过喂食孩子辣椒②来唤起人们的警醒意识。苦难成为专制社会个体成长的必修课，"一定形式的苦难和由苦难引起的反常状态，是获得超人的即巫术的力量之途。古老的戒律和为祭祀的纯洁而节欲，都是相信鬼神的结果，都有同样的作用"。③ 个体经历苦难的过程也就是刻薄自我适应专制统治，将自身"手段化""工具化"的过程。只有使自身成为专制统治认可的、合格的"工具化手段"，才有可能得到认可，才有可能寻得实现自我的条件和途径。例如在中国饱受赞誉，同时也饱受诟病的科举制度。书生们不惜遭受身心摧残，其目的就是要成为统治阶级认可，具备高雅举止和经邦济国素质的后备政治精英。"在民众眼里，成功通过科举考试的考生与官员，绝不仅仅是一个由知识证明了资格的官职候补人，而是一个经受了考验的卡利斯马④素质的体现

---

① 杨凌：《新时代的太监》记载，英国公使去拜见乾隆皇帝，对中国的太监制度提出质疑，认为这是很不人道的。旁边的太监跳出来喝斥：这是主子对奴才天大的恩赐，蛮夷懂得什么。http://tieba.baidu.com/p/1588664657，2016年11月28日。
② 王凡、东平：《毛泽东的"辣椒"格言 蒙生出培养孩子逆向思维》，《红墙童话：我家住在中南海》，作家出版社，人民网2012年5月7日/2017年1月16日。
③ [德]马克斯·韦伯：《儒教与道教》，王容芬译，商务印书馆1995年版，第10页。
④ "卡利马斯"被理解为一种非凡的品质，被统治者凭着对这位特定个人的这种品质的信任而服从这种统治。神秘的巫师、先知、劫猎头领、战争首长、"专制"暴君，或许还有个人党魁，这些人对他们的信徒、追随者、被征服的军队、政党等进行的统治就是这样的类型。

者。"① 本来人类社会成员、群体互为"手段/目的",无可厚非。但生存于专制社会的人们的悲哀在于他们作为"工具/手段"出卖的对象只有一家——专制集权国家,即所谓的"学得文武艺,货卖帝王家"。专制社会特有的"买卖"双方数量与地位的悬殊,造就买方对卖方的极大压制和迫害,形构巨大的个体与群体苦难,以至于酿成社会危机。这种苦难不单单表现为和平环境下统治者对民众的无尽压榨,也表现为王朝末年,专制统治者众叛亲离,成为真正的孤家寡人,成为亡国灭家,任人宰割的羔羊。先哲孟子曾经列举多位古代圣贤事迹阐释专制统治的苦难逻辑:

> 舜发于畎亩之中,傅说举于版筑之中,胶鬲举于鱼盐之中,管夷吾举于士,孙叔敖举于海,百里奚举于市。故天将降大任于斯人也,必先苦其心志,劳其筋骨,饿其体肤,空乏其身,行拂乱其所为,所以动心忍性,曾益其所不能。人恒过,然后能改;困于心,衡于虑,而后作;征于色,发于声,而后喻。入则无法家拂士,出则无敌国外患者,国恒亡。然后知生于忧患,而死于安乐也。②

就社会心理学角度而言,苦难磨练确有砥砺意志,锻造节操的功效。专制政治尽管丑陋、暴力、血腥,其社会架构属于对自然界的机械模仿。也许专制统治不够科学,不够文明,但更为符合人类的动物本性。《乱世佳人》主人公郝思嘉对奴隶制田庄旖旎风光的依恋证明,维系奴隶与奴隶主和谐关系的情感维系远较冷酷、自私的资本主义等价交换来得温情脉脉,易于接受。托克维尔考察资本主义初现的美国时认为,资产阶级对自由工人的剥削要远远大于南方奴隶主从工业奴隶身上榨取的财富。奴隶主要负责奴隶的生老病死,奴隶主使用奴隶的付出远比资产阶级付给工人的工资要多。③ 长期的强制性奴化也会形构奴隶本

---

① [德] 马克斯·韦伯:《儒教与道教》,王容芬译,商务印书馆1995年版,第179页。
② 孟子:《孟子·告子下》。
③ [法] 托克维尔:《论美国的民主》,董果良译,商务印书馆1988年版,第404页。

身的惰性，认可自身的生活境遇。就像在动物园久被豢养的动物一样，猛然放归山林，他们留恋的是"衣食无忧"的卑微存在，未必就能适应"生死相竞"的自由天地。数千年专制统治的周期性灾难确实制造了人间的诸多悲剧，但也锻造出如群星璀璨般存在的"磨难精灵"。在他们身上表现出的责任、义务、担当和献身精神确是人类文明精华的凝练，推进了人类文明的传承和发展。作为磨难精灵存在的仁人志士表现的个人修养，以及其在重大历史关节点上表现出的节操是人类"贵族精神"的凝练，虽则贵族专制社会理应抛弃，但"贵族精神"则永远是人类精神的精华。

托克维尔在考察英国贵族制度与美国民主制度的优劣时发现，尽管贵族专制统治罪恶多端，但并非一无是处。民主、自由代表了人类文明的发展方向，但民主制度的建构任重道远，至少当时的美国民主建构仍有很多不够完美之处，但作者仍然承认美国的民主制度优于英国的贵族制度。[①] 专制制度相对于民主制度而言，在行政效率上是优于民主制度的，尤其是在时间性较为急迫的危急时刻。专制统治的行政集权系统可以"在一定的时间和一定的地区把国家的一切力量集结起来"，实现政权的短期宏伟目标，比如说战争的胜利。但是这种胜利有可能成就一个人转瞬即逝的伟大，却无补于民族的持久繁荣，甚或于这种行政集权的长久存在会消磨人民的公民精神，使它治下的人民萎靡不振。这一点在美国的南北战争中表现的最为明显，武装精良的南方奴隶主军团在战争初期所向披靡，却无法支撑长久的战争。贵族独特的精神气质表现为轻财重义，他们可以容易地把人民组织起来，因为人民长期以来对他们的跟随和服从早已形成了思维和行为的惯性定势。[②] 相对而言，民主阵营方面尽管无法在短时间内形成合力对抗强敌，但是民心的拥护，众人的智慧最终必将战胜"独夫"的暴力。但是，民主阵营对专职贵族集团的胜利，也并不能否认民治机制在集体决策上的机制性缺陷。正常发展的专制群体，其政治精英可以在较短时间内获得群体的支持，并将自身

---

① [法] 托克维尔：《论美国的民主·序》，董果良译，商务印书馆1988年版，第14页。
② [法] 托克维尔：《论美国的民主》，董果良译，商务印书馆1988年版，第834页。

的正确决策贯彻为族群行为。民主政体在应急决策时，则会面对更多的掣肘，有时不得不以"阴谋"的方式刺激民众。以损害大众的方式达到调动民众，造福民众的目的。"珍珠港事件"和"9·11事件"无论如何都无法摆脱"阴谋政治"的质疑，以及其在民众中间制造的阴影。毕竟多元利益主体国家的个人决策出发点，依然是个体的私益，不是每个个体都会像政治精英一样高瞻远瞩。"珍珠港事件"之前，面对德日法西斯猖獗，美国亟须介入战事。当时美国民间"孤立主义"盛行，日本有可能偷袭珍珠港的情报早已经由苏联、国民政府等多方渠道通告美国最高层。为了获取民众的"参战"授权，美国总统"坐视"悲剧发生。却在事件发生前，调出原驻珍珠港的航母舰队，保存了对抗日本海上力量的主力。也许人们无法坐实罗斯福的"阴谋"，但数千葬身大海的生灵却是人们永远无法抹去的伤痛。换来的是美国人民放弃"孤立主义"，支持美军参战，蹊跷的是60年后的"9·11"事件与珍珠港当年颇有异曲同工之处。在几千个无辜鲜活生命湮灭后，小布什发动了针对"恐怖组织"的战争。在社会风情方面，专制统治下的社会源于等级差别的私相授受，人们的社会交往显得温情脉脉。相反，生活于自由、民主环境中的民众由于地位平等，少有利益关联而情感冷淡、漠然。贵族体制下，虽然主仆之间毫无天生的共性，但由于日久天长的相处，岁月使他们结为一体。对于往事的共同记忆，使他们互相眷恋。就如女人的宠物，虽则没有哪个女人会给予宠物人的尊崇；一旦失去，女人有时会有超越失却亲人般的伤感。在民主社会，主仆关系由于天生平等，却总是以陌生人相待。[①] "在王权受到习惯和民情节制的君主国家，一般老百姓往往心平气和，精神愉快，因为享有一定的自由和极大的安全，不必为生活过于担忧。但是，凡是享有自由的人民都是处事严谨的，因为他们始终不忘事业是不会一帆风顺而无艰险的。"[②] 生活在贵族社会的民众容易沉湎于热闹、痛快的气氛，暂时忘却生活中的苦难；民主社会的人则不喜欢这种淳朴、喧闹、粗俗的消遣，甚或是贵族阶级

---

① [法]托克维尔：《论美国的民主》，董果良译，商务印书馆1988年版，第718页。
② 同上书，第767页。

高雅的文化娱乐。他们喜欢的是能够同工作相似，能够从中得到具有生产价值和实际补益的要、严肃而安静的享乐。

　　社会工作方面，贵族专制塑造了精致、严谨的社会理性和璀璨的艺术。相对而言，民主社会难以形成深刻的思想和寓意高深的艺术品。托克维尔认为贵族制度下，产生了很多伟大的绘画，民主国家则出现了大量的平凡作品。前者创造了青铜艺术，后者则制造了石膏像。① 自由、民主需要循序渐进的过程，过度的超前，反而会构成对"人性"的粗暴践踏。托克维尔看到刚刚进入民主社会的美国，最为注意和坚持在两性之间划清行动的界限。美国妇女绝不会去管家务以外的事情，去做买卖或进入政界；也没人去强迫妇女去干粗活，或作需要强壮劳力的重活。② 反之，"太平天国"运动期间、民主时代的欧洲，以及第二次世界大战后独立民族国家，以"妇女解放"为由，抹杀男女性别特点，赋予男女同样的职责，给予男女同样的义务和权利。强制两性平等，反而会损害双方，直接引发有违人类天性的男性的阴性柔媚和女人的粗俗野蛮。民主时代并不必然带来更多的安定和民众心理压力的降低，人们在享受独立、自由的同时，也面临着社会控制失范引发的意外威胁。民主使人们在平等的交往中充满自信和自豪，但他们却无法指望别人的援助和同情，因为大家都是软弱和冷漠的。并且随着平等原则深入整个社会制度和民情，个体升级的规定日趋烦琐，升级的速度也会越来越慢，而难度却越来越大。帕斯卡尔（Blaise Pascal，1623—1662）说过："名门出身的一大好处，是使一个人在18岁或20岁时可以达到另一个人在50岁时达到的地步，从而使他便宜了30年。平等使每个人将自己的能力用于取得一切平凡的东西，从而妨碍了他们迅速发展壮大自己。"③ 某种意义上，专制是罪恶的，但对于脱胎于数千年专制统治的人们来说，专制并非绝对的非理性。相对而言，超前或者虚伪的民主与自由反而会对普通民众构成更大的危害。空想社会主义者认为自由主义是19

---

① ［法］托克维尔：《论美国的民主》，董果良译，商务印书馆1988年版，第571页。
② 同上书，第754页。
③ 同上书，第792页。

世纪的罪恶之源,设想用由一种强制性的"精神力量",以终结革命的方式改造社会。空想社会主义圣西门(Claude Henri de Rouvroy, comte de Saint-Simon, 1760—1825)甚至宣告:对那些不服从其所拟订计划委员会的人,要"像牲畜一样来对待"。① 这无疑是一种较之贵族专制更为残暴的专制。专制暴力造就了奴隶,也造就了奴隶的奢望,他们对残暴主人的羡慕甚于憎恨,并以仿效压迫者的暴行为得意和骄傲。翻身的奴隶无法摆脱专制时代的恶俗,人民在行使自由权利时,不能控制自我,一直蛮横地对待自己的"教师"。② 20世纪80年代,亚洲经济四小龙的成功,让人们重新审视儒家专制思想的社会学价值。亚洲人相信这种经济成功很大程度上是亚洲文化的产物,亚洲文化优越于文化上和社会上颓废的西方文化。李光耀说:"东亚人的带有更强群体意识的价值观和实践,在赶超进程中表明是宝贵的东西。东亚文化所持的价值观,如集体主义高于个人利益,支持了团体的努力,而这对于迅速发展是必要的。"③ 尽管亚洲经济在世纪之交造就了特定范围的经济成功,但这种成功却是以普通民众的过度付出为代价的。从某种意义上也是难于长久的,因为人类追求自由、理性、幸福的需求是永久的。也许人类走向民主、自由的道路是曲折的,有时甚至是会出现反复,但实现全人类的自由、解放是马克思主义思想的终极价值诉求。哈耶克认为

> 如果我们不逐渐采用并最后建立民主制度,不向全体公民灌输那些使他们首先懂得自由和随后享用自由的思想和感情,那么,不论是有产者还是贵族,不论是穷人还是富人,谁都不能独立自主,而暴政将统治所有的人。我还可以预见,如果我们不及时建立绝大多数人的和平统治,我们迟早要陷于独夫的无限淫威之下。④

---

① [英]哈耶克:《通往奴役之路》,王明毅等译,中国社会科学出版社1997年版,第29页。
② [法]亚历克西·德·托克维尔:《旧制度与大革命》,冯棠译,商务印书馆1997年版,第172页。
③ [美]亨廷顿:《文明的冲突与世界秩序的重建》,周琪等译,新华出版社1998年版,第109页。
④ [英]哈耶克:《通往奴役之路》,王明毅等译,中国社会科学出版社1997年版,第367页。

第四章 意义的传播与嬗变

第一节 传媒科技阴影下的民意表达

一 美国选战背后的"传媒魅影"

2016年11月,地产大亨、"网络红人"唐纳德·特朗普以306票对232票赢得了第58届总统大选,当选第45任美利坚合众国总统。吊诡的是,普选中民主党候选人希拉里以6581万张胜过特朗普的6295万张领先300万张"普选票";特朗普却"技巧性"地赢得关键州,拿下306张选举人团票,超过当选所需的270张,赢得大选。暨南大学谭天教授认为网络传播在特朗普的胜利中起到关键作用,直接称呼特朗普为"历史上第一个真正的互联网总统!"[①] 谭天教授通过对此次美国选战中由不同传媒技术支撑的媒体作为分析后认为,在对大选结果作用方面,电视、报纸等传统媒体相较网络技术支撑的社交媒体存在巨大差距,社交媒体准确预测了大选结果,大众传播几近失效。[②] 甚至认为,经历此次大选,鼓吹希拉里的传统媒体将进一步退出市场,由互联网技术支撑的新媒体将逐步接管媒体世界。单向传播的大众传媒相对于双向交互传播的网络媒体,在接受反馈,掌握民意走向的速度、方式上都存在巨大的落差,是其在大选中反映民意迟缓,导致失败的技术原因。"脸书"老总扎克伯格在竞选关键时刻反水支持特朗普,并为特朗普专门开辟高

[①] 谭天:《从美国大选看社会化传播》,《视听界》2016年第11期。
[②] 谭天:《我国社交媒体的现状、发展与趋势》,《编辑之友》2017年第1期。

清电视台，在 Facebook 页面上实时播放特朗普的各种集会视频。扎克伯格之所以能有如此快捷的反应与操作，据说扎克伯格依据 Facebook 数据分析，发现已经有 90% 以上的人支持特朗普，于是立刻转向，支持特朗普，而被希拉里收买的电视、报纸等大众传媒无法做到这一点。

基于大选中的媒介表现，特朗普政府形成了依附社交媒体，打击传统大众媒体的媒介关系格局。一方面，特朗普实行"Twitter 理政"，其执政理念，甚至具体措施都通过 Youtube、Facebook、Twitter 互联网渠道传播。另一方面，新政府与大众传播媒体争闹不休。新政府第一次新闻发布会，白宫发言人斯宾塞训斥大众传媒相关特朗普就职典礼报道不实。斯宾塞认为 20 日特朗普就职典礼是史上参加人数最多的一次，媒体却认为明显少于奥巴马的就职典礼。斯宾塞狂怒，但媒体依然我行我素。因为他们有美国宪法的大力支撑，并且在其他事情上继续炒作，放大特朗普政府的负面形象。也许此次大选中大众传媒的式微并不能作为否定大众传播"制造"和承载民意作用的依据，只是由交互式传媒科技支撑的社交媒体运作相较于传统大众传播效果略胜一筹。事实上，传媒科技的每一次进步，都在塑造着特定传播技术条件下的"时势英雄"。20 世纪前叶，广播技术普及。希特勒（Adolf Hitler，1889—1945）的磁性演说借助声波激发了日耳曼种族的无限豪情。1960 年美国大选，自信潇洒的肯尼迪正是借助电视媒体的视觉冲击力击败尼克松。此次特朗普的成功，则无意间充当了传媒新科技的"宠儿"。尽管传媒科技与具体候选人个人特质结合有助于构建更为鲜活的大众形象，并在一定程度上影响大选的进程，乃至结果。但如果由此认定媒介技术在民意引领和制造方面的决定作用，则未免失之偏颇。

媒介的作用在于引导、承载、塑造和表达民意，并在此基础上形成具体的舆论场。2016 年，美国大选舆论运作表现为由传统大众传播媒介主导的"精英"舆论场与反映社会中下阶层利益诉求的社交媒体舆论场舆论主旨的割裂。希拉里赢了普选却没有赢得大选，既有选举制度设计的原因，也反映了美国社会话语权的变更。网络民意对传统媒体民意的变革，其实质是话语权力结构的变革：民意主体上的反精英和草根

"合唱"实质上就是要求打破媒体和权力的垄断,实现平民和精英平等的话语权利。① 传媒技术方面,社交媒体的交互传播,相对于大众传播媒介的单向传播没有把关人的审查,易于展现自媒体发言人的真实意向。某种程度上,被认为更能体现真实的"民意"。因为"意义不会在一厢情愿的单向呈现和另一方的被动接受中产生。意义的生产依赖与主体之间的认同,'政治修辞的含义必须与大众的常识相符'"。② 更进一步,媒体政治修辞只有体现民众的利益诉求,才可能真正反映和代表民意。1998 年,南振中提出"两个舆论场"概念,即民众口头舆论场与官方主流舆论场的偏离,③ 主要体现为官方媒体价值诉求与民间社会公众具体利益实现的背离。相对于美国大选中的大众媒体与社交媒体运作,表现为代表社会中下层利益诉求的"民粹主义""孤立主义"的社交媒体与代表"政治正确"普世价值的传统媒体在舆论主旨建构上的游离。媒体存在的意义在于通过组合和展示社会信息,建构"拟态环境",从而制约人们的社会视野。在拟态环境建构过程中,传统媒体通过把关人进行信息筛选,建构体现社会主流意识形态内容的社会图景;网络自媒体,则更多展现基于个体社会际遇的个性化内容,二者存在巨大的差异。此次美国大选大众传媒表述的舆论主旨为以"政治正确"相标榜的社会精英的使命召唤,而网络自媒体则更多地表达了草根群众的基于生活保障的现实困境,而特朗普竞选的政治主张恰恰体现了底层民众意在摆脱生活困境的意愿。

二 特朗普入主白宫的意义系统

2 月 24 日,白宫再向大众媒体发难,禁止《纽约时报》、CNN、《洛杉矶时报》以及网络杂志《Politico》参加白宫新闻会,表明白宫对精英政治"普世价值观"的明确抵制与拒绝。某种意义上,意味着冷

---

① 张淑华:《网络民意与公共决策:权利和权力的对话》,复旦大学出版社 2009 年版,第 45 页。
② 李凌凌:《社会化传播背景下的舆论场的重构》,《中州学刊》2016 年 9 月。
③ 陈芳:《再谈"两个舆论场"》,《中国记者》2013 年第 1 期。

战结束后，以"自由、民主"相标榜的西方价值观，挟"全球化"浪潮全球扩张步伐的停滞与失败。个中原因既有所谓普世价值理念设计本身的逻辑悖论，也有西方文明扩张遭遇东方世界顽强阻击导致的挫败，"后西方"[①] 概念开始进入人们的理论视野。这意味着西方文明的危机，甚至于普世文明本体的溃败。西方普世价值的核心是以"平等、自由、法治"为基础的"民主"概念，但"民主"社会的建设应该是具体的、过程性的。实施民主政治的前提在于控制人的自私本性，并消除囿于自私本性诱发的偏执与平庸。人的自私基于生存的天性，任何想扭曲人天性的行为都是邪恶的。如果设计者们无视或者自以为完全掌控人类的自私本性，实践终将证明他们或者是在自欺欺人，或者是在有意愚民。亚里士多德认为民主与暴民政治是同义语。在雅典民主制度下，素质低下的公民被野心家操纵，使雅典政坛陷入混乱，引发伯罗奔尼撒战争，为后来马其顿南下征服希腊创造了机会。[②] 相对于专制，民主属于人类理想的社会关系状态，第二次世界大战后多数国家民主取代专制，民主成为世界潮流。但是民主并不能治愈人类与生俱来的弱点，无论是英国的君主立宪，还是美国的联邦政治，民主的本意在于阻滞民主潮流，通过渐进式民主的方式维持精英统治，不让政治进入平庸的厨房。[③]

汤恩比（Arnold Joseph Toynbee，1889—1975）研究发现文明的兴起和衰亡往往是因为因循不变的主义或原则。美国曾经因民主伟大，但是美国如果不能在文明扩张过程中吸纳其他文明效益因素，因势利导地变革民主实现形式，也终将因民主而衰亡。亚历山大·泰勒教授认为民主政体在本质上是临时的，人们多会投票给那些承诺从公共财政中给自己最大利益的候选人。结果是每一个民主政体最终都将因为宽松的财政

[①] 2017年2月，在第53届慕尼黑安全会议（"慕安会"）上，俄罗斯外长拉夫罗夫则提出建立"后西方"世界秩序的问题。会前发布的报告也以《后真相、后西方、后秩序》为题，彰显了欧洲战略精英对世界走向的深深忧虑。网易新闻，http://news.163.com/17/0228/18/CECNV-MOL000187VE.html，2017年2月25日。

[②] 冯胜平：《美国民主的黄昏，中国民主的希望》，https://xueqiu.com，2017年1月21日—2月27日。

[③] 同上。

政策而崩溃,并被紧随其后的专制政体所取代。泰勒教授认为世界上伟大的文明国家的发展遵循由束缚与信仰、勇气与自由、丰富与自满、冷漠与依赖,再到回归束缚的循环链条。约瑟夫·奥尔森教授认为当代美国正处于泰勒教授定义的"自满和冷漠"阶段,全国大约40%的人口依赖政府。如果民主党上台,特赦非法移民,大批接受中东难民,不交税人口的比例很快会超过一半。① 巨大的公共财政压力,以及由此导致的天文数字的国债将使联邦政府不堪重负。移民素质的参差不齐,以及非法移民导致的无序竞争则会引发巨大的社会危机,也使普世价值倡导的"自由、平等"显得不合时宜,甚或是虚伪和傲慢。加之周期性的经济危机使得美国社会不堪重负,民间反移民情绪异常高涨,最终形成强大民意。特朗普从商人的功利动机出发,很自然地接受这种民意,并通过社交媒体掌控民意,进而成为这种民意的代表,并最终赢得大选。西方民主制度的实质为精英民主,至少在精英们看来大民主意味着重回蒙昧的开端,或将引发全人类的灾难。但是,无论是西方民主政治,或者是东方专制社会,在遭遇文明扩张停滞,都或将无法避免大众民主思潮通过"民粹主义"形式周期性的侵袭。"即使是英美这两个世界上最成熟的民主国家,最终也不能摆脱民粹的宿命。"② 特朗普草根逆袭,标志着精英时代落幕,民粹时代到来!从英国公投脱欧、"伊斯兰国"卷土而来、土耳其"伊斯兰化",国际形势左转,保守势力开始抬头。一些国家和地区开始重新审视自己在全球化过程中的利弊取舍,中下层民众自我意识复苏,底层民众开始表达自己的愤怒,出现反全球化思潮,世界进入排斥全球化的民粹主义③逆转时期。④

---

① 冯胜平:《美国民主的黄昏,中国民主的希望》,https://xueqiu.com,2017年1月21日—2月27日。
② 同上。
③ 民粹主义,也称平民主义,其基本精神是以维护平民的利益为由反对权威,为此不惜采用任何手段。民粹主义认为平民利益被社会精英压制或阻碍,国家需要从自私自利的精英团体复原健康,改善全民福祉。民粹主义者认为精英阶级所代表的统治团体腐化、堕落,人民宁愿相信自己,也不愿相信制度,其特质表现为对政府的怨怼。
④ 野狼编辑部:《中产阶级的迷茫》,http://www.360doc.com,2016年7月26日—2017年3月1日。

第四章 意义的传播与嬗变

　　第二次世界大战后七十年的历史主要呈现为东西方社会对峙、竞争与冲突的宏观图景，特朗普入主白宫适逢西方文明与东方专制政体冲突与融合的终结点。随着20世纪90年代苏联的解体，和平、发展成为世界的主题，这也意味着文明暴力扩张阶段的结束。经济、文化等软实力、巧实力竞争成为文明主体间斗争的主要方式。文明暴力扩张（世界大战、韩战、越战等）阶段的结束，意味着东西方文明进入守成和文明族群内部利益关系调整阶段，即文明的"雌化期"。文明雌化，意味着民族国家不再以战争暴力手段获取额外的物质利益，满足文明主体成员的利益需求。族群成员价值利益的实现，转而通过协调族群社会内部阶层利益份额比例，实现囿于个体社会格局位置的差别性利益分配。外部暴力竞争压力的"消减"，使得族群内部激励竞争动机缺失。国家分配制度由激发竞争活力转变为通过国家机器对社会中下层族群成员的制度性胁迫，进而实现族群内部基于网络化社会利益格局的非合理化分配。在社会利益阶层固化的同时，丧失竞争活力，激化社会矛盾，诱发民粹思潮。西方民主文明的"雌化"并非始于特朗普入主白宫，从美国黑人总统奥巴马荣登总统宝座，西方世界众多如朴槿惠、默克尔等理性、温和女性领袖的上台，就已开启民主文明的雌化进程。近五十年的冷战，以美国为首的民主阵营，在暴力扩张上没有取得便宜。尽管通过讹诈性的军备竞赛和文化软实力的渗透，造成前苏联经济崩溃，进而诱发国家解体。但是，美国在此间的经济付出与国内外的信誉损失也使得美国——这个以"正义、民主"相标榜的国家不堪重负。进入以"和平、发展"为主题的"后冷战"文明融合时期以来，美国民主文明陷于更深层次的现实危机。国际上，脱胎于苏联的俄罗斯浴火重生，尽管被美国贬低为二流乃至三流国家，但其战略武器的威慑能力，尤其是克格勃出身的铁腕领导人普京的"搏命"外交使得文明雌化期的英美国家领导人面对"宁为玉碎，不为瓦全"的决绝敌手显得局促、沮丧，甚至于手足无措。尽管在伊拉克、利比亚等地小有斩获，但无论如何也无法冲抵俄罗斯在太平洋与中东地区咄咄逼人的挑衅带来的威胁与危机。在如何对待地缘相接，某种意义上又是俄罗斯利益共同体的中国，美国的雌化领导人也显得无所适从。首先,目睹苏联亡国的中国领导人,对于以美国为首的"民主文明"攻击危险,一直保有高度的警惕性,时刻紧抓意识形态控制,使得美方所谓"软实力、巧实力"渗透收效甚微。依托三十年经济高速发展塑造的中国军事实力,以及与俄罗斯基于历史与现实利益的军事合作,也使得美国面对中俄军事合作,采取战争手段解决问题的想法一再搁置。臆想通过经济手段搞垮东方国家的手法,在现实世界里未免显得幼稚可笑,东方世界从来就没有形成过真正的市场。市场经济是以"平等、自由、民主、法制"为前提的,民主国家因之兴旺,也因之衰败。专制政体则通过对国内经济生活的严密控制,实现文明族群基于最高领袖的高度统一。国家通过行政手段实施利益分配,体现基于政治效忠和人身依附的国家利益格局,并不体现基于等价交换的市场利益分配关系。反倒是处于文明融合阶段,秉持民主制度的美国面对来自世界各国的移民无所适从。携带巨额财富逃离专制国家的贪官污吏扰乱了美国的经济秩序,来自战乱落后地区的难民在加重美国税赋负担的同时,也在破坏着美国的治安环境。他们肆无忌惮地践踏着美国通过三百年励志奋发,艰难建构的公序良俗。

民粹主义在全球范围的兴起,也意味着在西方世界遭遇崩溃困境的同时,东方传统社会也面临着同样的,甚至是更大的危机。夏威夷大学教授鲁道夫·拉梅尔研究认为人类的民主步伐近年来突然加快,"1800年有3个民主国家,1900年13个,1950年20个,1970年30个。到今天2015年,已经约有130个。也就是说,从1970年到2015年的45年之间,实行多党民主选举的国家增加了100个"。[1] 也就是说,传统专制国家较之民主国家面临更大的压力。美国的困境在于军事、经济、文化扩张范围过大、过快导致的力不从心,以及由此引发的国内利益集团间的摩擦与冲突。专制国家的危机则表现为国内深刻的利益矛盾,愚民和暴力统治积累的仇恨使得其国内政治环境日益恶劣,由此导致的暴力和公共危机事件频发,同时又缺失自我化解危机的制度化途径和方法。

---

[1] 陶方宣:《拉梅尔教授:全球民主时刻表》,http://www.blogchina.com,2016年3月15日—2017年3月2日。

民主国家的既得利益集团失去利益后，作为公民，可以从头再来；专制统治者失去权力则意味着身败名裂，甚至于死无葬身之地。面对蓬勃发展的"民粹"思潮，专制统治者多会采取暴力镇压的手段。历朝历代的统治者都会像镇压太平天国运动一样，向任何敢于造反的人举起屠刀。或者耍弄权谋转移矛盾，义和团运动就被统治者成功地由"反清复明"转变为"扶清灭洋"，然后假借洋人的刀枪屠戮拳匪。"成王败寇"逻辑使得专制统治阶层，面对西方民主政治的"西化颠覆"，宁可鱼死网破，也绝不会主动放弃政权。特朗普面对两种文明的冲突与融合的终结，冷战的老套路已无新意，融合同化也再没有回旋的余地。俄罗斯在克里米亚，中国在南海，以及"一带一路"经济战略，正在蚕食着以美国为首的西方民主文明第二次世界大战后七十年积累的扩张成果。特朗普面对日益强劲的对手，抛弃软烂涣散的"普世理念"，借力国内民粹潮流，主张"美国优先"，驱逐非法移民，突出军事优势，以雷霆手段解脱国家的危机，也是不得已的选择。

三　传媒科技与意义建构

媒介存在的基础和核心价值在于意义服务，尽管媒介技术特征对于人类社会结构类型的建构作用，并没有英尼斯强调的那样直接和具有决定意义。作为承载和传播主体意义的符号特征，虽则无法直接决定特定政治集团的存亡兴衰，但由具体意义符号决定的意义传播方式，在某种意义上决定了特定媒介技术发展阶段人们的意义沟通方式，并由此间接影响着特定时期人们的劳动组合方式，甚或是当时社会的结构特征。从口语、文字、大众传播媒介（报纸、广播、电视）到互联网，人类的传播方式在技术跨越式上升的同时，意义的建构与分享方式也体现为"否定之否定"的，从面对面的交流到跨时空的单向社会传播，再到远距离、广场域的跨时空交互式传播。英尼斯认为口语传播突破个体意义传播的空间限制，解决了人们面对面或一定地域范围内的交流问题。口语传播的优势在于面对面交互传播中符号意义的准确性和意义修正与共享的及时性与灵活性。由于口语传播意义建构的清晰与共享的直接现实性，口语传播特征造就了体现相对平等、小范围的民主化社团组织。由文字记录和传播的意义被赋予了超越时空的力量，文字传播克服了口语传播的直接现场的时空限制，意义传播脱离具体的交互场域，可以传久传远，为疆域广阔、历史悠久的帝国的创建与存在提供了可能。广阔领域的帝国依靠文字承载的"永恒意义"长时间凝聚帝国的社会成员。自从大众传播走进人们视野，由多种意义符号（语言、文字、图像等）建构的意义结构经由大众传媒快捷地改变着人们的意义系统。承载着"自由、民主"理性精神的大众传播在过去的两百年间颠覆和重构了曾经的和现存的巨大帝国组织。在凝聚民意、战争动员，乃至领袖形象塑造等方面大众传播都居功至伟。世纪之交，由互联网技术支撑的交互式社会传播在全球普及。与西方"后现代"思潮、东方社会民主化变革，以及全球范围的"民粹主义"运动相辉映，与大众传播凸显"宏大意义叙事"建构相反，社会化传播凭借网络个体交互式传播对人类有史以来的几乎所有重大意义结构进行了成功的"去意义化"解构。直接导致人类集体意识的碎片化，甚或是主体意识的丧失。基于互联网技术的社会传播意味着传播主体行为，由大众传播媒介机构的专业组织化生产转变为社会个人主观随意化情绪发泄；由把关人控制的单向大众传播变为以社交关系为纽带的互动式群体传播；传播渠道体现跨界融合，受众传者融为一体；传播效果的获取由单向操控变化为传授双方、多方意义的共享与融合。喻国明教授认为，互联网的发展使社会对个体的赋权模式发生了范式转变，关系赋权作为一种全新的赋权机制，最大限度地激活了个体及其他关系资源网络，从根本上改变了权力格局与游戏规则。[①] 特朗普凭借社交媒体"民粹"民意的支持成功入主白宫，以及其后特朗普政府与公共传播媒体的公开对立，既意味着美国民意主旨的改变，同时也意味大众传媒相对于社交媒体社会意义承载与表达优势的丧失，公共传播表现出脱离社会意义系统主体的倾向。如果精英倡导的"公共利益"诉求无法与社会资本聚合转换，则不免会出现公共传播的

---

① 谭天：《从美国大选看社会化传播》，《视听界》2016年第11期。

危机。因为只有真正代表民意，反应公众诉求的利益主张才能唤起人们关于新政府意义建构的共同想象。

人类行为意义的本质在于主体能动需求的社会交往实现，在实践中实现的需求表现为供养主体生存与发展的物质收益和精神美誉。作为意义潜在形式存在的，尚未实现的主体需求则表现为主体对于社会供给的愿景，成为构建主体行为规划，激发主体行为的心理动机。这些基于现实心理需求的社会愿景通过语言交流、想象和虚构建构起意在进一步实现主体心理需求的方式和方法，构成意在实现主体憧憬的社会结构与秩序。语言的虚构现实功能让人类具备超越现实的想象力，寄托众多个体心理愿望的语言交流唤起文明族群的集体想象。这些关于人类未来发展前途的集体想象通过故事与神话的形式构成文明族群个体的共同记忆，"逐渐渗透到人的精神、思想和心灵深处，并成为人类日常行动与实践的潜意识或显意识，社会也就逐渐生成了它的内在结构与秩序"。[①] 安德森认为现代民族其实就是一种想象的政治共同体，在统一性的宗教神圣祛魅之后，共同的语言、印刷品的阅读、共同生活阅历与经验成为文明族群自我建构的纽带。分布于世界东西方的威权专制和自由民主制度，在过去的历史时空，都曾创造过绚丽多彩的文明。但是，在人类进入20世纪以来，随着世界不同文明种族冲突与融合速度的加快，东西方文明之间，甚或是具体文明族群内部的源自物质利益分割矛盾诱发的价值观念割裂越演越烈。政治精英通过大众传媒体将全球虚构为一个微缩的村落，在经济全球化、贸易自由化旗帜下，推销其所推崇的"自由、民主、法制"普世价值观念。但是美好的愿望与残酷的现实存在巨大的差距，全球性治理框架与贸易规则下的资本自由流动并没有带来人类整体的经济繁荣，反而加剧了国家与国家、人与人之间财富分配的不均衡。精英阶层强调的政治正确抑制了言论自由，并最终伤及多元民主政治。政治正确，作为普世关怀话语，正在背离自身的价值诉求，并引发民粹势力的强力反弹。精英群体政治正确不仅诱发了遍布全球的极

---

① 阎光才：《人类社会的想象建构与当代社会科学的困境》，《探索与争鸣》2017年第1期。

端原教旨主义恐怖恶行,并且引发西方文明世界第二次世界大战以来从未有过的裂变。来自落后国家的移民因坚守自身的生活方式难以融入主流社会,进而成为危机欧美国家安全的不稳定因素,"政治正确"甚至让白人群体感到自己正被所在的国家边缘化。

阎光才教授认为2016年唐纳德·特朗普入主白宫不仅让美国民众和全球精英阶层莫名诧异,甚至引起了社会科学研究领域的混乱。特朗普所代表的民粹主义对美国精英阶层秉持的普世价值的逆袭反映了西方世界知识精英全球性想象虚构与草根的传统想象之间的疏离乃至对峙。作为精英阶层的社会科学家,把世界主义伦理与"政治正确"的信念视为绝对真理,扭曲了社会研究本应该秉持的科学与价值中立原则。[1]

阎光才教授观点较为形象地描述了所谓精英阶层面对"疯子"总统入主白宫时的窘态,但事实却没有必要如此大惊小怪。老子有言"绝圣弃智,大盗乃止",就马克思对立统一观点而言,民粹主义作为官方精英主义普世价值的对立面存在,对立观念的此消彼长是人类社会发展变化的自然规律。值得注意的是当代民粹主义的兴起,必然隐含着普世价值观念在理论和实践中的困窘。俄罗斯的浴火重生,中国的崛起,以及中俄基于地缘现实利益的合作,西方民主文明扩张停滞才是导致民粹兴起,普世理念危机的根本原因。普世价值的暂时式微并不代表普世观念的价值虚无,而仅仅意味着人们在践行普世理念过程中遭遇挫折。"自由、民主"代表人类历史发展的方向,这是毋庸置疑的。前进途中的挫折,主要表现为具体方式、方法方面的失误。如果因为特朗普入主白宫,就从根本上质疑人类主体理性确立以来的所有社会科学研究成果,甚或否定近现代以来的科学研究方法,则无疑是因噎废食,得不偿失的。中国有所谓"经、纬"之学就表明了传统中国学术针对价值主体学说与方法论学说之间的关系界定。经学以儒家经典为要义,重在阐释"修齐治平"相关国人人格塑造和社会实践的根本价值观念体系;

---

[1] 阎光才:《人类社会的想象建构与当代社会科学的困境》,《探索与争鸣》2017年第1期。

纬学则相对侧重实现主体价值所必须采取的方式方法。就经学纬学的关系而言，经学为立世修身之本，纬学为实现经学价值诉求服务，并在实践中服从、服务于经学的主体价值诉求。就特朗普入主白宫而言，普世价值的落败相当于国学中经学社会实践中遭遇的挫折，应和孤立主义、民粹主义则是新政府解决文明发展问题的具体方法，应该属于依附、服务性的纬学范畴。至于社交媒体在大选中的异军突起，则更具有技术性和偶然性意义。与其说特朗普因社交媒体而成功，毋宁说特朗普因主张民粹主义而成功，社交媒体则因为技术上长于表现民粹民意而成功。

张洪忠教授认为大众媒体建构的是基于社会阶层、人口特征的社会属性的价值观传播，社交媒体传播凸显"个体"间基于价值观关联关系的形成，该种传播模式在突破传统媒体的"面"上传播建构"差序格局"社会关系的同时，也在重构着我们的社会关系。① 与中国传统的经纬学说突出主体价值，贬低方式、方法不同，张洪忠教授的观点过犹不及地强调了西方传播学经验学派突出科学方法的工具理性特征。西方社会科学受近现代自然科学研究方法影响，将自然科学研究注重客观性理念移植到社会科学研究之中，导致人文社科研究的工具理性与价值理性的割裂。过度突出工具理性使得作为科研主体的人，以及人类整体成为自身行为创造物的"附庸"，甚至是奴隶，也是马克思所强调的"异化""物化"危机。工具理性源于认知科学的技术理性，在人类社会发展途径上主张顺应人的天性，经由个体利益的理性追求提升社会整体效率，在自由竞争中形成自然秩序。这种体现社会丛林法则的行为理念唤醒了个体乃至民族国家的逐利意识与野心，人们不断冲破、碾压传统理念束缚，直接导致人与人，以及共同体之间的剧烈竞争和冲突。价值理性凸显主体、主体间，乃至人类命运共同体的整体利益实现，倚重个体，同时又将个体价值与功用融入人类命运共同体整体来考虑；意在建构民主、平等、价值多元的文化图景，并以此集体想象性虚构化解个体间的利益矛盾与纷争。体现社会精英价值构想的普世价值属于人类命运

---

① 张洪忠：《社交媒体的关系重构：从社会属性传播到价值观传播》，《教育传媒研究》2016年第3期。

共同体想象的价值理性内容，民粹主义则体现了社会危机时刻化解社会矛盾的工具性手段。普世价值危机表明由精英建构的相关人类命运共同体价值理性内容有待进一步修正、完善和升华，"其根由在于全球精英的信念、信心、预期和秩序建构尚未突破现实条件制约，也超出了既有传统价值的可容忍度与承受度"。[①] 当代世界的发展也许超出了精英们关于人类共同体价值理性的想象，人类社会也许会周期性地陷于不安和动荡，但这一切都无妨人们对自由、平等、民主的永恒向往。特朗普也许会祭出民粹主义、孤立主义的大旗，但所有这一切无非是人们解决自身发展过程问题的工具性方法，其行为诉求也必然体现为普世价值的皈依。普世价值实施过程中出现的危机与挫折，某种意义上，也是对体现人类社会价值理性的普世价值的检验和纠错。

第二节 作为枷锁，或者保障的信息传播法

一 基于利益分割的意义调控

老子倡导"绝圣弃智，大盗乃止"，意在强调人类社会的战乱纷争源于社会群体集体意义和意志。正是由于这种集体意义和意志的清晰化和强制性规范作用，社会群体内部成员囿于个体或者社会原因无法满足社会整体意义需求，从而受到社会整体的打压与排挤。这些受到打压和排挤的族群成员，由于无法在既定的社会意义格局中获取自身的存在价值，进而失去维持自身生存的物质和精神资源，出于生存的本能需求，铤而走险冲击旧有的社会格栅，成为所谓的"大盗"。老子从人类文明进化的反面提出命题，认为所谓文明的进化未必反映社会发展客观规律，淳朴、自然的无知状态反而应该成为作为自然界有机组成部分的人类社会的本来面目。从这个意义上说，正是人类精神文明和物质文明发展自身最终将不可避免地危及人类社会，并有可能导致人类社会的解体，乃至人类的最终毁灭。无独有偶，西方先哲也存在相应的认知，并

---

① 阎光才：《人类社会的想象建构与当代社会科学的困境》，《探索与争鸣》2017年第1期。

通过《圣经》相关"禁果"传说流传下来。"禁果"是伊甸园中"知善恶树"上结的果实。旧约创世纪记载，神对亚当及夏娃说园中树上的果子都可以吃，唯"知善恶树"上的果实"不可吃、也不可摸"，否则他们便会死。最后夏娃受魔鬼（蛇）的引诱，不顾上帝的盼咐进食了禁果，又把果子给了亚当，他也吃了。上帝便把他们赶出伊甸园。偷食禁果被认为是人类的原罪及一切其他罪恶的开端，因为知善恶就意味着人类形成主观认知，并在此基础上形成关于"是非善恶"的观念体系，进而在有所崇尚的同时，排斥、打击乃至毁灭所谓被定义为"恶和非"的行为及其行为主体。所谓"知善恶"意味着主体意识的萌发，意味着族群个体，乃至群体形成相对固定、系统化的是非认知观念体系。然而，不管是初始人类的善恶观念，抑或是当代技术发达时代相关人类关于自然界和人类社会的所谓"是非善恶"的界定，基于人类的认知局限，或者是囿于具体个体或者族群的价值利益立场，具体族群、国家组织的观念体系都是有其相对局限性和缺失的。无论社会个体或者群体都从自身价值利益出发，主观认知、界定社会事实，并以此认知结果形构行为动机。如此，不同价值利益团体，也就不可避免地会发生基于利益矛盾的精神和行为冲突与危机。

人类文明的发展沿生产力进步和精神生活的理性完美维度进步。生产力的发展意味着人们针对自然界改造力和创新力的进步，人类主体从环境中汲取更为丰富的生活、生产资料，提高人类的物质生活水准。精神维度的理性完美意味着文明族群生活志趣和行为的高度一致。以生产力发展相标志的物质文明与以理性、审美相标志的精神文明相互作用共同促进人类社会的发展，物质文明为精神文明酝酿提供物质基础，精神文明的进步则为生产力的进一步发展提供精神指导。生产力发展的经验，精神完善的结晶都以"知识"的形式在人类社会传承，知识的积累成为人类进一步发展进化的前提和积淀。其中，相关物质文明知识无限度地扩大着人们征服和改造自然的物质力量，精神文明知识在社会层次形构具体社会的劳动组合方式，以期最大限度地发挥人面对自然的主观能动性，取得更大的物质成果。基于生产力物质利益自然界获取的能力，形成知识的功利价值，体现为知识的"力量化"，指向针对外部世界的征服。基于文明族群利益调整，体现为知识的审美与和谐，指向人的内心的充实与完美。人类知识的二重特征形构人存在的双重属性："实体存在性"和"意义——价值存在性"。实体存在性指向"物"，即自然生命维持生命所需"生活资料"的获取，与自然界其他动物相类。价值存在性指向人类特有的知识与人的精神生命的关系，知识的精神价值体现为主体个体、群体相对于自然界和族群内部他者的主体性。基于自我目的、他者手段的主体性特征是诱发文明族群内部、族群团体间矛盾冲突的认知根源，并随着生产力提高导致的物质财富的丰富积累日趋激化。作为精神文明存在的文明族群共同价值观念体系的重要性随着生产力水平的提高越加重大，而精神文明的主体间性建构必须假借承载主体意义的语言符号完成。所以，基于知识精神价值的矛盾冲突，话语控制权，作为精神价值意义的载体，在人与神、人与人、人与社会形成反复的争夺，基于物质利益分割的精神价值话语权争夺广泛存在于社会各阶层之间。

　　首先体现为作为社会精神意义建构的宗教神话中神对知识话语权的操控，抑或转变为人世间统治者基于维护统治利益进行的知识意义控制。《圣经·旧约·创世记》第11章宣称：当时人类联合起来，兴建希望能通往天堂的高塔。为了阻止人类的计划，上帝让人类说不同的语言，使人类相互之间不能沟通，计划因此失败，人类自此各散东西。① 与此相类，人世间的统治者通过控制知识的方式，控制人们相互之间的话语传播，以期阻止被统治者通过话语沟通形成共同的反抗意志。中国古代典籍就曾提出"防民之口，甚于防川"② 的观点，早在宋代就出现了中国古代版的"新闻传播法"——"定本"制度。1712年，英国国会在托利党人操纵下通过法案，规定对所有报刊一律征收印花税，也称"知识税"。同时对报刊使用的纸张征收纸张税，刊登的广告征收广告税，以及后来出现的报纸副刊税等。随着大众报业时代的来临，东西方

---

① 通天塔—百度百科，http://baike.baidu.com/lin，2017年3月6日。
② 左丘明：《国语·周语上》。

各国普遍出台相关新闻传播法,意在通过操控社会信息流动,实现基于精神意义物质化的社会利益分割。法的本意在于国家统治阶层经由立法程序颁布以实现国家公共管理和统治为目标的行为规范,体现为价值取向上的"正义、进步"以及实施程序的"客观、公平"。囿于不同国家社会权力结构的差异,法律内容价值取向与实施均存在较大的差异。崇尚集权主义政体的国家明确宣称法律体现统治阶级的意志,并且在法律的社会实施阶段经常会出现"权高于法"的情况。在中国传统集权主义社会,在法律实施上尽管宣扬"王子犯法与庶民同罪"的体现公平、公正的执法理念,但是在事实上往往遵循"刑不上大夫"的原则。体现权力制衡的分权政体认为法律是社会公共意志的体现,即使是国家元首也须在法律赋权范围内做事。否则,也不免遭受弹劾,甚至被迫下台。新闻传播法的本意在于经由主体间意义流通的行为管理,实现针对社会利益分配格局的操控,作用客体包括源自传统社会的言论自由,以及大众报业前期的出版自由,乃至于后来的新闻自由。分权政体相信个体理性,主张"以民为主",承认民众主体地位,相信众生平等;每个个体均有源自抽象上帝的自我意识,并且具备实现主体价值的智慧和能力。约翰·弥尔顿在《论出版自由》提出的"观点的自由市场"和"人民的自由修正"理念,成为分权政体保护新闻自由的法理基础。相对而言,集权主义政体,个体意义相对作为集体的国家组织的意义缺失,成为国家机关统帅民意,辖制言论自由的理论之源。即使存在某种形式上的,甚或是某种意义上的新闻自由,其本意也植根于国家主体意义的贯彻与流通,也意味着针对个体,尤其是"异议"意义信息的制约、压制和打击。

二 意在操控的保护

尽管在马克思和恩格斯建构的理想世界里,"每个人的自由发展是一切人的自由发展的条件"。[①] 但其对于源于思想自由,物化为言论自

[①] 马克思、恩格斯:《马克思恩格斯选集》第1卷,人民出版社1995年版,第273页。

由，在大众报业时期起着激荡社会思潮，意在改变社会利益格局的新闻自由仍然抱有相当的戒备心理。马克思认为新闻出版自由从来就不是一匹脱缰的"野马"，法律应该对之做出合理的限制，对妨碍或滥用新闻自由的违法行为进行处罚，以实现对新闻自由本身的确认和保障。卢梭似乎也曾经说过"人是生而自由的，但却无往不在枷锁之中"。[①] 无论是无产阶级革命先哲，还是资产阶级思想启蒙学者，所有这些崇尚自由、热爱自由的人们都对个体的思想自由及其物化的言论自由和行为自由报以消极的看法。他们意在强调主体自由的他者条件性，及其在承认他者客观性前提下主体间意义的建构，也就意味着个体自由的理性实现。毕竟单纯的意志自由和感性的欲望冲动既不是也不可能成其为真正的自由。自由实施以主体情境理解和意志理性为条件，布莱尼茨（Gottfried Wilhelm Leibniz, 1646—1716）也认为"自由是自发性加上理智"。[②] 尽管通往自由的道路荆棘遍布，但追求个体、群体，乃至全人类的自由，确是人们所有实践的终极价值诉求。体现思想自由的言论自由和新闻自由是人们通达行为自由的前提条件，也是东西方知识界的共同追求。马克思在《评普鲁士最近的书报检查令》中，站在革命民主主义立场强调自由是人们生存的基本权利，报刊是个人表现其精神存在的普遍方法，必须保证给予报刊充分的出版自由，以确保其反映社会舆论功能的实现。正如普鲁士的书报检查令一样，体现集权政体统治阶级意志的，所谓新闻法对于新闻自由的意义，不在于对被统治者意见表达的保护，而仅在于维护统治者的愚民宣传，抑或是暴力恐吓言论的畅通无阻，更在于对危及统治者利益言论的打击和禁绝。不管是在中世纪的西方世界，还是在集权主义意蕴深厚的传统东方社会，强调思想一统的专制阶层无不把体现知识意义传播的言论自由打入地狱。自身遭际悲惨的孔老夫子稍有得志，也不忘诛杀被其视为传播异端邪说的少正卯。西方世界的布鲁诺因反对教廷所秉"地心说"而被烧死在罗马教廷，伽利略曾被禁止传播"日心说"，而日心说的创立者哥白尼也只是临死之前

---

① [法]卢梭：《社会契约论》，何兆武译，商务印书馆2003年版，第4页。
② 湖北大学哲学研究所：《德国哲学》第1辑，北京大学出版社1986年版，第11页。

才敢于传播自己的日心说思想。

有道是"普天之下,莫非王土;率水之滨,莫非王臣",① 东西方的集权专制主义均以对其治理区域资源的绝对垄断为主要特征。所谓"秋霜降者草花落,水摇动者万物作",② 专制统治者在绝对垄断文明集群政治、经济、文化资源的前提下,往往对域内持不同政见者实施毁灭性打击。中华文明以两宋为分界,其前期的文明主体,大致经历了言论自由在禁锢和打击中的艰难发展,直至宋代出现官方新闻法——"定本"制度。两宋之后,中华文明或在异族蹂躏中苟延残喘,或在闭关锁国中故步自封。即使在华夏文明得到恢复和尊重的明清两朝,与血雨腥风相伴的"文字狱",也无时无刻不在戕杀着民族的创新意识和创新能力,直至携西方工业文明而来的坚船利炮轰开国门。宋以前的传统中国也基本没有言论自由的观念形成,反倒是威慑舆论,禁锢言论的说法和做法无处不在。周厉王弭谤③可以看作奴隶制时期统治者控制舆论的经典案例;春秋儒家创始人孔子主张"非礼勿视、非礼勿听、非礼勿言、非礼勿动",④ 以脱胎于东周奴隶制的封建礼教禁锢人们的言行。始皇帝"焚书坑儒",沿用商鞅"壹民"思想,使用严刑峻法统帅万众;汉武帝采纳儒家董仲舒建议,"罢黜百家,独尊儒术"。其后,历朝统治者均以言入罪,制造了无数诸如"偶语弃市""腹诽"等扼杀言论自由的悲剧。宋以前王朝均以思想统治和暴力强制,礼法并重,钳制思想,控制言论,没有形成专业性、制度化控制方法。既没有明确的新闻控制思想,也没有将新闻控制与家国治理的大政方针结合起来。相比较而言,宋代出现了中国,也是世界范围内最早的新闻控制制度。宋代立国,重文轻武,以士大夫为依法治国的中坚力量。太祖立言,不得因言斩杀士大夫,文人们得以免除"因言获罪",甚或亡命的悲剧。有宋一代,文化发达,新闻传播与社会文化、意识形态建构密切融合。"法

---

① 佚名:《诗经·小雅·北山》。
② 司马迁:《史记·李斯列传》。
③ 左丘明《国语·召公谏周厉王弭谤》记载:厉王虐,国人谤王。召公告曰:"民不堪命矣!"王怒,得卫巫,使监谤者。以告,则杀之。国人莫敢言,道路以目。
④ 孔子:《论语·颜渊》。

治"结合"文治"成为宋代社会治理的突出特征,新闻控制具有法制化、制度化特征。① 宋真宗咸平二年,实施定本制度,规定"进奏院所供状报每五日一写,上枢密院定本供报";神宗熙宁四年改由"本院监管逐月抽摘点检",徽宗宣和三年恢复定本制度;高宗绍兴二十六年有官员认为定本制度不利于政令的及时传递,废除定本制度,孝宗乾道六年恢复。② 宋代控制新闻传播既有严厉的惩罚,也采用经济手段奖励民众举报违法"小报"传播活动。宋代虽然尊重知识分子,因言获罪者少,但依然时有文字狱发生。哲宗朝蔡京、蔡卞发动文字狱致使包括苏轼、黄庭坚在内的诸多文人遭受牵连,严重者致死。绍兴和议,秦桧兴文字狱迫害主战派,同时还严禁民间结社、修史行为。

清末民初是中国在内忧外患中探索民族发展前途的变乱时期,慈禧、北洋、民国政府都不同程度地,以西方资本主义制度或者苏联社会主义制度为蓝本变革国内政治,寻求开发民智,实现家国富强的可行性道路,开放言论自由便是其中的重要内容。不幸的是,托克维尔的预言在中国屡试不爽,"对于一个坏政府来说,最危险的时刻通常就是它开始改革的时刻"。③ 满清、民国社会变革的失败既有当时内忧外患导致的现实危机,也不可忽视专制集权理念与分权制衡原则的截然对立导致的专制政体向民主政体变革过程的不适应性特征。其中,尤以体现分权制衡,畅达民意的"新闻自由"观念的实践为甚。1905年,出国考察政治大臣载泽等提议制定集会、言论、出版法律。1908年,仿效日本新闻法,由张之洞、袁世凯等六大臣修订的《大清报律》颁行。承认民间办报行为的合法性,实行新闻检查制度,处罚相关违法行为。《大清报律》虽然敷有资产阶级新闻法色彩,却无法改变其维护封建专制统治利益的"禁言"实质。某种意义上,只不过是通过保护言论自由的形式,实施保护官方言论畅达,限制、打击民间声音的障眼法。源自

---

① 侯明阳:《宋代社会的新闻控制研究》,硕士学位论文,内蒙古大学,2012年,第21页。
② 同上书,第30页。
③ 刘德注:《托克维尔〈旧制度与大革命〉留给我们的七条启示》,博客中国,http://qianziwenhua.blogchina.com,2017年2月14日—2017年3月24日。

第四章 意义的传播与嬗变

《大清律例》的"造妖书妖言"罪成为惩处报刊的法律依据,"凡造谶纬、妖书、妖言,及传用惑众者,皆斩。若(他人造传)私有妖书,隐藏不送官者,杖一百,徒三年"。① 这种"挂羊头,卖狗肉"式的虚伪新闻自由,既没有保障民意的表达,却使得人们更进一步认清了风雨飘摇中的满清政府的专制本质。受限制的新闻自由无法宣泄民意,反而在更大程度上以传播反清思潮的形式激化社会矛盾,加速了专制政府的灭亡。民国时期,以国民党为领导的国民政府进行了以资本主义分权共和相标榜的社会实验。在相关新闻出版法律内容方面,确认了国民的言论自由权。但是,由于党国体制与分权实践的内在矛盾,包括新闻自由实践在内的社会建构与相应社会、经济、军事等的全面崩溃。作为民国新闻法发源的总理遗教、约法和国民党宣言及决议案,都对保障国民新闻自由有着明确规定。《中国民国宪法草案》规定"人民有言论著作及出版之自由,非法律不得停止或限制之"。② 民国时期,内忧外患,危机重重。新闻自由法给在危机中破产的社会各阶层的情绪发泄提供法律保障的同时,也为政治上的对立势力造就了通过舆论宣传进行反政府鼓动的条件。

民国建立于长期战乱社会基础之上,国家贫弱不堪,大多数国民处于破产后的生存危机状态。国际上,世界大战风起云涌,苏联平民政权的建立,形成针对传统贵族,或者精英统治的极大挑战。中苏地缘上的接近,国内政治巨变、经济破产、文化价值危机,所有这些都为民国政府制造了人数众多、实力强大的政治对立面,以及相应的舆论负效应。新记《大公报》提出"不党、不私、不卖、不盲"的"四不"原则,开始谋求媒体独立。甚至有媒体对当局喊出"你有百万大军,我有申、新两百万读者,你我合作还有什么问题"③ 的挑战话语。1930 年 3 月,中国共产党领导的左翼新闻记者联盟宣称"争取言论出版的绝对自

---

① 华志强:《论清末新闻法制》,硕士学位论文,安徽大学,2005 年,第 5 页。
② 虞文俊:《国家、媒体、公民三者博弈下的新闻法——1927—1937 中国新闻法规之嬗变》,硕士学位论文,安徽大学,2010 年,第 16 页。
③ 黄培炎:《八十年来》,合肥工业大学出版社 2008 年版,第 4 页。

由"，"否认现行的出版法及新闻法与各种国民党中央或地方机关新闻检查邮电检查一切束缚压制新闻文化之发展的法令"。① 南京政府秉承西方现代法律精神，制定保障出版自由的出版法，具备现代法律的形式，却并不符合民国时期的时代特征，其根源在于"党国政治"与分权制衡的社会权力分配错位，以及党化新闻②和新闻自由的内在矛盾。1923年孙中山在借鉴苏联革命与建设实践经验基础上，提出"以党治国"主张。"党国一体"理念在蒋介石执政时期得到贯彻，同时南京政府保留了孙先生的政治遗产：三民主义和资本主义共和国"三权分立"法则。这就意味着国民政府要在秉承"一个党、一个主义、一个领袖"的专制独裁提前下，去实现资本主义的"立法、执法和行政"的分权制衡。尽管马克思认为资本主义在其发展过程中不自觉地培养了自己的掘墓人——无产阶级，国民政府的施政理论与现实的悖谬无疑从根本上否定了其政权自身的执政合法性，其灭亡也就成为不可避免。

三 重在保护的限制

与集权主义体制不同，主张分权制衡的近现代西方社会，将脱胎于言论自由，曾经以出版自由形式存在过的新闻自由，视作民主社会公民不可或缺的政治权利。出台新闻自由保护法既是公民的自我保障，也是确保政府依法行政的必需。因为"如果没有被统治者的普遍舆论，任何立法机关都无法发挥作用。普遍舆论是立法的媒介和喉舌"，③ 新闻自由保护法确是言论自由和普遍舆论存在的前提条件。同时，保障新闻自由有利于公民社会责任意识的培养，新闻自由是思想自由的表现，④ 对新闻自由的保障可以激励人们自由地追求真理，在交流和学习中培养

---

① 中共北京市委党史研究室：《北方左翼文化运动资料汇编》，北京出版社1991年版，第62页。
② 钱乐制：《南京国民政府初期的新闻政策》。南京国民政府时期，不予许批评国民党及其党员，否则以反对国民党，诋毁污蔑领导，岁还党的形象为由加以制裁。硕士学位论文，广西师范大学，2008年，第23页。
③ [德]哈贝马斯：《公共领域的解构转型》，学林出版社1999年版，第112页。
④ 蒋南成、雷伟红：《宪法学》，浙江大学出版社2007年版，第272页。

社会认知和自我决断能力；通过参政、议政实践提高自身的社会主体意识和责任感。以自由、民主相标榜的美国更是将新闻自由视作独立于立法、司法、行政之外的"第四权力"，作为民间制衡力量，监督政府，防止政府滥用权力，发挥制度功能。新闻自由保护法通过协调国家、媒体、公民三者之间的利益关系，确保民意在国家事务中的影响力。1946年，联合国把新闻自由规定为人的基本权利。1948年，《世界人权宣言》规定"人人有主张及发表自由之权；此项权利包括保持主张而不受干涉之自由，及经由任何方法不分国界的寻求、接受和传播信息之自由"。[①] 世界各国法律均以不同的方式，表述过针对公民新闻自由权利保障的内容。美国宪法第一修正案规定，国会不得制定任何法律剥夺公民的言论自由或新闻自由；德国基本法规定"每一个人都有权以语言、文字和图画自由地表达和传播自己意见的权利"；俄罗斯1993年宪法规定保障大众信息自由，禁止新闻检查。法国《人权宣言》规定"自由传达思想和意见是人类最宝贵的权利之一；因此，各个公民都有言论、著述和出版的自由"。《意大利共和国宪法》规定"每个人均有以口头、书面及他种传播思想之方法自由表达思想之权利"。[②]

新闻自由权利一般包括公民的国家公共事务知情权，以及作为言论自由表现形式的信息采集、制作、传播、表达权。就新闻自由概念外延而言，日本新闻协会的相关认定具有权威性，任何势力不得强制符合事实的报道和相关自由评论，以及接近新闻出处，采访新闻的自由。欧美学者将新闻自由概括为出版前无须相关执照或特许状，或者保证金；并且，出版前免于检查，出版后免负法律责任；再者，有报道、讨论和批评公共事务的自由；政府不得以重税或其他经济力量迫害新闻事业，也不得以财力津贴或贿赂新闻事业；公民和媒体工作人员有权接近新闻来源，加强新闻发布，保障采访自由；同时，具有使用意见传达工具，免于检查，保障传递自由；最后，公民有阅读和收听自由，也包括不阅读

[①] 转引自丁政敏《论新闻自由的法律保障》，硕士学位论文，南京航空航天大学，2005年，第20页。
[②] 展江：《各国舆论监督的法律保障与伦理约束》，《中国青年政治学院学报》2005年第4期。

和不收听的自由。[1] 西方学者将言论依据其不同的社会属性分为政治属性和经济属性两种。新闻自由侧重保护政治属性言论，带有经济属性的言论一般为商业属性言论。1970年前，美国商业言论不受宪法保护。1980年法院才将商业广告纳入第一修正案保护范围，但其受保护的程度和范围不如政治言论。政府对商业性言论的时间、地点和场合制定合理的规则，且对误导性商业言论给予较之政治诽谤更为严厉和广泛的处罚。[2] 新闻自由一般被作为基本人权对待，但是在事关政权危机存亡时刻，世界各国政府都会采取断然措施，限制新闻自由，以达到维护社会稳定，避免政权更迭危机的目的。此时，新闻自由的相对性就会表现得尤为明显。加拿大学者认为新闻自由的相对性不仅是一个应然问题，也是一个实然问题。《加拿大权利和自由宪章》本身就包含权利和自由不是绝对的精神；在一个自由与民主的社会中，法律不可言喻地可以对新闻自由规定合理的限制。[3] 法国《外交世界》主编拉莫内曾言"在真正的民主社会里，媒体是加强社会问题的一种手段，而现在反倒成了一大堆社会问题的根源"。[4] 尤其在战争与政争期间，当权者颁布限制新闻自由的相关法令也是不得已的选择。

除却国家危急时刻，西方民主国家对新闻自由进行必要的管制外，和平时期对新闻自由的约束主要表现在当作为公民基本权利的新闻自由和公民的其他权利或者社会公众权利发生冲突时刻，并且这种约束的本意在于维护公民新闻自由权利的合理、合法发挥，就其本质而言，仍然不失为一种保护。美国法律禁止新闻自由侵犯个人隐私权：不得侵入私人居所；不得错误地置原告于公众视野；不得公布有损体面的私人信息；禁止盗用个人资料用于商业用途；侵犯原告的公布权。[5] 同时，美国法律还禁止媒体运作干扰司法独立，法庭有权禁止不真实报道的发布；法律

---

[1] 丁政敏：《论新闻自由的法律保障》，硕士学位论文，南京航空航天大学，2005年，第12页。
[2] 同上书，第36页。
[3] 同上书，第30页。
[4] 李步云：《人权法学》，高等教育出版社2005年版，第159页。
[5] 孙莹：《美国传媒人的法律读本》，南方报业出版社2010年版，第7页。

禁止报道某些特殊人员的姓名，一般指枪击案受害人和未成年人犯罪；"藐视法庭罪"主要针对媒体在法庭内妨害法院正常执法的行为。[①] 第二次世界大战后，新闻自由导致的思想垄断使得商业化大众媒体性质广受质疑。此时，报刊社会责任理论应运而生。该理论认为新闻自由是一种在付出义务前提下，才可以享有的道德权利，侧重政府、媒介、公民三者之间的权力制衡。每个人都有自由发表意见的权利，同时也有责任尊重别人的这项权利；媒体有精英自主权，但同时负有社会责任，为公众"福利"和"安全"服务；政府可以制定法律保护公民的自由或干预滥用自由，同时也应该约束自己的行为。[②] 社会责任理论认为，媒体在享有新闻自由的同时，应当承担起相应的社会责任，变自由主义时期的"观念的自由市场"为"有控制的新闻自由"。哥伦比亚大学教授梅尔文·门彻认为媒介组织在行使新闻自由权利时应该恪守必要的伦理准则：禁止接收消息来源的任何有价值的东西；限制可能会造成利益冲突的活动；强调记者对社会所负的责任，追求准确、独立的职责。记者个人采编活动应坚守如下准则：同情穷人、残疾人和与常人不同之人；当无权者受害时产生道德愤慨；愿意将政策的失败责任归咎于政策制定者。[③]

相对于集权主义专制政体，分权制衡政体对新闻违法违规行为处罚措施比较宽容，管理的出发点在于保护新闻自由的合法有效运行。其对新闻自由的限制主要表现在涉及国家安全、社会公益，乃至于"明显而即刻"的危险行为等方面。对新闻行为责任的认定遵从"主观恶意"和"公正评论"原则。真实恶意原则是美国现行诽谤法的最重要原则，该原则在1964年美国联邦最高法院审理《纽约时报》诉沙利文案时确立。真实恶意原则规定政府官员，或政治人物，只有在他们举证，证实新闻媒体具有"真实恶意"的前提下，才能对新闻媒体的报导提出诽谤诉讼。美国联邦最高法院认为，所谓的真实恶意是指，明知这个资讯是错误不实的；或完全漠视，不去查证它是不是错误的。真实恶意原则

---

① 陈景伟：《论新闻自由及其限制》，硕士学位论文，西南政法大学，2012年，第13页。
② 丁政敏：《论新闻自由的法律保障》，硕士学位论文，南京航空航天大学，2005年，第6页。
③ 梅尔文·门彻：《新闻报道与写作》，展江译，华夏出版社2004年版，第717页。

限制了公众人物以诽谤罪来阻止新闻媒体的报道自由，以防止寒蝉效应。同时，该原则也扩大了对新闻媒体的保障。国际上把"公正评论"作为对诽谤指控进行全面抗辩的重要理由。"公正评论"又称"诚实评论"，其条件有四：一是评论的事项与社会公共利益有关；二是有可靠的事实来源；三是立场应当公正（但不一定客观）；四是没有恶意。在以上前提下，即使是片面的、偏激的甚至具有诽谤性的评论，也不应追究法律责任。公正评论体现了在舆论和公民人格之间，应对社会公益相关评论予以优先的保护原则。

第三节 意义传播的风俗场域

一 意义传播嬗变的民风、民俗制约

意义的现实状态意味着主体主观能动需求的社会交往实现，作为潜隐状态的主体意义表现为个体的行为意向，以及主体意向形诸于符号表达的话语传播。承载着主体意义内容的话语传播受制于特定社会阶段生产力发展水平决定的传媒技术特征，受制于具体社会历史境遇的政治制度体系，尤其是言论制度制造了相关话语传播主体的人生悲喜剧。相对而言，社会场域的意义传播与嬗变更大程度上受制于具体文明族群的文化心理特征，或者是跨文化传播过程中不同国家、文明族群的风俗习惯。风俗，既包括特定文化地域内生存的族群源于文化心理作用的行为模式，以及生活习惯和行为禁忌。习惯上，人们往往将由自然条件的不同而造成的行为规范差异，称之为"风"；而将由社会文化的差异所造成的行为规则之不同，称之为"俗"。作为历史积淀产物，风俗对社会成员有一种非常强烈的行为制约作用，与社会道德与法律相辅相成。风俗，作为特定地域族群文化心理的产物，既是特定地域主流意识形态世俗化的产物，也和具体政治制度和意识形态相互强化，形成牢固、自封的价值观念系统。囿于风俗习惯的稳定性，使外来意义系统的侵入变得异常艰难。不同意义系统的风俗习惯相互之间价值虚无，甚至互相贬低、抵制。西方的学者们认为东方的中国没有历史，从未发生过任何哪

第四章 意义的传播与嬗变

怕些微意义上的进步；所谓的历史叙事不过是权谋的连续，朝代的更迭也不过是一群坏蛋取代了先前的坏蛋。如果说有什么的不同的话，也不过是后者较之前者更加恶劣，没有最坏，只有更坏。而东方人眼里的西方世界，他们行为方式幼稚可笑，颟顸无知，属于进化不到位的"虫豸"。就东方中国的意义系统而言，数千年文明史，始终占据意义系统主导位置的是秦汉以来形成的儒家德治价值体系，通过行政教化体系将儒家观念世俗化为人们心底的，几无变更的意义底蕴。其间，外来意义的侵入，或者无果而终，或者通过儒家意义系统的再阐释在民间发挥作用。佛教从汉朝中期传入中土，始终未能取得其在印度的社会地位。中国的佛教教义，假借了儒教的"仁"衍化为善德因果，而其所谓"空"也和道家"无为"相去不远。基督教在中国的传播，尽管近现代以来海内基督徒数量陡增，但是给西方社会带来个体理性解放的宗教理念，远未给国人带来愿景中的"启蒙"。直至今天，仍不免带有政治渗透，文化入侵的色彩。新中国成立以来，移风易俗一度成为国家政治生活的主流，但是马克思主义并未深入大众，历任领导人的标志性意义建构仍然无法摆脱儒家价值观念，无怪乎，曾经的大家如梁漱溟也曾执着于打通马克思主义与儒教的任督二脉。从毛泽东的"为人民服务"到邓小平的"小康社会"，从"以德治国"到"八荣八耻"，[①]再到"社会主义核心价值观"，[②]其间无不潜隐着圣贤的教诲。

作为社会主流意识形态世俗化的民风民俗，较之主流意识形态以及与之相应的政治制度，在影响力的广度、深度、持久度等诸多方面都表

---

① "八荣八耻"是"社会主义荣辱观"的简称。社会主义荣辱价值观是时任中国共产党中央委员会总书记胡锦涛于2006年3月4日下午在第十届中国人民政治协商会议第四次会议的民盟、民进联组会上发表的"关于树立社会主义荣辱观"的讲话中提出的。胡锦涛同志强调，要引导广大干部群众特别是青少年树立社会主义荣辱观，坚持以热爱祖国为荣、以危害祖国为耻，以服务人民为荣、以背离人民为耻，以崇尚科学为荣、以愚昧无知为耻，以辛勤劳动为荣、以好逸恶劳为耻，以团结互助为荣、以损人利己为耻，以诚实守信为荣、以见利忘义为耻，以遵纪守法为荣、以违法乱纪为耻，以艰苦奋斗为荣、以骄奢淫逸为耻。

② 党的十八大提出，倡导富强、民主、文明、和谐，倡导自由、平等、公正、法治，倡导爱国、敬业、诚信、友善，积极培育和践行社会主义核心价值观。富强、民主、文明、和谐是国家层面的价值目标，自由、平等、公正、法治是社会层面的价值取向，爱国、敬业、诚信、友善是公民个人层面的价值准则，这24个字是社会主义核心价值观的基本内容。百度百科。

现得更加显著。就中国传统社会而言，任由世事更迭、王朝变迁，秦汉以来的，以儒家价值观念为主体的民俗观念少有变化。即使在异族统治时期，只有种族没有完全灭绝，社会风俗就会以族群文化基因的方式顽强传承。甚至于儒家价值观念民间化的风俗，间或也可以集聚起相当的社会力量打破异族的暴政。蒙元中原政权的溃败的根本原因，虽则源于残暴的种族压迫，但其愚昧、野蛮的宗教文化与相对温和开明的儒家风俗的冲突也是其激起民间反抗情绪的重要因素。相对而言，满洲贵族入关后，主动吸收中原地区儒家文化，通过汉化的方式容纳中原地区的民风民俗，也是其能够维持异族外来政权长久存在的技术性手段，同时也是其建构政权合法性的主动方式。与之相悖，凡是无法被民众风俗接受的外来思想或者政权，即使是秉承善意的文明，而其造成的现实也只能是混乱，甚或是反抗。第二次世界大战后，以美国为首的西方民主文明在全球范围内，呈现扩张进攻态势。但是，每当美国或者北约的炮火摧毁所谓"野蛮、落后"地区的"专制流氓"政权后，人民得到的往往不是期盼中的安定与繁荣，而是无休止的战乱。这也使得美军在伊拉克、利比亚、南斯拉夫等地往往"战而不领、胜而不利"。其间的重要原因在于民间风俗的转变与重构需要较为长久的时间与实践，人们对于民主、自由的接纳与适应往往需要两代，甚至更长的社会历史实践过程。民间风俗的形构虽则源于社会政治制度和主流意识形态的世俗化过程，但一经形成便具备相当的稳定性特征。这期间源自上层的，体现统治阶级意义的价值观念的世俗化不是简单的器质性种植，接受者往往要将相关内容与自身过往的生活经验融合，以求得意义行为的知行合一。这种历史经验的融合过程往往超越统治阶级价值意义本身，融入基于接受者生产、生活实践的人生体验、生活哲理，乃至于包容天地、人生意义的宏观文化价值系统。所有这些都使得民风民俗超越具体政治统治意义，具备跨时空存在的文化基因意义。民间风俗的改变与重构，或者基于种姓的殖民与绝灭，或者基于生产力的跨越式发展引发的社会政治生活的本质性转变。殖民与种族灭绝属于外源式社会巨变，虽则残忍血腥，但其效果却也未必明显。五胡乱华、蒙元、满洲对中原地区文明族群的戕杀并没有改变儒家文明的风俗，原因在于儒家农耕文明较之游牧文明更为进步。欧洲殖民者对美洲印第安人的驱逐与杀戮也仅仅是将他们赶回森林深处，直至今日也无法驱除"印第安人内心的高傲"，[①] 因为欧洲工业文明并没有为印第安原住民提供更为适宜的意义阐释系统。反之，生产力的发展，成为诱发政治变革，进而成为推动移风易俗的主要动力。19世纪，日本"明治维新"[②] 虽则没有从根本上改变大和民族社会生活的外在风貌，却在本质上重塑了日本国民的精神实质。"明治维新"既有日本社会实施民族自救的内源性变革动力，也有面对西方殖民势力入侵的外在压力。改革政治，建立君主立宪政体。经济上推行"殖产兴业"，学习欧美技术，推动工业化浪潮，并且提倡"文明开化"，社会生活欧洲化，属于政治、经济、生活的社会化全面变革。第二次世界大战后，韩国、新加坡、中国台湾等地的社会变革都在相当程度上通过政治制度与生产方式的变革推动整个社会的变革，虽则不同程度地保留着亚裔儒家生活的外在生活风貌，但其衣食住行却在不经意间浸染着西方文明的务实与理性。

二 汉民风俗的双重极端特征与结构支撑

如果说民间风俗是特定政治文化世俗化的结果，以汉民族为主体的中华风俗依据的政治架构应该源于先秦诸子百家政治思想的社会实践。战国纷乱，百家论道，儒、道、法、墨恢宏一时。其后，唯有儒法思想为秦汉及其以后统治阶层沿用，其他各家思想或被束之高阁，或者消隐市井，唯"外儒内法"权谋思想为历代统治阶级屡试不爽。儒家思想，源自周礼，主张君贤臣忠，重民崇上，为封建统治蒙上温情脉脉的"仁政"色彩。法家思想，源自春秋，由战国时代落魄儒家弟子发扬光大。法家思想集大成者韩非子，本为儒家荀卿门徒，伙同李斯为始皇帝确立以严刑峻法驾驭万众的苛政体系。秦法严苛，以暴虐丧国。汉武外

[①] 弗朗西斯·帕克曼、郑光仁：《印第安人的性格》，《文化译丛》1988年第4期。
[②] 明治维新，指19世纪60年代末日本在受到西方资本主义工业文明冲击下所进行的，由上而下、具有资本主义性质的全盘西化与现代化改革运动。

崇儒术，内用严刑，成一代伟业霸主。其后，李唐放浪，赵宋苟且，儒术法令拿捏失度，随有蒙元铁蹄践踏中原，满洲鞑靼祸乱中华。华夏万众，为缄默黔首。儒术狡诈，主张天人合一，尊君、崇古、克己、成仁，以原始宗教方式愚弄民众。汉人多双重人格，成功者外表温文尔雅，内心狡黠虚伪；失意者行止猥琐，内心空无虚幻；得意时穷凶极恶，落败后苟且隐忍，还美其名曰识时务者为俊杰。加之，统治者法术严峻，遵从者唯诺保守，任侠者放纵恣肆。

华夏民风礼俗，起自周旦，[①] 三代"直道"，[②] 战国纷乱。汉唐成为中国民间风俗的形构期，此后虽屡遭异族蹂躏，但基本的民族风格没有根本的变更，这也是华夏文明得以不间断流传的主要原因。秦汉后，统治者利用礼法制约民众。社会上层，颁布政策律条，号令天下。隋唐以降，通过科举制度，一则为国家治理选拔"高素质"的管理队伍；另一则经由选拔考试将体现统治者利益的观念体系强行植入国家管理群体的心脑，以期其在具体的行政过程贯彻国家意志。在民间，则通过多层次的社会教化，将国家统治意志转化为普通民众的文化心理，进而达到操控民众的目的。民间指民众生存的时间与空间，民众依据熟悉的方式生活，在追求各自利益的过程中，结成不同的社会组织，如宗族、行会，或者秘密会社等。民间既有对官府的依附、从属或反抗属性，也具备相对独立性，和国家之间具有相互依赖和协调性。[③] 汉代，作为中华封建文明发展的高潮期，其民间社会的形构，以及民间风俗的意义结构与权力支撑对于中国礼俗社会的解读具有典型意义。巩宝平认为我国汉代的民间政治结构呈现"权力一元，权威多元"格局。其中，"权力一元"指国家行政权力，地方政府通过国家权力机关和法律制度控制、影响民间社会秩序的正常运行。"权威多元"则指广泛存在的，对普通民众意义行为具备强烈影响力的民间力量，包括民间父老、豪强、游

---

① 周公，姬姓，名旦，是周文王姬昌第四子，周武王姬发的弟弟，曾两次辅佐周武王东伐纣王，并制作礼乐。
② 《论语·卫灵公》："斯民也，三代之所以直道而行也。"
③ 巩宝平：《汉代民间力量与地方政治关系研究》，博士学位论文，山东大学，2009年，第1页。

第四章 意义的传播与嬗变

侠、士人。他们以血缘、利缘、德缘、业缘、学缘、机缘等方式，集聚为具有广泛社会基础和巨大权威的社会力量。囿于其巨大的社会影响力，这些民间力量往往作为舆论领袖成为形构民众心理、舆论、信仰，乃至于民间政治参与的主体。民间力量与地方政府相互制约，以"官民共治"的形式，在保障国家政治生活有序运行的同时，通过褒扬、贬斥，以及物质利益调节等方式形塑普通民众的日常生活，在潜移默化中维护公序良俗的形成与运行。

汉代民风民俗的形构力量，首先来自国家行政权力对民间行为的奖惩措施。政府通过对民间行为的认可与褒扬，鼓励利于促进社会稳定发展的相关社会行为的发扬光大。举孝廉，是汉朝"察举制"的一种由下向上推选人才为官的制度。汉代，以儒学治国，"仁孝"是儒家日常行为规范的核心内容。孝廉，即孝子廉吏，符合儒家行为标准的人士可以进身仕途，或者获取更高的晋升。民间力量对风俗的塑造有效弥补了国家行政的不足，同时秉承国家主流意识形态，在更大的广度和深度上渗透社会，对民间社会实施有效的行为控制。父老是继国家行政力量之后的第二大民间风俗维护群体，在传统宗法伦理社会中，父老以血缘链接形构的宗法权威实施社会教化和政治参与。首先，父老以长者身份操纵舆论，议论时政，褒贬族人言行，甚或可以动用"族规"惩戒有伤风化的言行。再有，父老可通过建言献策的方式影响地方行政，假借行政权力维护乡规民约的权威。甚或也可以民间代表身份参与地方行政，父老即可为民间巫祝所用，也可成为地方官吏的咨询对象。地方豪强与游侠对民间行为影响巨大，尽管没有父老影响力广泛深远，但其对特定地域风俗的影响仍然不可小觑。民间豪强以宗族、财富优势抗衡官府，干扰地方行政。名门望族，世族大家，非但对所在地域民间风俗影响巨大，甚或决定特定时代国家政治的走向。汉末三国分治，多由名门支撑，九品中正，豪族控制家国。游侠则依附豪门，以武犯禁，作奸犯科，对抗官府，又依附官吏，以非法行政方式，滋扰地方。游侠重私交、尚道德，是一种非秩序性抗衡国家公权的民间力量。游侠尽管以破坏性社会力量形式存在，但由于其对抗官府的性质为民间弱势群体寄寓解脱桎梏的幻像。至今山东、河北一带，民间任侠之风不减。汉代直接承担风俗教化责任的是民间士人阶层。民间士人指家居未仕的知识分子，既有回避政治的消极隐士，也有待价而沽的投机分子。作为私学与官僚制度的产物，两汉民间人士由少而多，由弱趋强，逐渐成为一个独立的社会阶层。民间士人通过开办私学、协助争讼，以及自身节操影响民风世俗。活跃在乡间的民间士人劝导良善、感化恶丑，是民间社会秩序的主要维护者。这种教化独立于国家权力控制的政治教化，客观上有利于社会安定和地方行政的正常运行。

综上所述，影响形构民间风俗的社会力量主要有国家政治教化以及民间力量。其中，国家政治教化尽管力量强大，影响强烈，但具有阶段性和作用范围和深度的局限性，反倒是民间力量的长期浸淫对于民间风俗的形成与维护具有恒久意义。因为民间力量，既不会因为朝代更迭而改变传统社会价值观念的道义宗旨，也不会因为政权更替完全消亡。反过来，民间力量倒可以借助风俗朴素理念聚合的物质力量干扰行政，在社会危机时刻挟制政权，甚至在改朝换代的关键时候发挥决定性作用。光武帝刘秀在王莽改制造成的混乱中，凭借民间力量的协助再创二百年汉家社稷；曾国藩、左宗棠利用民间对太平天国贬斥儒家风俗引发的民愤集聚乡勇，平定江南。民间风俗假借民间力量的维护得以恒久流传，在某种程度上承传了华夏文明，在跨时空视域塑造着华人的精神风貌和人格形象。但是，由于中华民俗核心儒家观念的封闭禁锢，以及源于教化执行者的人格化特征，其在执行过程不可避免地发生"双刃剑"作用。积极方面，民间风化，配合国家行政力量，利在维持民间社会安定，为底层民众提供安身立命的精神依托。消极方面，儒家封闭的伦理体系，禁锢了民间思想的创新动力。特别是两宋以后，程朱理学，以礼治天下，扼杀民间发展活力。以父老为代表的宗族势力，甚或滥施私刑，对所谓"叛逆"分子实施人身伤害。每遇社会变乱，以豪族、游侠为代表的民风引领者，往往趁机而动，滋扰地方，甚或篡夺政权。三国乱起宦官、军阀，民间力量利用风俗、邪教，鼓动市井，为虎作伥。民间士人，恃才傲物。积极方面，站在道德制高点，具备塑造、维护世道人心的作用。反过来,"以文乱法",干扰地方行政;藐视礼法,形骸放浪,伤及风化;更有甚者,串通贼寇,图谋不法。每逢乱世,必有落魄文士,以智助贼,祸乱天下。

三 欧美风俗的宗教情结与技术理性特征

国人民风形成,主要基于儒家价值理念国家权力驯化后的世俗化过程,其间主要依靠民间父老、士人和豪强以及任侠等人治组织维护。世俗政权强盛,民风趋于淳朴、怀柔、畏上;政权衰败,民风的彪悍、叛逆则被激发,成为瓦解政权的主导力量。与中国民间风俗形构方式不同,现当代英美国家的民风形构即使也是国家意志世俗化的结果,但其国家意志却无法驯化、奴役宗教,相反英美国家意志往往是宗教教义的国家意志化。国人的宗教行为往往会随着国家意志的变更而命运多舛,既有武曌崇佛,也有"三武灭佛",① 不一而足。西方近现代国家多实行政教分离的制度体系,宗教事务与现实政治的分割反而使得基督宗教精神成为国家政治运作的价值核心和精神维护者。如果宗教和世俗政府相结合,政教合一的国家就可以从恐怖和信仰双重维度控制国民。如此,没有制衡的国家力量则可能会为现在而牺牲未来,个人也会为取得现实的非法权利而放弃自身的合法权利。美国的宗教人士不得干涉政府行政,在美国"宗教的主要任务,在于净化、调整和节制人们在平等时代过于热烈地和排他地喜爱安乐的情感"。② 基督教不但是美国国家政治精神的支柱,也是民间价值观念建构的根源,于其日常生活举足轻重。每到周末,喧嚣的美国城市迎来平静;人们停下功利性劳作,开始恢复灵魂的主导,并自我反省。美国就是这样通过净化自我,进入伟大纯洁和永恒的理想世界,"美国人以他们的行动证明:他们认为必须依

---

① "三武灭佛",又称"三武之祸",指的是北魏太武帝灭佛、北周武帝灭佛、唐武宗灭佛这三次事件的合称。这些在位者的谥号或庙号都带有个武字。若加上后周世宗时的灭佛则合称为"三武一宗"。以上在佛教史中称"三武"之厄。110 年以后,即公元 955 年,五代时期后周的周世宗又下诏废天下无敕额之寺院,毁铜像,收钟磬钹铎之类铸钱。合周世宗,称"三武一宗"。

② [法]托克维尔:《论美国的民主》,董果良译,商务印书馆 1988 年版,第 544 页。

靠宗教，才能使民主制度具有德化的性质"，[1] 美国人的基督精神成为维持其政治度长久存在重要因素。

欧美国家民间风俗的价值理念主要来自基督教义的"上帝面前人人平等"，以及宗教教义国家意志化的"人民主权"观念，最终通过三权分立的政权架构确保"平等、自由、民主"等价值理念的社会化存在。美国的人民主权学说，作为维系美国人观念的首要环节，上帝赋予每个人自行处理个人事务的理性，成为个体处理日常事务、建构社会关系的基本原则。作为民主国家的自主国民，人们普遍追求现世的物质享乐，这也成为激发个体鄙视平庸，冲破困境，求取财富的主要动力。同时，也是西方社会尊重科学创新，提高社会生产率的社会动机。在美国支撑民主观念的基础性原则是源于基督教义的"平等"理念。民主时代，人们摆脱了贵族等级社会的人身依附压力，"每个人对全体的义务日益明确，而为某一个人尽忠事情却较为少见，因为人与人之间的爱护情谊虽然广泛了，但却稀薄了"。[2] 民主社会，很少尽忠现象，但人们都有共同的怜悯之心；在不伤害自身利益的前提下，去救护他人的痛苦。人们虽然没有为崇高理念牺牲自我的高尚节操，却与人为善，奉行"己所不欲勿施于人"的行为理念。美国的市民社会少有等级差异，人们并不认为应该特别关心某位同胞，同时也不要求被人额外关照。人们认为自身利益的实现，基于规范市场的等价交换，而不祈望利益在市场原则之外通过私人关系谋求不合理利益。平等理念，在人们的社会实践中，逐渐演化为有类市场等价交换的交往"契约"精神。大家都有弱点，都会面临危机，基于共同的利益和同情心，危难时相互救援成为人们日常行为的义务或责任。正是平等意识的社会化和世俗化，尊重个体理性和天性成为民主国家的常识和根深蒂固的文化基因。同时，个体的独立，也使得人们的日常行为更为冷静、理性，因为每个人都要为自己的行为承担相应的负责。美国的父母不太干涉子女的社会行为，而夫妻之间的约束却相当严格。美国少有早婚现象，青年女性只有经过慎重考

---

[1] [法] 托克维尔：《论美国的民主》，董果良译，商务印书馆1988年版，第676页。
[2] 同上书，第626页。

虑才会结婚。与专制国家相反，美国女性在心智成熟之后才会结婚。传统专制社会的女性婚姻，多受父母或者其他社会因素的干扰，往往在结婚之后经历磨练，才逐渐走向理智和成熟。尊重人的天性差别，也是个体平等理念社会实践的重要体现。等级社会，个体社会分工往往根据特定社会实践的需要，像螺丝钉一样，被强行分配到相应的工作岗位，个体没有选择的权利。民主社会相对更为尊重个体的意愿选择，而个体的选择则更多地体现了人的自然属性。专制社会无视男女性别差异，"给予男女以同样的义务，授予男女以同样的权利，也就是在劳动、娱乐和公务等一切方面抹杀男女的差别。强制两性平等，反而会损害双方；必然出现一些柔弱的男人和一些粗野的女人"①。

  与中国传统的礼俗社会，依靠民间宗法势力（父老、豪强等）维持民风淳朴不同，英美法理社会风俗的传承，在承继基督教精神的同时，秉持工业革命的技术理性，多依靠法制和公益组织维持。工具（技术）理性锻造了西方人士尊重客观，注重程序正义的社会理念。尊崇工具理性最大程度地激发了人们的创新意识，高科技、高附加值产品的涌现为西方社会积淀下丰厚的物质财富。基督精神的平等意识与商业道德相结合，形构了西方人士谨慎、谦和的行为品质，以及平等、互利、共享的价值观念。西方社会风俗的维护传承，基于教会、行业工会，以及新闻传播媒体承载的公共领域建构。教会以上帝的名义，通过周期性的礼拜活动，透过特定的仪式，使人们在特定时空脱离尘世的物欲纠葛，升华人们的心灵。以商业行会为主的各类行业组织和民间自发组织，保持与国家行政权力的相对独立性，通过各自的行业视角，或者利益出发点，利用自身的影响力，化解矛盾，调节利益纠纷。在维护社会各阶层利益均衡的同时，维护者人们的心理平衡，以及公序良俗的社会影响力。公共领域是批判学派传播学大师哈贝马斯提出的相关平衡社会上层和底层意见与权利的中间地带，哈氏设想在社会上建构起一种能够沟通和平衡社会意见，稳定社会局面的社会中间组织、场域空间，甚

---

① ［法］托克维尔：《论美国的民主》，董果良译，商务印书馆1988年版，第753页。

或是意见沟通的平台。福柯（Michel Foucault，1926—1984）认为空间是权力实施的手段和媒介，权力借助空间的物理性发挥作用。人们通过话语建构描绘、再现现实的，甚或是合乎理性的世界的图景。公共领域意味着家庭、朋友，以及各种各类人物在内的生活领域。其中，报刊和咖啡馆共同创造了一个自由的言论空间。[1] 英国17世纪的咖啡馆的政治论坛表现了当时社会的自由散漫，来自各阶层的市民，阅读报刊和自由交谈，通过舆论的方式指点江山，抨击人情世态。19世纪以降，大众报业的兴起，报刊逐渐取代咖啡馆作为公共领域的实现形式，成为人们议论时政，品评人物的场域。20世纪以来，随着广播、电视、多媒体技术产品的普及，人们通过舆论调节社会利益分配、维护公序良俗的手段更加多样化起来。

---

[1] 李倩：《近代报刊与城市文化研究》，硕士学位论文，上海大学，2008年，第53页。

主要参考文献

一 专著类

1. ［美］威尔伯·施拉姆：《传播学概论》（新华社内部资料），根据美国纽约哈珀和罗出版社 1982 年版译。

2. ［美］保罗·莱文森：《数字麦克卢汉》，何道宽译，社会科学文献出版社 2001 年版。

3. 石义彬：《批判视野下的西方传播思想》，商务印书馆 2014 年版。

4. ［英］丹尼斯·麦奎尔：《麦奎尔大众传播理论》第四版，崔保国、李琨译，清华大学出版社 2006 年版。

5. ［德］马克斯·韦伯：《社会学的基本概念》，胡景北译，上海人民出版社 2000 年版。

6. 贾春增：《外国社会学史》（修订本），中国人民大学出版社 2000 年版。

7. 陈卫星：《传播的观念》，人民出版社 2004 年版。

8. 许正林：《欧洲传播思想史》，生活·读书·新知三联书店 2004 年版。

9. ［澳］杰夫·刘易斯：《文化研究基础》，郭镇之等译，清华大学出版社 2013 年版。

10. ［英］奥斯维特：《哈贝马斯》，沈亚生译，黑龙江人民出版社 1999 年版。

11. ［德］哈贝马斯：《交往与社会化》，张博树译，重庆出版社 1989 年版。

12. ［美］彼得斯：《交流的无奈——传播思想史》，何道宽译，华夏出版社 2003 年版。

13. ［加］埃里克·麦克卢汉、弗兰克·秦格龙：《麦克卢汉精粹》，何道宽译，南京大学出版社 2001 年版。

14. ［美］马丁·杰伊：《法兰克福学派史：1923—1950》，单世联译，广东人民出版社 1996 年版。

15. 王怡红、胡翼青：《中国传播学 30 年》，中国大百科全书出版社 2010 年版。

16. 方东美：《原始儒家道家哲学》，中华书局 2012 年版。

17. 梁漱溟：《朝话：人生的省悟》，百花文艺出版社 2005 年版。

18. ［美］查尔斯·霍顿·库利：《人类本性与社会秩序》，包凡一、王源译，华夏出版社 1989 年版。

19. ［美］莫滕森：《跨文化传播学：东方的视角》，关世杰、胡兴译，中国社会科学出版社 1999 年版。

20. ［德］哈贝马斯：《交往行动理论》第 1 卷，洪佩郁、蔺青译，重庆出版社 1994 年版。

21. 刘安刚：《意义哲学纲要》，中央编译出版社 1998 年版。

22. 秦光涛：《意义世界》，吉林教育出版社 1988 年版。

23. ［美］弗莱德·R. 多迈尔：《主体性的黄昏》，万俊人译，广西师范大学出版社 2013 年版。

24. ［德］马丁·海德格尔：《存在与时间》，陈嘉映、王庆节合译，生活·读书·新知三联书店 2006 年版。

25. ［美］J. R. 安德森：《认知心理学》，杨清、张述祖等译，吉林教育出版社 1989 年版。

26. 章启群：《意义的本体论》，上海译文出版社 2002 年版。

27. ［法］米盖尔·杜夫海纳：《美学与哲学》，孙非译，中国社会科学出版社 1985 年版。

28. ［德］尼采：《查拉斯图如是说》，尹冥译，文化艺术出版社 1987 年版。

29. ［奥］弗洛伊德：《弗洛伊德的智慧》，刘烨编译，中国电影出版社

2005 年版。

30. ［奥］弗洛伊德：《梦的解析》，赖其万、符传孝译，作家出版社 1986 年版。

31. 张维鼎：《意义与认知范畴化》，四川大学出版社 2007 年版。

32. ［德］弗洛伊德：《弗洛伊德后期著作选》，林尘、张唤民译，上海译文出版社 1986 年版。

33. ［德］弗洛伊德：《文明及其缺憾》，傅雅芳等译，安徽文艺出版社 1987 年版。

34. ［德］弗洛伊德：《图腾与禁忌》，杨庸一译，中国民间文艺出版社 1986 年版。

35. ［美］乔治·H. 米德：《心灵、自我与社会》，赵月瑟译，上海译文出版社 1992 年版。

36. ［英］奥格登·理查兹：《意义的意义》，白立人、国庆祝译，北京师范大学出版社 2000 年版。

37. ［德］马克斯·韦伯：《儒教与道教》，王容芬译，商务印书馆 1995 年版。

38. ［德］威廉·冯·洪堡：《论人类语言结构的差异及其对人类精神发展的影响》，姚小平译，商务印书馆 1999 年版。

39. ［法］托克维尔：《论美国的民主》，董果良译，商务印书馆 1988 年版。

40. ［美］亨廷顿：《文明的冲突与世界秩序的重建》，周琪等译，新华出版社 1998 年版。

41. ［法］托克维尔：《旧制度与大革命》，冯棠译，商务印书馆 1997 年版。

42. ［英］哈耶克：《通往奴役之路》，王明毅译，中国社会科学出版社 1997 年版。

43. ［美］大卫·雷·格里芬：《后现代精神》，王成兵译，中央编译出版社 1998 年版。

44. ［美］威廉·K. 弗兰克纳：《善的求索——道德哲学引论》，黄伟合等译，辽宁人民出版社 1987 年版。

45. ［法］孟德斯鸠：《论法的精神》（下），许明龙译，商务印书馆 1997 年版。

46. ［法］卢梭：《论人类不平等的起源和基础》，李常山译，商务印书馆 1997 年版。

47. ［英］弗格森：《文明社会史论》，林本椿、王绍祥译，辽宁教育出版社 1999 年版。

48. ［法］卢梭：《社会契约论》，何兆武译，商务印书馆 2003 年版。

49. 马克思、恩格斯：《马克思恩格斯选集》第 1 卷，人民出版社 1995 年版。

50. 中共北京市委党史研究室：《北方左翼文化运动资料汇编》，北京出版社 1991 年版。

51. ［德］哈贝马斯：《公共领域的解构转型》，学林出版社 1999 年版。

二 论文类

1. 陈力丹：《试论传播学方法论的三个学派》，《新闻与传播研究》2005 年第 2 期。

2. 胡翼青：《论传播研究范式的表层结构与深层解构——兼论中国传播学 30 年来的得失》，《新闻与传播研究》2007 年第 4 期。

3. 张化冰：《媒体变革中发展学术砥砺中前行》，《新闻与传播研究》2014 年第 11 期。

4. 廖圣清：《19 世纪 90 年代的西方大众传播学研究术》，《新闻大学》（2005·秋）。

5. 邵培仁、林群：《近十年西方传播理论发展的切面图〈传播理论〉杂志为分析样本》，《浙江传媒学院学报》2010 年第 4 期。

6. 张治安、贾鹤鹏：《中国新闻传播学研究的国际发表现状与格局——基于 SSCI 数据库的研究》，《新闻与传播研究》2015 年第 5 期。

7. 陈力丹、熊壮：《2014 年中国的新闻传播学研究》，《国际新闻界》2015 年第 1 期。

8. 童兵：《童兵：对未来五年新闻传播学研究的期待》，《新闻写作》2016 年第 1 期。

9. 何星亮：《中西学术研究之异同》，《社会科学管理与评论》2003 年第 3 期。

10. 邵培仁、姚锦云：《传播受体论：庄子、慧能与王阳明的"接受主体性"》，《新闻与传播研究》2014 年第 10 期。

11. 韩运荣：《传播学的玄化与细化——清华大学人文学院传播系刘建明教授访谈》，《国际新闻界》1996 年第 6 期。

12. 姚君喜：《传播的意义》，《现代传播》2006 年第 5 期。

13. 杨国荣：《何为意义》，《文史哲》2010 年第 2 期。

14. 刘银燕、王晓凤：《格式塔知觉组织原则诠释下的口译笔记格式安排》，《浙江外国语学院学报》2012 年第 9 期。

15. 蒋志辉、周兆雄：《建构主义的意义建构本质解析》，《高等函授学报》（自然科学版）2011 年第 5 期。

16. 王全志：《可能世界、心理世界与语篇的意义建构》，《外语教学》2005 年第 4 期。

17. 李勇忠、李春华：《框架转换与意义建构》，《外语学刊》2004 年第 3 期。

18. 王志琳：《心灵·自我·社会——米德的社会行为主义述评》，《赣南师范学院学报》2003 年第 5 期。

19. 王祎：《〈礼记·乐记〉之"心"范畴》，《云梦学刊》2010 年第 6 期。

20. 金城：《巴赫金的语言、意义和意识形态观》，《学术交流》2008 年第 12 期。

21. 张杰：《语言建构了世界》，《贵州社会科学》2010 年第 9 期。

22. 成晓光：《语言哲学视域中主体性和主体间性的建构》，《外语学刊》2009 年第 1 期。

23. 吕明臣：《话语意义的性质和来源》，《汉语学习》2005 年第 5 期。

24. 何平：《文明的观念和教化：中国与欧洲》，《史学理论研究》2007

年第 4 期。

25. 叶舒宪：《文明/野蛮——人类学关键词与现代性反思》，《文艺理论与批评》2002 年第 6 期。

26. 洪琼：《激情与宗教——霍布斯神学政治学新释》，《世界宗教研究》2014 年第 4 期。

27. 何其敏：《论宗教与政治的互动关系》，《世界宗教研究》2001 年第 4 期。

28. 高全喜：《法律、政治与宗教》，《太平洋学报》2007 年第 5 期。

29. 陆峰明：《托克维尔论近代政治与宗教》，《兰州大学学报》（社会科学版）2011 年第 6 期。

30. 孙向晨：《公民宗教：现代政治的秘密保障》，《复旦学报》（社会科学版）2012 年第 6 期。

31. 孙尚阳：《现代社会中的意义共契与公民宗教问题》，《世界宗教研究》2015 年第 5 期。

32. 聂应聘、傅安洲：《论美国公民宗教的内涵》，《理论月刊》2011 年第 5 期。

33. 张强：《宗教的秩序意蕴——从"人性宗教"到"公民宗教"》，《武陵学刊》2013 年 1 月。

34. 张荣明：《儒教、国民宗教与政治神学》，《天津师范大学学报》（社会科学版）2010 年第 3 期。

35. 王鸿生：《中国的王官文化与儒教的起源》，《文史哲》2008 年第 5 期。

36. 任剑涛：《公民宗教与政治制度——作为公民宗教的儒教建构之制度条件》，《天津社会科学》2013 年第 4 期。

37. 顾肃：《基督教在西方政治民主中的作用》，《厦门大学学报》（哲学社会科学版）2008 年第 6 期。

38. 尤西林：《基督教超血亲伦理及其起源——从〈旧约〉到〈新约〉》，《江苏社会科学》2007 年第 2 期。

39. 张中胜：《洛克君主立宪制历史线索探析》，《前沿》2013 年第 22 期。

40. 陈升槐：《简析英国的君主立宪制》，《考试周刊》2011 年第 58 期。
41. 杨阳：《极权政治的逻辑远点与价值基础》，《天津社会科学》2003 年第 2 期。
42. 张汝伦：《极权主义和政治现代性》，《现代哲学》2005 年第 4 期。
43. 肖锋：《"信息文明"的语义分析》，《中国人民大学学报》2015 年第 1 期。
44. 李习彬：《超越工业文明　开辟人类社会文明新纪元》，《新视野》2009 年第 6 期。
45. 王保国：《地理环境、农耕文明与中原文化的基本趋向》，《殷都学刊》2006 年第 1 期。
46. 周德全、海文卫：《中原农耕文明的人伦日用效应》，《中华文化论坛》2009 年第 2 期。
47. 王保国：《地理环境、农耕文明与中原文化的基本趋向》，《殷都学刊》2006 年第 1 期。
48. 杨芳、卢少鹏：《十八世纪思想家对商业文明的辩护与批判》，《社会科学家》2010 年第 7 期。
49. 谭天：《我国社交媒体的现状、发展与趋势》，《编辑之友》2017 年第 1 期。
50. 李凌凌：《社会化传播背景下的舆论场的重构》，《中州学刊》2016 年 9 月。
51. 陈芳：《再谈"两个舆论场"》，《中国记者》2013 年第 1 期。
52. 阎光才：《人类社会的想象建构与当代社会科学的困境》，《探索与争鸣》2017 年第 1 期。
53. 张洪忠：《社交媒体的关系重构：从社会属性传播到价值观传播》，《教育传媒研究》2016 年第 3 期。
54. 侯明阳：《宋代社会的新闻控制研究》，硕士学位论文，内蒙古大学，2012 年。
55. 华志强：《论清末新闻法制》，硕士学位论文，安徽大学，2005 年。
56. 虞文俊：《国家、媒体、公民三者博弈下的新闻法——1927—1937

中国新闻法规之嬗变》，硕士学位论文，安徽大学，2010 年。

57. 丁政敏：《论新闻自由的法律保障》，硕士学位论文，南京航空航天大学，2005 年。

58. 展江：《各国舆论监督的法律保障与伦理约束》，《中国青年政治学院学报》2005 年第 4 期。

59. 陈景伟：《论新闻自由及其限制》，硕士学位论文，西南政法大学，2012 年。

60. 弗朗西斯·帕克曼、郑光仁：《印第安人的性格》，《文化译丛》1988 年第 4 期。

61. 张分田：《政治文化符号视角的"民"字核心词义解读》，《人文杂志》2007 年第 6 期。

62. 巩宝平：《汉代民间力量与地方政治关系研究》，博士学位论文，山东大学，2009 年。

61. 李倩：《近代报刊与城市文化研究》，硕士学位论文，上海大学，2008 年。

后 记

本书为作者 2015 年承担的河北省社会科学基金项目，项目编号：HB15XW003。本书为作者 2015 年承担的河北省高等学校人文社会科学研究项目，项目编号：SD151095。本书为作者 2017 年承担的廊坊师范学院出版基金项目，项目编号：LSCB201702。

很久以来，就有另辟蹊径，对传播学的研究对象、研究内容进行重新阐释的想法。奈何选题过于宏大，一直未能如愿。李贺有云"我有迷魂招不得"，也许是天意的召唤，抑或是作者的不懈争取。2015 年，选题终获立项。正式切入研究伊始，才感觉到自己的懵懂与无知。心情之变化之巨，从少年不知愁滋味到"却道天凉好个秋"，个中深浅、冷暖唯有自知。课题关涉内容学科繁杂，限于作者有限的学术视野，以及课题结项时间限制，粗糙、讹误之处在所难免。书稿的第一章和第三章由贾奎林撰写，第二章和第四章由李新华撰写，还望各位专家、学者多多批评指正。

看着不堪了了的成果，真真有"欲说还休"之感。无论如何，任是些许的文字，也是无数领导、朋友精诚携助和作者不懈努力的结果。在此，谨向在课题研究和著作出版过程给予大力帮助的领导和朋友们致以最衷心的感谢。

贾奎林

2017 年 10 月

于廊坊馨视界